CSSCI 来源集刊

中国人文社会科学期刊 AMI 入库集刊

中国 教育政策 评论

袁振国 | 主编

2024 上

华东师范大学出版社

·上海·

图书在版编目（CIP）数据

中国教育政策评论. 2024. 上 / 袁振国主编.
上海：华东师范大学出版社，2025. -- ISBN 978 - 7
- 5760 - 6184 - 0

Ⅰ. G520

中国国家版本馆 CIP 数据核字第 20250ZL427 号

中国教育政策评论 2024（上）

主　　编　袁振国
项目编辑　龚海燕
责任编辑　王梓苑
责任校对　李琳琳
装帧设计　卢晓红

出版发行　华东师范大学出版社
社　　址　上海市中山北路 3663 号　邮编 200062
网　　址　www.ecnupress.com.cn
电　　话　021 - 60821666　行政传真 021 - 62572105
客服电话　021 - 62865537　门市（邮购）电话 021 - 62869887
地　　址　上海市中山北路 3663 号华东师范大学校内先锋路口
网　　店　http://hdsdcbs.tmall.com

印 刷 者　上海昌鑫龙印务有限公司
开　　本　787 毫米 × 1092 毫米　1/16
印　　张　16
字　　数　328 千字
版　　次　2025 年 6 月第 1 版
印　　次　2025 年 6 月第 1 次
书　　号　ISBN 978 - 7 - 5760 - 6184 - 0
定　　价　88.00 元

出 版 人　王　焰

主编

袁振国

编委（按姓氏笔画为序）

朱益明　刘世清　杨九诠　吴遵民
范国睿　郅庭瑾　周　彬　黄忠敬

序

科学教育不仅是教育强国先导战略中的重要工程,也是国家科技创新、加快实现高水平科技自立自强的重要内容。按照习近平总书记作出"在教育'双减'中做好科学教育加法"的重要指示精神,近年来,《关于加强新时代中小学科学教育工作的意见》《中小学科学教育工作指南》等政策文件以及《教育强国建设规划纲要(2024—2035 年)》中关于"加强科学教育"的战略部署,旨在全面推动科学教育高质量发展和创新发展,提升学生科学素质,涵养青少年科学志趣,培养科技后备人才,为实现国家高水平科技自立自强发挥更大的支撑作用。

如何全面理解新时代科学教育的要义,如何构建科学教育的政策与实践框架,以及如何促进校内外多主体协作、科学教育教师专业能力提升、教育教学范式转型等问题,引起学术界广泛关注。

现代科学发展到今天,科学体系本身已发生了巨大变化。科学已不是纯粹的知识和实践形式,科学及其各个学科的边界不断拓延、交叉,使得我们难以一下子从整体上把握科学。因而,今天学校科学教育究竟应该教什么,就成了一个难有标准答案的问题。另一方面,人工智能的崛起正强劲地冲击着人们的思维方式和教育传统,新工具加速了科学教育领域新成果的积累,更新了人类认识与学习的理论基础,整个教育系统变革的底层逻辑正在发生转变。

在这样的背景下,我们首先需要弄清楚科学教育的内涵和发展目标究竟是什么。我们需要思考:身处技术富集的世界,科学教育助力强国建设可以何为? 科学的知识、实践和表征形式有怎样的变化? 需要培养学生哪些科学素养? 在加强传统科学教育时,我们有什么困难和问题,而科学教育需要怎样的改革?

对于上述问题,给出一个标新立异的结论可能不难,然而若想论证其为"真"却完全是另一回事。正如科学研究始终不变的追求一样,科学教育研究同样珍视理性、客观、求真、求实、批判、创新。科学教育改革的有效推进需要依靠扎实、严谨、基于证据的研究,特别是针对基本理论、认识论与方法论的深究,以及在此基础上对问题解决路径的探寻。

这些是我们选择和组织本辑文稿的原因,也是对成果内容进行深入分析的工具。本辑围绕科学教育主题,汇集了理论研究、政策研究和实践探索三个方面的成果。这些成果除了选题是当下科学教育的内容关切以外,还有三个附加特点:一是,理论不是单独起作用,而是融贯于问题情境并与关键技术解决路径结合;二是,政策不是高谈,而是结合实证材料加以论证;三是,案例不是事件陈词,而是要扎根情境脉络。这些也构成了本辑文章的学术特色。

理论研究部分直切当下热点话题和研究前沿,回应了人工智能何以赋能科学教育以及存在的问题和负面作用;通过认识论反思揭示了当下科学教育实践的缺失,透视了数字化课堂中技术幻觉的产生与克服,也基于实证手段刻画了科学教育旨在发展的学生高阶思维能力的结构,梳理了融合正式与非正式科学教育的可能性。这些讨论也为思考新时代科学教育重建的关键问题提供了研究基础。其次,政策研究部分的几篇文章以充分的经验证据和数据支撑呈现了我国中小学科学教育政策的演变,探索了不同境遇中科学教师队伍专业化建设的政策构建与治理,以及科学教育纳入课后服务等现实问题和对策。最后,实践探索部分包括的 7 个案例既有来自我国省域、县域和学校的,也有国际的,展现了科学教师发展新能力和新素养(跨学科教育能力、数字素养等)时的困境与突破、构建和发展综合科学课程的经历,还有关于科学教育实验区建设、科技高中以及科技幼儿园创办的成功经验和典型模式,它们也在一定程度上反映了当下科学教育实践的丰富样态。

相信本辑的出版,能够对深化新时代中小学科学教育内涵和任务的理解、对相关政策的研制与实施发挥积极的作用。

袁振国

2025 年 1 月

目 录

Part 3　科学教育的实践探索 　／　135

Part

1

科学教育的理论研究

人工智能赋能科学教育的主要议题与发展建议 *

胡若楠　裴新宁

摘　要：人工智能在科学教育中的应用经历了智能辅导系统、学习分析、机器人、生成式人工智能四个阶段，形成了个性化、进阶性、适应性等技术优势。借此优势，人工智能在个体科学素养和集体科学素养的提升上总体呈现积极效果，在处理反思性科学实践、科学概念理解、科学高阶思维和科学教育评价等当下核心议题及其教育困境方面已有突破，但能否助力学生对科学本质的理解暂缺乏研究证据，支持中小学环境可持续发展教育的案例为数尚少。通过对学习活动和资源设计的改良，人工智能将成为科学教育变革的内生力量，对科学素养发展的影响将更深入、更全面。但在纵向研究、工具供给、克服技术的负面影响等方面存在诸多困境。为此，建议提供人工智能之于科学教育的应用指南，明确应用模式和策略，探究人工智能支架渐隐机制，推动学习理论创新，落实高阶思维和学会学习能力发展的各项措施。

关键词：人工智能；科学教育；科学素养；科学实践

一、引言

　　新一轮科技革命和产业革命突飞猛进，深刻影响了科学研究的创造方式与组织方式，并带来科学传播内容与路径的变化。我国正加速建设科技强国和教育强国，科学教育的重要性被提到前所未有的高度，通过人工智能促进教育变革已成为政策制定及学术研究的重大关切。教育部等十八部门《关于加强新时代中小学科学教育工作的意见》提出，要充分利用信息技术优势，精准对接学生需求。国务院《新一代人工智能发展规划》明确指出利用智能技术加快推动人才培养模式、教学方法改革。《教育部办公厅关于推荐首批全国中小学科学

＊　本文得到上海市 2023 年度"科技创新行动计划"科普专项（项目编号：23DZ2300400）的资助。

教育实验区、实验校的通知》中也强调将科学实验探究教学与人工智能教育有机结合。总之,探索人工智能等先进技术如何用于弥补科学教育资源不足、助推科学学习机会公平、提升科学课堂教学质量、驱动科技创新后备人才培养,已成为我国迫切需要启动的研究议程。

人工智能在加速科学发现、形成科学理解上产生了革命性、创造性影响,也形成了"AI 4 Science"的新兴领域。人工智能对科学探索的贡献,体现在假设形成、实验设计、数据收集和分析的每个阶段[1],并在不同基础科学领域助力解决了诸多难题。比如,提升计算化学的准确性和效率、实现有机分子的智能设计和合成分析、帮助开发新的催化剂;物理学中实现加速粒子模拟和识别、辅助凝聚态物理、帮助探索宇宙;材料科学中加速新材料的发现;地球科学中帮助探索更具有潜力的可持续能源等[2]。促进科学理解方面,人工智能系统作为"计算显微镜",提供实验手段无法获得的信息;作为"灵感缪斯"扩大人类想象力和创造力范围;作为"理解代理"将科学文献、科学概念传达给科学家[3]。今天,在科学教育领域也不乏人工智能应用的研究和实践,人工智能作为科学教育的内容(如 STEM 中的 T),或作为科学学习的工具和环境而存在[4]。人工智能在科学教育中的独特功能日益展现,引发了诸多新课题,如人工智能应用于收集和反馈学生科学素养培育情况、帮助学生实现科学学习进阶、支持学生自主学习管理并提供针对性指导、开展协作性科学问题解决活动,以及为科学探究增效等[5][6]。但总体上,将人工智能技术整合于科学教育之中,特别是与中小学课程学习的整合,仍然是肤浅的,应用上还处于初级阶段[7]。究竟如何利用人工智能助力科学教育的创新发展和高质量发展,还有许多基本问题有待深入研究。厘清人工智能赋能教育的脉络,有助于明确知识新版图,找到适宜的着力点。在此背景下,本文着重探讨当下人工智能赋能科学教育的主要议题和特征,以期为新时代科学教育发展的研究与政策制定提供参考。

二、人工智能赋能科学教育的发展阶段概览

人工智能是指在探究人类智能活动机理和规律的基础上,形成模拟人类智能行为的基本理论、方法和技术,构造受人脑启发的人工智能体,该人工智能体能够像人一样思考和行动,完成以往需要人的智力才能胜任的工作,并进一步提升人的智能[8]。常见的人工智能技术包括机器学习(包括深度学习技术,以及监督学习、无监督学习、增强学习等范式,卷积神经网络、变换器网络等是深度学习的主要技术)、知识图谱、自然语言处理、计算机视觉和感知技术等,流行的人工智能应用包括机器人、专家系统、生成式人工智能(包括大语言模型、图像生成模型和视频生成模型)。人工智能发展至今离不开各项子技术迭代进步所奠定的基石,如图 1 所示,人工智能应用于教育的步伐基本上紧跟人工智能技术的发展节奏,主要经历了智能辅导系统、学习分析和数据挖掘、基于机器人的教与学、生成式人工智能等四个阶段。

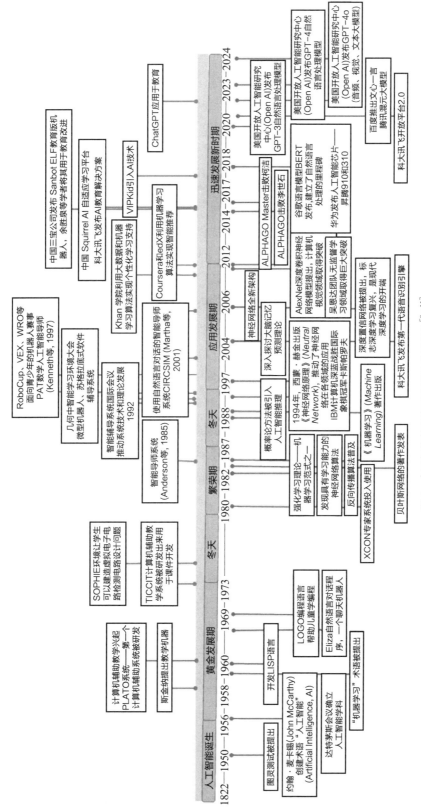

图 1 人工智能教育发展阶段及关键事件[9-11]

（1）第一阶段，智能辅导系统。20 世纪 90 年代，该系统迅速兴起，其前身为计算机辅助系统。在科学教育中，比较经典的智能辅导系统有[12][13]：通过对话辅助物理、生物、计算机等领域问题解决的 AutoTutor；通过与动画代理对话，训练学生问题提出、因果推理、逻辑论证的 iDRIVE；可以自适应推送概念理解资源（图像、科学家介绍、相关术语）、生成个性化习题的生物智能辅导系统。（2）第二阶段，学习分析和数据挖掘。在 2008 年可汗学院和 MOOC 大范围席卷之后，人工智能得到广泛重视，科学教育中应用数据挖掘技术主要侧重于对学习行为、思维过程进行分析，以提供自适应学习支持[14]。在学习行为方面，人工智能侧重于挖掘科学探究中学生的学习行为、在线平台中的互动；在思维过程方面，人工智能利用数据挖掘来发现学生的认知结构（图式表征），模拟学生对特定科学概念的思考，使用自然语言处理算法评估分析学生的书面科学论证，并基于评估提供即时的自适应反馈，引导学生下一步学习[15]。（3）第三阶段，基于机器人的教与学。机器人技术于 20 世纪 80 年代进入教育环境，21 世纪以来，该技术越来越多地应用于 STEM 领域。威廉（William）等[16]将机器人用于教授学生物理学知识和科学探究技能，结果表明，相比传统课程，学生更愿意参与机器人相关学习任务。（4）第四阶段，生成式人工智能。自第一个自然语言对话机器人 Eliza 出现后，基于生成式人工智能技术的聊天机器人一直在发展。2022 年以来，自然语言处理模型 ChatGPT 家族由 Open AI 陆续发布。它采用"大数据＋大算力＋算法＝智能模型"的逻辑，从海量数据中提取有价值的信息，通过强大的理解和模仿自然语言的能力、机器学习算法，实现多轮人机对话[17]，展现了此前人工智能所不具备的创造力[18]。在科学教育领域，研究者已经发现其可为学生解决问题提供帮助。比如在解决物理学问题时，ChatGPT 引导学生将抛射运动问题分解为更小的子问题，通过分步提示，反复澄清，直到学生自行解决问题并获得清晰答案，还能生成易懂的解释，让抽象概念易于理解[19]。

综上，人工智能应用于科学教育的进展总体上呈现出三大特点：（1）大众化走向个性化。人工智能自出现，到发展出智能导师、机器人和生成式人工智能，改变了以往一个软件把同样的内容提供给所有人的做法，可为学生定制适合其自身学情的学习资产。（2）操练辅助走向高阶支架。技术从仅用于知识概念和技能的练习，转而作为提升学生科学思维进阶的支架。（3）人适应技术走向技术适应于人。以往的智能辅导系统、智能机器人需要经过面向学习者的专门化设计开发方能满足教育场景中的技术应用要求。而发展至今，易得、易用、易交互的生成式人工智能产品极大降低了在科学教育中的应用门槛，并且适应于每个人的话语形式及学习需求。

三、人工智能赋能科学教育的主要议题

从国际科学教育发展的历程看，科学教育经历了从知识本位转向可持续发展和科学素

养导向[20];从学科知识方法本位转变为强调科学与工程实践;从少数人的科学转向面向所有人的科学[21];从学校象牙塔内的科学知识到社会文化中的科学。但在这种转向下,传统科学教育中的一些痼疾并未被完全革除,甚至在一些学校科学教育中仍势头不减,如集体科学素养关注不够,科学概念理解浅薄,基础知识扎实而高阶思维欠佳,重科学事实轻科学实践,科学本质教育实施困难,缺失环境可持续及生命循环教育,流行功利性的考试评价等。这些科学教育发展的难点与堵点,已成为科技后备人才培养的障碍。那么,这些问题能够借助人工智能技术得到改善吗? 本文通过对国际实证研究的分析对此作出系统考察。

1. 个人和集体科学素养与人工智能的加持:总体向优

科学素养是科学教育的基本目标。当前对科学素养形成了"三个层面"的认识[22]。个人层面(如科学内容知识、理解科学实践、科学思维和倾向等[23])、社群层面(社群协同工作为社会福祉作出贡献表现出的素养)和社会层面(社会作为一个系统和组织,将价值赋予科学以及科学素养的结构性作用)。长期以来,人们仅强调了科学素养的个人层面,而忽略了科学素养的社群和社会层面,或者说,忽略了科学素养的集体情境属性[24]。在人工智能技术加持下,科学素养的个体和集体层面的品质是否会有提升? 又缘何提升?

人工智能支持个体在科学知识、技能和态度等基本科学素养的达成方面呈现出积极成效,这离不开精制化的学习设计。这一领域的研究已经从单一的后实证主义转向混合研究范式,该类研究关注多元化的研究方法并用,尤其会综合定量的实验研究和定性的分析方法。比如,台湾疾病预防控制中心开发了人工智能聊天机器人,用于为上公共卫生课的大学生推送传染病信息,助力其了解疾病管理知识。这种机器人可进行流行病学案例分析,学生们在课后阶段能用该聊天机器人进行复习。研究发现,学生们在应用了两周(每周一次,每次50分钟)后,确实可以提高学业成绩、自我效能感,改善学习态度和动机[25]。这一实验成效的取得源于对平台的使用方法和平台学习过程的设计。学生在应用该平台的过程中会结合教师所配备的作业单,带着学习任务使用人工智能。平台中的学习设计不仅仅是"一问一答",而是提供了基于有效学习原理的学习流程,如案例学习、人机互动获得案例的建议、反思对比自己的回答与机器人的答案、拓展了解更多流行病的知识等。但值得注意的是,尽管学生学业成绩得到提升,但根据学生反馈,还是存在一些机器无法解释的复杂问题(如针对临床实际问题,聊天机器人有时会弹出"我不知道"之类的答案或者无法给予学习者完整信息)。另一项研究也是在课后自主学习阶段应用人工智能,但不同的是,人工智能的会话功能被嵌入电子教科书,用于学生自主学习生物学。结果表明,使用该人工智能书籍的学生相比没有使用的学生,获得了更高的记忆测评成绩,而且产生了更高的内在动机去体验和投入于书籍学习;但在了解能源知识方面却是使用普通电子教材的学生测试成绩更好[26]。针对知识测试成效不足的问题,研究者通过对学生的解释结果的分析发现,原因在于人工智能对话设计上存在不足,比如有学生反映"人工智能对话功能,我尝试了几次,没有真正帮助我,我就放弃了"。更多分析说明人工智能算法并不完善,还不能将对话内容与学科内容恰当结合。这也提示使用者应警惕技术崇拜倾向,人工智能在带来便捷的同时,可能对学习者无益或者甚至成为负担。

人工智能对集体科学素养的进步是否有帮助呢?这一问题可以在数字化时代的公民科学项目案例中得到回答。公民科学在提升集体科学素养上的价值得到了越来越多案例和研究的支持。比如一项由美国、墨西哥、印度、肯尼亚四个国家参与的公民科学项目,吸引了28所学校9—14岁的在校学生参与,这些学生与教师一同布置了总计2037个相机陷阱,用于监测和拍摄本地哺乳动物物种,并且进行物种比对识别、分析总结结果、提出科学问题。最终发现有94.4%的相机产出的数据都是高质量的,平均每个国家拍摄了22.3个物种,还记录到了多种易危、濒危和极度濒危的物种,并且通过学生们在公众场合的分享、新闻媒体的报道,对整个区域的生物多样性保护起到了宣传作用[27]。针对公民科学项目在跨区域、长周期数据上的需求,人工智能起到了"榫卯"的契合作用。比如,利用计算机视觉对生物多样性调查中相机陷阱的图像进行分类[28],公民科学家(可以是学生)则不需要进行重复图片识别工作,从而可以更多地投入于相机陷阱的布置、物种的识别研究。除此之外,利用人工智能进行物种识别已经成为公民科学最常用的技术,比如识别昆虫、植物、海洋生物及星系图像等。在公民科学社群中,参与者不需要都达到特定的技能门槛,通过足够的共享资源、适宜的组织方式和人工智能技术实现协同工作,就可以为社群整体福祉作出贡献。可见,人工智能可以作为集体科学素养的效益提升工具。

2. 反思性科学实践与人工智能的支架作用:从0到1

科学不仅是关于世界理解的知识体系,更是一套用于建立、拓展和完善知识的实践[29]。这一对科学的重新认识驱使科学教育更为重视让学生参与反思性的科学实践,以发展对科学事业图景的真实、深度理解。反思性科学实践即有意义的科学实践,是指学生对为什么参与科学实践,以及如何参与科学实践建立了认识论目标(epistemic goals)和认识论理解(epistemic consideration)[30]。如在引入入侵物种的模拟生态系统实践中,学生用自己的证据和论证进行推理:生态系统中的入侵者会不会消失。相反,无意义的科学实践则是步入死记硬背的技能获取和照猫画虎式的实验操作中重复,而不是让学生参与科学知识的构建和评估[31]。

人工智能在有意义的科学实践上起到了"脚手架"的作用。以科学建模为例,在虚拟实验室平台上增加人工智能脚手架,对学生的"做"和"思"均能充当铺设阶梯的角色。在探究路面粗糙度对道路上卡车加速度影响的虚拟实验中,学生会经历提出问题和定义问题、规划和开展调查、开发和使用模型、使用数学和计算思维、分析和解释数据、构建解释等六个典型的科学实践阶段。所设计的人工智能脚手架以提示的形式指导和支持学生的科学实践,比如学生完成"解释为什么""以什么方式开展"的步骤时,可以向人工智能提问并获得逐步推理的提示;当学生在虚拟实验操作中感到困难而无从决策时,系统会提供进一步的脚手架,如"你的模型不会让你的假设得到支持,它的形状并不代表数据点的趋势""让我再帮助你一些,数据的形状像是线性的"。最终在人工智能支架的帮助下,学生的科学建模得分获得显著提升[32]。但是有意义的人工智能科学实践支架也存在设计难点或陷阱,比如在过多提示和提示不够之间如何找到平衡就是难点之一。理想的情况是给学生足够的自主思考时间和启发性资源。

再以科学论证为例。将人工智能与计算机模拟技术相结合,被证实可以助推科学论证实践的深化。研究者采用了一款自然语言处理引擎(c-rater-ML)开发了在线课程系统,并集成了科学论证的自动反馈系统(HASbot),用于评估学生在气候变化议题中的科学论证表现。学生在该课程中可以根据可视化模拟程序作出预测、解释、推理,并写出自己的论证,程序则可以对学生提交的解答进行自动评分,给予具体反馈意见,学生可以根据意见对自己的论证进行多次修正。7—12年级的374名学生在应用了这一系统后,对科学论证的内容更加熟悉,需要修订的模块数量也逐渐减少,并且修改个人论证次数越多的学生其科学论证成绩越高[33]。该研究团队还将该平台用于淡水主题的学习。在应用中涉及的科学探究活动包括:采访水文地质专家以发现问题,探查地球上淡水资源的分布,利用模拟探究地下水的流动和沉积,讨论河流干涸的原因。在完成论证任务时,同样如上面的案例,会由在线平台提供反馈和修正建议,结果证实,根据平台的反馈完成论证修正并且重新改进模拟交互的学生获得了更好的成绩[34]。这两个实验说明,通过人工智能给予学生逐步反馈,作为学生的反思性支架,可以在一定程度上弥补传统的科学实践学习中无即时反馈与无及时纠正的不足。

总之,反思性科学实践正在成为人工智能在科学教育难题解决上的聚焦点。从已有证据可以看出,人工智能在反思性科学实践的应用上已经实现从0到1,如何在1的基础上增效,是值得进一步探究的。

3. 科学概念理解与高阶思维发展中人工智能的介入: 巧用增效

科学核心概念与跨学科概念的学习一直以来都是科学教育实践与研究的重点和难点。研究者基于danbee.AI平台经过分析、设计、研究、实施和评估开发了人工智能聊天机器人,该机器人可以诊断学生的学习需求,对学生的测评答案进行详细解释,就科学实验相关知识进行会话。该机器人在两所小学的192名六年级学生中进行了试用,学生被分为实验组和对照组,两组的干预区别仅在于是否在课堂上使用人工智能聊天机器人。实验组的学生在学习光学和透镜单元中使用聊天机器人,经过七节课后,他们的概念理解水平有显著提升,且相较于对照组概念理解得分更有优势[35],而这一成效来源于遵循完整的聊天机器人设计开发流程。首先基于对需求、内容、学习者和学习环境的分析结果,人工智能聊天机器人在此基础上对交互、信息、动机、故事、动画、图片、界面和评估进行了开发制作,所设计和开发的对话内容针对的是学生在光学相关科学概念上普遍存在的误解,该机器人结合了教材的科学实验活动类型,且采用善意和鼓励的积极语言予以反馈。

学生具备高阶思维能力是全球 21 世纪教育和生活的要求,科学教育为之发挥主要作用[36]。高阶思维通常包括批判性思维、问题解决、创造性思维、推理、元认知等。人工智能可能会帮助学生生成答案,阻碍思维发展,如会降低创意写作能力[37],但也有研究发现,巧妙使用人工智能对高阶思维培养饶有成效。比如批判性思维方面,研究人员将 ChatGPT 用于大学化学导论课,让学生围绕化学课程的主题撰写一篇论文,借助 ChatGPT 生成具有价值的内容,并在论文创作中标注证据来源,在论文修改阶段验证 ChatGPT 的结果,通过自己的文献研究技能彻查 ChatGPT 的输出可靠性和准确性,并对自己的作品进行纠正。对学生使用 ChatGPT 后的看法进行调查发现[38],学生一致认为 ChatGPT 可以提供多样化的观点,挑战自己的思维方式,并且可以提升自己批判性思考的自我效能感。有这样的效果是因为在评价信息的过程中,学生会经历信息辨别、证据论证、自我反思和多角度思考等批判性思维的关键培养阶段。但是过度依赖 ChatGPT 可能会破坏批判性思维,妨碍个人理解和逻辑推理。在科学问题解决方面,研究人员让学生按照问题解决支架解决 4 道化学题,同时使用 ChatGPT 生成解决方案,并对 ChatGPT 所生成的解决方案进行评估,列出所发现的缺陷、错误,并对比人类和机器解决问题的方式。189 名学生中,66%—85% 的学生都能发现不同类型的错误和缺陷[39],比较、评价、综合的高阶认知过程提升了学生的化学问题解决能力。这些研究启发我们,可以让学生通过理解、分析、评价、综合 ChatGPT 所生成信息的过程进行批判性思维训练和问题解决能力提升。但这些训练的设计需要遵循相关思维过程及有效学习的机制,比如在化学问题解决中,教师对问题解决支架的设计遵循了问题解决的思维过程——涉及对问题陈述的明晰,问题中显性和隐性概念的理解,变量关系的分析,对解决方案的明确规划及多维度评价。

此外,人工智能平台对元认知的价值也得以展现。香港一所中学的学生在学习"力与运动"单元的概念时(位移、速度、摩擦力、质量和重量),利用课堂和课后的自主学习时间使用了嵌入自我调节学习提示的 ChatGPT(可以设定目标、推荐学习策略),结果表明,带有自我调节学习提示的聊天机器人可以更好地提升学生的科学知识、参与度和动机水平,减少他们的学习焦虑[40]。根据学生的访谈数据发现,该设计有效的主要原因在于可以提示他们集中注意力、及时使用在线协作和记笔记等学习策略。

4. 科学本质理解的教学及人工智能的影响：潜力初显

对科学本质的理解是科学素养形成的关键和基础，也是科学教育的主要目标之一。关于科学本质的基本方面，人们目前已经达成共识，包括：科学是可靠但暂时的；是经验的、通过观察推论得到的；是主观但遵循理论的；是需要创造力和想象力的；是融入社会和文化的；是可以根据证据或数据加以修正的；是社会协商产生的；等等[41][42]。通过科学史、科学探究、科学论证、社会性科学议题、显性的教学框架进行科学本质教学，一直受到关注和采用，也被证明是有效的[43]。鉴于人工智能对科学研究带来的显著影响，科学本质的几个方面是否也会有变化？学校科学如何帮助未来科学家了解人工智能时代的科学本质？[44]科学本质的教学模式是否要需要改变？这些问题已难以回避。人工智能带来了科学本质内涵的拓展，也带来了新的科学信任问题。机器学习算法增强了科学家对复杂系统的洞察和推论能力，加速了科学知识的更新，也使得暂定性特征更为明显，这加剧了科学信任危机（比如，科学的主观性和暂定性会被用来反对科学的有效性[45]）。而科学本质教学需要帮助学生理解科学知识的暂时性和科学研究的复杂性，从而加强对科学的信任和参与，这就对科学本质教学提出了更高的要求。人工智能在理解科学本质上展现了某种程度的优势，比如研究者测试了ChatGPT和Gemini两款生成式人工智能工具对科学本质的理解，结果表明人工智能能够认识到科学的复杂性、科学知识的可变性以及科学理论和方法论进化的本质，并且理解力超过了包括在职教师和职前教师在内的人类受试者[46]。但是，目前该优势在促进科学本质教学上的证据暂时匮乏。谷歌研究院开展的"AI for Social Good"项目，将人工智能技术应用于公共卫生、危机应对、气候和能源、自然和社会等社会性科学议题领域[47]，这些案例为探索如何将人工智能与社会性科学议题相结合以促进科学本质观教学带来了深刻启发。

5. 环境可持续发展教育及人工智能的应用：亟须拓展

科学及科学教育的终极目标是实现人类可持续发展，这已是联合国、众多国家达成的共识，也成为科学课程的重要使命[48]。人工智能在环境可持续发展领域的突出贡献已经不容小觑。对近二十年发表的研究进行统计发现，可持续发展目标之"良好的健康和福祉"以及"可持续清洁能源"是人工智能应用最多的领域[49]。具体来讲，比如将机器学习模型用于预测溪流流量并检查水质参数、对生物多样性保护栖息地的建模、能源规划利用与分配，以及用于气候信息学领域以推进气候预测和解释工具发展等[50][51]。面临气候变化、疾病流行、生物多样性减少等全球性问题的恶化，更需要通过教育增强学生对环境可持续发展与生命循环之关系的理解和认识。在生物多样性保护、气候行动等可持续发展教育目标上，人工智能技术起到了工具性作用。比如,大学生在开展项目式学习的过程中,使用了 iNaturalist 平台进行生物多样性调查,该平台采用的机器学习和计算机视觉技术可以识别和记录生物种类,最终将学生的被动学习转为主动学习,帮助学生意识到生物的多样性危机与自身的联系[52]。再比如,在研究气候变化问题时,教师将基于人工智能技术、遥感技术的地球观测系统用于小学五年级学生的协作式探究学习中,提升了学生对气候变化问题的好奇心和研究兴趣[53]。总体上,当前人工智能在高等教育阶段可持续发展议题涉及较多,研究者发现,人工智能的采用率较高跟高等教育教学人员具有较高的可持续发展专业知识水平有关,他们能将人工智能作为可持续发展教育相关项目研究的一部分,且人工智能在各个可持续发展目标上均有涉及[54]。但人工智能在中小学科学教育中应用的案例凤毛麟角,这需要对可持续发展内容知识加以补充和改进(如通过中小学课程内容编制、教师专业发展等)。既然业已发现人工智能在实现可持续发展教育目标方面的潜力,亟须将其拓展到中小学科学教育之中,探索成效、挑战和风险。

6. 科学学习评价革新及与人工智能的结合: 有望普及

采用传统试卷测试的方法对科学学习进行评价更多时候是对科学事实和程序的评估,很难测评学生通过科学推理、论证、应用和探究实践所获得的能力,因而无法及时了解科学实践的概况[55],也不能充分衡量科学解释、科学论证等关键科学素养[56]。这是科学教育评价面临的主要挑战。基于计算机的评估为应对这一挑战提供了替代性方案。以国际学生评估项目(Programme for International Student Assessment,PISA)和美国国家教育进步评估(National Assessment of Educational Progress,NAEP)为代表的大规模评估,在评价框架上包含了识别和使用科学原理、评估和设计科学探究、科学解释数据和证据、评价应用科学信息等[57][58],更多涉及科学实践和学习潜力的维度。在评价方式上,利用交互式计算机,集成了动画、模拟、多重表征和动态交互,在更为真实的情境中测评科学素养。从人工智能技术角度来讲,自适应测试从 20 世纪 70 年代的计算机化测试发展至 20 世纪 90 年代评估解决问题的能力[59],再到如今已经进入计算机自适应测试、基于动态和交互模拟的测试以及基于自然语言理解的灵活测试,评价的功能已经从结果导向转向以评促学、促发展导向。已有不少人工智能技术应用于科学学习评价的尝试,比如,ALEKS 是一款基于人工智能的评估和学习系统,该系统基于知识空间理论设计测试项目,学生在进入系统后接受知识评估,每一项题目来自参考此前回答情况的个性化推送。研究者应用该系统进行化学测试,识别出在化学学习上有困难且需要帮助的学生,为早期教学干预(制定教学策略、教学内容、个别辅导)提供了证据[60]。再例如,基于科学建模评分标准,结合机器学习算法、卷积神经网络和自然语言处理算法,所开发的科学建模任务评分系统,其评分结果和人工评分结果有很强的一致性[61]，这为高效、高精度、自动化地评价科学建模能力提供了可能。相类似地，另一项研究应用了机器学习的文本分类技术开发了计算机评分模型，用于对中学生的科学论证题目回答进行评分，将学生的论点分解为主张、证据、推理等多个部分来分别打分，最终发现，机器评分与人类评分结果完全一致[62]。鉴于人工智能在科学学习评估上的优势和有力证据，有望在中小学生科学思维测评中普及推广自动化评估平台，继而助力实现以评促学，以评促教。

四、结论与建议

人工智能技术的持续迭代加速着教和学的转型变革。科学教育借助人工智能得以发展和升级已经成为不可逆转的趋势，但同时要清醒理智地探究人工智能在科学教育终极目标达成上的作用和局限性，人工智能作为新兴技术所不可规避的伦理议题也应进入科学教育话题。

1. 人工智能赋能科学教育的整体趋势

对人工智能赋能科学教育的发展阶段和现有研究成果加以综合分析后，可以发现：① 人工智能在科学教育中的作用从作为工具、环境，到成为系统性变革的内生力量。比如人工智能在科学素养的提升上多是作为工具、手段和环境，而在学生自主探究、自主实践上的辅助，是对课堂结构革新的展现。② 随着人工智能伦理治理规范化，以及人工智能平台应用常态化，人工智能在科学教育重要领域中的应用研究会逐渐从高校主阵地倾移至中小学，更紧密地结合科学素养目标、可持续发展议程、校内外科学课程内容，但仍会作为科学探究的辅助和增效工具，不会替代也不能缺少教师引导和学习设计。③ 人工智能对科学教育的发展起到了支撑和驱动作用，但这依赖于有效的学习设计和科学的整合策略。从教育现实来看，已有的人工智能有效应用得益于课程内容和学习活动的精心设计，以及人机对话、交互等功能的开发。随着人工智能应用门槛的降低，任何人可以轻易接触人工智能，会激发更多研究者和实践者探究其在科学素养更多方面的效果与限度。④ 人工智能会更为普遍地作为增效工具嵌入各类科学学习平台之中，比如，作为网络课程的人机会话助手，科学阅读的反思性智能支架，虚拟实验和计算机模拟程序的评价和引导工具，系统性支持科学实践的智能导师。此外，在技术与课程的融合模式和基于证据的使用策略上也会获得更多积累。

2. 人工智能赋能科学教育的主要困境

人工智能赋能科学教育的六项议题阐明了科学教育的诉求及人工智能的影响，展现了人工智能改变"一刀切"科学教育干预方案的巨大潜能，但同时暴露了其带来更严重数字鸿沟的风险,以及对迷思概念破解的无力,甚至沦为科学思维发展障碍的可能。基于上述六项议题的研究现状分析,当下人工智能赋能科学教育的困境主要体现在三个方面。

其一,在多项议题领域中,尚未体现出系统性、纵向追踪研究的生态,也未能对科学教育原生困境作出突破。我们可以窥见人工智能技术在支持科学实践各阶段的设计以及人工智能平台在多个知识点情境中的应用,这种系统设计和持续的纵向研究对加速该领域的发展是必不可少的,但在其他议题领域中尚未形成此生态。同时,在科学探究转向科学实践的趋势之下,人工智能技术是否真正能够帮助学生把握科学实践的本质,让学生主动提出问题,协作或独立设计解决方案,而非根据老师既定方案执行?是否有助于学生摆脱迷思概念,促成深度理解?针对这些科学教育的原生困境、难题,人工智能何以能有所作为,尚未见有说服力的成果。

其二,成熟的科学教育人工智能工具供给不足。虽然目前生成式人工智能平台呈现百花齐放的态势,但均未就科学教育作出针对性的学习设计和内容设计,这就导致在中小学科学教育中生成式人工智能的应用还处于观望、止步不前的情形。纵使当前已然可以发现不少用于课堂且经过设计的聊天机器人、嵌入虚拟仿真学习环境的人工智能测评应用,但这些平台多停留在研究场域,而非真实的学习情境。在非正式科学学习、家庭的自主科学实验、基于互联网的科普平台中,人工智能该以哪些角色和功能服务于学习,还缺乏探索。

其三,生成式人工智能存在若干局限性,这为赋能科学教育形成了限度甚至反噬。作为人工智能目前的最新发展阶段,生成式人工智能最大优势在于理解自然语言并对自然语言作出回应,可用于编制测试题并给出反馈,大大提升信息检索效率,也可作为学伴为学习者提供适于理解的解释。但是,其缺陷不容小觑:① 生成式人工智能自身在多项科学问题解决上表现不佳。不少研究证明 ChatGPT 在化学概念理解、物理问题解决、科学实验活动设计、学习任务设计上存在正确率、可靠性、清晰度等方面的缺陷,其表现次于人类表现。② 由于生成式人工智能依赖从大数据集中学习,可能会传播偏见和错误信息,损害学术内容的原创性和准确性,这也会引发数据隐私、安全隐患、抄袭剽窃等问题。③ 依赖人工智能解决人类本应自主思考的问题,会致使人的认知推理能力、记忆力、深度思考能力下降。④ 由于科学事业的进步取决于人类的创造力、好奇心和想象力,但顺从地接受人工智能的输出,可能会对这些能力造成威胁,继而影响科学的进步发展。这些问题可能会对科学思维、科学素养等方面的发展产生消极影响,在给学生提供学习支持的同时,可能会导致惰性思考习惯,也可能阻碍社会与情感能力的发展。

3. 人工智能赋能科学教育发展的建议

探索人工智能应用于科学教育的影响和途径,要避免科学教育实践变革再次沦为无限遐想和低效循环,应把握用人工智能提供学习支持和规避消极影响的平衡。为此,基于对人工智能赋能科学教育的议题和困境的分析,本文提出以下建议:

第一,教育主管部门应加强统筹布局,组织业内专家为教育工作者和技术工作者提供人工智能应用指南,明示人工智能纳入科学教育的模式与方法,提供应用技巧策略,规定应用的规范和伦理,为纵向研究提供专门支持。鼓励有能力的教育单位先行试点基于人工智能的科学教学实践模式探索和优质课程资源开发,基于开发模式和成果建立长期追踪应用规划,积累形成系统的、切实可行的人工智能解决方案,促进达成科学素养的大幅提升和可持续发展目标。

第二,在教育、科技、人才"三位一体"支撑新质生产力发展,校内外多主体联动,共推大中小科学教育一体化建设的背景下,需要广大教师、科研人员、科普教育工作者、高新科技企业以及家长等各类群体在拥抱人工智能,学会通过人机协同实现自身发展的同时,加强彼此间协作与力量整合,同心同力建构以人工智能等新技术为支撑的科学教育新格局。多主体形成协作团队,基于科学学习原理开发可持续且高质量的人工智能学习平台,设计开发更丰富的嵌入式人工智能辅助支架,并且,需要研究学习支架渐退的设计机制,以避免形成对人工智能的依赖。研发动态测评科学探究过程的形成性评价智能系统(同时将学生表现同步提供给教师以便教师进行针对性指导),以科学思维和科学素养评价为重点,推进大数据支持的科学教育评价机制改革。

第三,重视人工智能环境下学习理论的发展与创新,以理论与学习机制作为新时代科学教育创新实践行动的指导。目前我国人工智能教育应用领域的研究存在理论支撑不足的情况,提出新理论框架更是鲜见[63]。先进理论是从科学教育的实践和探索中获得更深层次洞见的关键工具,是应对复杂问题和挑战的行动指南。需要重视应用学习科学理论和新成果、认知神经科学原理开展人工智能的科学教育应用开发与实践,使新技术手段的运用真正有效地服务于科学教育事业的美好目的。

第四,加快推进师生的人工智能素养、科学精神、伦理规范培训,着重落实对高阶思维、学习能力、科学本质理解力的培养。人工智能素养是一套能力,核心是能够批判性地评估人工智能技术。科学精神是客观、严谨、理性、求真、求实、怀疑、批判和创新的精神。为避免因人工智能的弊端给学生和教师带来消极影响,不能选择"因噎废食""鸵鸟思维",而应该让素养和精神培育走在前端,切实推进对人工智能伦理规范的学习和遵守。在以科学素养为目标,以可持续发展为指向的科学教育事业发展中,为应对人工智能技术及知识的快速迭代带来的挑战,要高度重视高阶思维、学习能力和科学本质理解力的培养,从而更"智慧"地在科学教育中发展和"驾驭"人工智能。

参考文献

[1] Wang H, Fu T, Du Y, et al. Scientific Discovery in the Age of Artificial Intelligence[J]. Nature, 2023, 620(7972)：47 – 60.

[2] Xu Y, Liu X, Cao X, et al. Artificial Intelligence：A Powerful Paradigm for Scientific Research[J]. The Innovation, 2021, 2(4).

[3] Krenn M, Pollice R, Guo S Y, et al. On Scientific Understanding With Artificial Intelligence[J]. Nature Reviews Physics, 2022, 4(12)：761 – 769.

[4][20][42][48] 裴新宁, 郑太年. 国际科学教育发展的对比研究——理念、主题与实践的革新[J]. 中国科学院院刊, 2021, 36(7)：771 – 778.

[5] 郑永和, 杨宣洋, 苏洵. 大科学教育新格局：学段一体化建构与实施路径[J]. 远程教育杂志, 2024, 281(2)：20 – 25.

[6] 裴新宁, 孔令鑫, 仝玉婷, 等. 技术支持的探究性学习研究国际进展——历史脉络、热点主题和新议程[J]. 远程教育杂志, 2021(3).

[7] Jia F, Sun D, Looi C. Artificial Intelligence in Science Education（2013—2023）：Research Trends in Ten Years[J]. Journal of Science Education and Technology, 2024, 33(1)：94 – 117.

[8] 尚俊杰. 未来教育重塑研究[M]. 上海：华东师范大学出版社, 2020：7.

[9] Boulay B D, Mitrovic A, Yacef K. Handbook of Artificial Intelligence in Education[M]. Cheltenham：Edward Elgar Publishing, 2023.

[10] 尼克. 人工智能简史[M]. 北京：人民邮电出版社, 2017：12 – 20.

[11] Kaul V, Enslin S, Gross S A. History of Artificial Intelligence in Medicine［J］. Gastrointestinal Endoscopy, 2020, 92(4)：807 – 812.

[12] Rao D C H, Saha S K. An Immersive Learning Platform for Efficient Biology Learning of Secondary School-Level Students[J]. Journal of Educational Computing Research, 2019, 57(7)：1671 – 1694.

[13] Graesser A C, Jeon M, Dufty D. Agent Technologies Designed to Facilitate Interactive Knowledge Construction[J]. Discourse Processes, 2008, 45(4 – 5)：298 – 322.

[14] Shin D, Shim J. A Systematic Review on Data Mining for Mathematics and Science Education[J]. International Journal of Science and Mathematics Education, 2021, 19(4)：639 – 659.

[15] Aiken J M, Henderson R, Caballero M D. Modeling Student Pathways in a Physics Bachelor's Degree Program[J]. Physical Review Physics Education Research, 2019, 15(1)：

010128.

[16] Williams D C，Ma Y，Prejean L，et al. Acquisition of Physics Content Knowledge and Scientific Inquiry Skills in a Robotics Summer Camp[J]. Journal of Research on Technology in Education，2007，40(2)：201－216.

[17] Yu H. Reflection on Whether ChatGPT Should Be Banned by Academia From the Perspective of Education and Teaching[J]. Frontiers in Psychology，2023，14.

[18] Kosinski M. Evaluating Large Language Models in Theory of Mind Tasks[EB/OL]. (2024－09－23). http：//arxiv. org/pdf/2302. 02083.

[19] Liang Y，Zou D，Xie H，et al. Exploring the Potential of Using ChatGPT in Physics Education[J]. Smart Learning Environments，2023，10(1)：52.

[21] Songer N B，Kali Y. Science Education and the Learning Sciences：A Coevolutionary Connection[M] //Sawyer R K. The Cambridge Handbook of the Learning Sciences. 3rd ed. Cambridge：Cambridge University Press，2022：486－503.

[22] 凯瑟琳,纳肯妮.科学素养：概念、情境与影响[M].裴新宁,郑太年,译.北京：中国科学技术出版社,2020：14.

[23][24] 裴新宁.重新思考科学教育的若干概念与实施途径[J].中国教育学刊,2022 (10)：19－24.

[25] Lee Y F，Hwang G J，Chen P Y. Impacts of an AI-based Chabot on College Students' After-class Review，Academic Performance，Self-efficacy，Learning Attitude，and Motivation [J]. Educational Technology Research and Development，2022，70(5)：1843－1865.

[26] Koć-Januchta M，Schönborn K J，Tibell L A E，et al. Engaging With Biology by Asking Questions：Investigating Students' Interaction and Learning with an Artificial Intelligence-Enriched Textbook[J]. Journal of Educational Computing Research，2020，58(6)：1190－1224.

[27][56] Schuttler S G，Sears R S，Orendain I，et al. Citizen Science in Schools：Students Collect Valuable Mammal Data for Science，Conservation，and Community Engagement[J]. BioScience，2019，69(1)：69－79.

[28] Green S E，Rees J P，Stephens P A，et al. Innovations in Camera Trapping Technology and Approaches：The Integration of Citizen Science and Artificial Intelligence[J]. Animals，2020，10(1)：132.

[29] National Research Council. A Framework for K－12 Science Education：Practices，Crosscutting Concepts，and Core Ideas[M]. Washington，D. C.：The National Academies

Press.

[30] Berland L K，Schwarz C V，Krist C，et al. Epistemologies in Practice：Making Scientific Practices Meaningful for Students[J]. Journal of Research in Science Teaching，2016，53(7)：1082－1112.

[31] Windschitl M，Thompson J，Braaten M. Beyond the Scientific Method：Model-based Inquiry as a New Paradigm of Preference for School Science Investigations[J]. Science Education，2008，92(5)：941－967.

[32] Adair A，Pedro M S，Gobert J，et al. Real-Time AI-Driven Assessment and Scaffolding That Improves Students' Mathematical Modeling During Science Investigations[C] //Artificial Intelligence in Education. Naples：Springer，Cham，2023：202－216.

[33] Zhu M，Liu O L，Lee H S. The Effect of Automated Feedback on Revision Behavior and Learning Gains in Formative Assessment of Scientific Argument Writing[J]. Computers & Education，2020，143：103668.

[34] Lee H S，Gweon G H，Lord T，et al. Machine Learning-Enabled Automated Feedback：Supporting Students' Revision of Scientific Arguments Based on Data Drawn from Simulation [J]. Journal of Science Education and Technology，2021，30(2)：168－192.

[35] Lee J，An T，Chu H E，et al. Improving Science Conceptual Understanding and Attitudes in Elementary Science Classes Through the Development and Application of a Rule-Based AI Chatbot[J]. Asia-Pacific Science Education，2023，9(2)：365－412.

[36] Sun H，Xie Y，Lavonen J. Effects of the Use of ICT in Schools on Students' Science Higher-order Thinking Skills：Comparative Study of China and Finland[J]. Research in Science & Technological Education，2022，2(42)：1－18.

[37] Niloy A C，Akter S，Sultana N，et al. Is ChatGPT a Menace for Creative Writing Ability? An Experiment[J]. Journal of Computer Assisted Learning，2024，40(2)：919－930.

[38] Guo Y，Lee D. Leveraging ChatGPT for Enhancing Critical Thinking Skills[J]. Journal of Chemical Education，2023，100(12)：4876－4883.

[39] Exintaris B，Karunaratne N，Yuriev E. Metacognition and Critical Thinking：Using ChatGPT-Generated Responses as Prompts for Critique in a Problem-Solving Workshop [J]. Journal of Chemical Education，2023，100(8)：2972－2980.

[40] Ng D T K，Tan C W，Leung J K L. Empowering Student Self-regulated Learning and Science Education Through ChatGPT：A Pioneering Pilot Study [J]. British Journal of Educational Technology，2024，55(4)：1328－1353.

［41］ Khishfe R. Improving Students' Conceptions of Nature of Science：A Review of the Literature［J］. Science & Education，2023，32（6）：1887－1931.

［43］ Schwartz R S，Lederman N G，Crawford B A. Developing Views of Nature of Science in an Authentic Context：An Explicit Approach to Bridging the Gap Between Nature of Science and Scientific Inquiry［J］. Science Education，2004，88（4）：610－645.

［44］ Erduran S. AI is Transforming How Science Is Done. Science Education Must Reflect This Change［J］. Science，2023，382（6677）：eadm 9788.

［45］ Abd-El-Khalick F，Lederman N G. Research on Teaching，Learning，and Assessment of Nature of Science［M］//Handbook of Research on Science Education. London：Routledge，2023.

［46］ Nyaaba M. Generative AI Conception of the Nature of Science［C］//Cohen J，Solano G，eds. Proceedings of Society for Information Technology & Teacher Education International Conference. Las Vegas，NV：Association for the Advancement of Computing in Education （AACE），2024：1818－1827.

［47］ Responsible AI at Google Research：AI for Social Good ［EB/OL］.（2023－06－21）［2024－05－15］. http：//research. google/blog/responsible-ai-at-google-research-ai-for-social-good/.

［49］ Singh A，Kanaujia A，Singh V K，et al. Artificial Intelligence for Sustainable Development Goals：Bibliometric Patterns and Concept Evolution Trajectories［J］. Sustainable Development，2024，32（1）：724－754.

［50］ Nishant R，Kennedy M，Corbett J. Artificial Intelligence for Sustainability：Challenges，Opportunities，and a Research Agenda［J］. International Journal of Information Management，2020，53：102104.

［51］ Tomašev N，Cornebise J，Hutter F，et al. AI for Social Good：Unlocking the Opportunity for Positive Impact［J］. Nature Communications，2020，11（1）：2468.

［52］ Niemiller K D K，Davis M A，Niemiller M L. Addressing "Biodiversity Naivety" Through Project-based Learning Using iNaturalist［J］. Journal for Nature Conservation，2021，64：126070.

［53］ Asimakopoulou P，Nastos P，Vassilakis E，et al. Climate Change Education Through Earth Observation：An Approach for EO Newcomers in Schools［J］. Sustainability，2023，15（19）：14454.

［54］ Leal Filho W，Ribeiro P C，Mazutti J，et al. Using Artificial Intelligence to Implement the UN Sustainable Development Goals at Higher Education Institutions［J］. International Journal of

Sustainable Development & World Ecology, 2024: 1-20.

［55］Pellegrino J W. Proficiency in Science: Assessment Challenges and Opportunities［J］. Science, 2013, 340(6130): 320-323.

［57］OECD. PISA 2022 Assessment and Analytical Framework［R］. Paris, OECD Publishing, 2023.

［58］National Assessment Governing Board. Science Framework for the 2019 National Assessment of Educational Progress［M］. Washington, D. C.: U. S. Department of Education, 2019.

［59］Shute V J, Rahimi S. Review of Computer-based Assessment for Learning in Elementary and Secondary Education［J］. Journal of Computer Assisted Learning, 2017, 33(1): 1-19.

［60］Vyas V S, Kemp B, Reid S A. Zeroing in on the Best Early-course Metrics to Identify At-risk Students in General Chemistry: An Adaptive Learning Pre-assessment vs. Traditional Diagnostic Exam［J］. International Journal of Science Education, 2021, 43(4): 552-569.

［61］Zhai X, He P, Krajcik J. Applying Machine Learning to Automatically Assess Scientific Models［J］. Journal of Research in Science Teaching, 2022, 59(10): 1765-1794.

［62］Wilson C D, Haudek K C, Osborne J F, et al. Using Automated Analysis to Assess Middle School Students' Competence With Scientific Argumentation［J］. Journal of Research in Science Teaching, 2024, 61(1): 38-69.

［63］Chen X, Xie H, Zou D, et al. Application and Theory Gaps During the Rise of Artificial Intelligence in Education［J］. Computers and Education: Artificial Intelligence, 2020, 1: 100002.

作者简介

胡若楠　华东师范大学教育学部博士研究生

裴新宁(通信作者,教授,博士生导师)　供职于华东师范大学教育学部国际与比较教育研究所,学习科学研究中心和科学教育研究与教学中心

电子邮箱

rnhu@stu. ecnu. edu. cn

xnpei@kcx. ecnu. edu. cn

中小学科学教育的认识论反思与多维重建[*]

刘世清　吕　可

摘　要：认识是实践的前提。在哈贝马斯提出的实证—分析、历史—诠释和批判—解放的认识论取向视野下，科学教育呈现出不同的实践逻辑。当前，在以实证—分析为主宰的认识论视野下，中小学科学教育呈现了诸多弊端，表现为：科学教育被简化为知识教育、窄化为学科教育、功利化为个人性的竞争、异化为批判理性的平庸。为此，中小学做好科学教育的"加法"工作，迫切需要重建多元整合的认识论视角，强调科学教育的历史—诠释和批判—解放的认识论取向，做到回归科学本源，重视探究的价值；聚焦问题导向，重视跨学科学习；强化实践取向，重视合作交流；加强文化引领，重视科学家精神的培育。

关键词：科学教育；认识论；反思；重建

当前，世界百年未有之大变局加速演进，新一轮科技革命风起云涌，强国建设新征程进入关键时期，多重因素叠加使得科技创新成为国家与国际战略博弈的主战场。谁抢占了科技创新的制高点，谁就能赢得未来。科学教育作为提升国家科技竞争力、培养创新人才、提高全民科学素质的重要基础，迫切需要得到高度重视。2023年5月，教育部等十八部门颁布《关于加强新时代中小学科学教育工作的意见》，以期发挥中小学科学教育主阵地作用，构建"大科学教育"格局，着力落实好习近平总书记做出的"在教育'双减'中做好科学教育'加法'"的重要指示。做好科学教育"加法"，既需要在"量"上做加法，做好科学教育课时、内容与活动的拓展增量；更需要在"质"上做加法，透视当前科学教育的现实症状，反思科学教育的认识论基础，以重建与丰富适应时代要求的中小学科学教育实践。

---

* 本文系上海市浦江人才计划"新高考背景上海市普通高中课程改革问题研究"（项目编号：18PJC028）的阶段性成果。

一、中小学科学教育的实践反思：认识论的视角

认识是实践的前提，对特定主体社会实践的前提性反思涉及从认识论视角思考相关问题。对于实践品格鲜明的教育学来说，认识论研究的单薄与匮乏是一个长期存在的问题[1]。尤其是对于科学教育实践来说，无论是仰观以有组织为基础的日新月异的科学研究新形态，还是俯察中小学科学教育中存在的"重知识讲授，轻实验操作，弱精神培育"的实践形态，均迫切需要从认识论角度去省察科学教育的本体与实践假设。

德国学者哈贝马斯（Habermas）在严厉批判传统认识论的基础上构建了多元的认识论取向。在哈氏看来，传统认识论总是处于主客二元的对立困境，认识中的主体基于理性逻辑却忽略了社会与历史经验的条件，尤其是主体经验在认识构成中的积极兴趣。人类在认识的过程中，总是与某种先在的对问题处理的取向和渴望，即认知兴趣密切关联。在哈氏的视野中，兴趣内在于认识过程之中，兴趣先于认识，又使得认识得以成立。基于此，他提出并构建了三种认识论取向，分别为实证—分析的认识取向、历史—诠释的认识取向和批判—解放的认识取向，分别呼应物质生产活动的自然科学、人类社会生活的历史—解释科学，以及自我反思解放的精神分析与批判科学[2]。这三种认识论取向或认识兴趣为分析特定主体的社会实践提供了重要视角，也为重新审视当前中小学科学教育提供了一种新的分析框架。

在实证—分析的认识论取向视角下，认知对象被预设为客观存在、可观测的现实，认识的过程就是提出研究假设并验证为真的过程。社会主体通过对于自然现象的客观观察、实验等技术性控制，从而建立确定性的"因果"知识，进而指导与改造实践。在实证—分析的认识旨趣下，科学教育被视为一个"投入—产出"的过程，指向一种技术化与程序化的知识传递。科学教育借助心理学的实证经验，通过分解为若干教学环节与程序，构建多种教学指标或评价指标，以追求科学知识传递的效率化与指标化。在此过程中，师生主体的生活经验与价值取向被视为干预或无关变量，尽量避免参与到教学过程中来。

在历史—诠释的认识论取向下，认知对象并非客观存在的自然现实，而是人类及其社会文化建构出来的现实。社会建构的现实被赋予了社会、历史、作者、读者的意义，是属人的历史主观性存在，需要在人类的交往活动中通过彼此的理解才能实现视域融合与意义共识。在此视域下，科学教育不是被理解为单一的"投入—产出"的知识传递，而是师生、生生之间的交往互动、相互信任、沟通理解、寻求共识的过程。在此过程中，师生主体基于社会生活的经验不同，在科学探究的过程中对于问题与知识的建构和理解也存在差异，师生之间、生生之间需要通过积极的沟通对话、辨析交流，才能达成对科学知识的共同理解。

在批判—解放的认识论取向下，强调认识主体对于现实社会、文化与个人心理诸多现状的批判反思，揭示其中蕴含的权力、不平等、压制等现象，以追求社会或个体的解放及其潜能

的自由释放。在此视域下,科学教育强调在教育教学过程中师生主体的潜能释放与精神超越。科学教育不断激发学生对于周围世界及现象的好奇心与想象力,通过批判反思与创造生成,不断冒险探索,实现自我的批判性超越、生命的激扬与精神的解放。

可以看出,不同的认识论取向视角下,科学教育呈现不同的实践样态,遵循不同的实践逻辑。对于科学教育而言,迫切需要加强多种认识论视角的反思与审视,才能在"质"的意义上做好科学教育的"加法",真正丰富科学教育的实践内涵。

二、中小学科学教育的实践困境: 实证—分析认识论取向的桎梏

近代以来,在客观主义、实证主义影响下,科学哲学强调对科学陈述与概念的逻辑分析与辩护[3],关注对客观的或客观化的世界过程作正确的预测及有效的控制[4],形成了实证—分析取向主宰的科学教育认识论。在实证—分析认识论取向的桎梏下,当前的中小学科学教育过于追求知识结论与标准答案,过于强化分科性的理科知识与学科边界,过于重视个人功利与优绩排名,过于重视知识习得而疏于科学精神的生成,严重背离了科学教育的初衷。

1. 科学教育简化为知识教育

哈贝马斯认为,客观主义为科学虚构出某种合乎规律的和结构化的自在事实,从而掩盖这种事实从前的形成过程[5]。这种"自在事实"意指经过编码、组织的科学知识,科学教育依靠"自在事实"完成对自身合理性与价值性的确证,作为科学研究主体的人在此过程中由"自为"降格为"自在",只是理性逻辑与研究程序的执行者。

当前的中小学科学教育中,往往将科学简化为经由观察实验、实证分析而获得的确定性因果知识,将科学教育简化为知识教育,具体表现为传递式教学、浅表化探究、应试性评价与表演性景观的教学症状。

其一,传递式教学。科学被认为是知识和理论的集合,中小学科学教育常被简单理解为知识体系与既定结论的授受。教师教学与学生学习的关系被简化为标准化科学知识的讲授、传递和接收过程,证明推导的规定动作取代了质疑、探究和追问的价值。教师强化对预设好的科学知识与理论的教学,缺乏在探究与解决科学问题的过程中,对学生科学兴趣的激发与科学思维的培养。

其二,浅表化探究。探究与实践是科学教育的重要内容之一,至少包括问题提出与合理猜想、探究过程与方法、搜集证据与分析、得出结论与解释、表达观点与反思等过程与能力。但是,在当前的中小学科学教育中,教师往往只注重探究过程的程序、步骤与实验方案的执行,强调对于探究过程的留痕记录,甚至让学生以记背实验过程与方法要点的方式代替真实

的探究操作。在此过程中，更为重要的问题意识、科学假设、结论分析与解释评估、结论表达与反思常常被忽视或者略去，学生的科学探究与实验环节是不完整的、表层化的，学生的科学思维无法获得深度的训练，获得的常常是千篇一律、千人一面的标准结论。

其三，应试性评价。评价是科学教育的关键环节，需要从科学观念、思维、探究实践与态度责任等多个方面评价学生的科学素养。但是多年来，评价一直是中小学科学教育变革的难点。在科学教育教学的评价中，无论是课堂评价、作业评价，还是单元与期末评价，纸笔测试是最常见、最易于操作的评价方式。这种评价通过量化方式重点关注和呈现学生对科学的知识点、重难点与考点的掌握情况，并依据分数高低来奖惩学生，无法评判其科学观念、思维、态度责任等综合性的科学素养。

其四，表演性景观。近年来，伴随着科教兴国战略的深入推进，中小学科学教育日益受到重视，科技、科创教育成为许多中小学校的特色品牌。一些学校为此投入巨资购买 3D 打印机、无人机、机器人……但是，在一片"繁华"背后，却掩盖着忽视学生科学思维与能力培养的"苍白"。借用居伊·德波（Guy Debord）的"景观"论[6]来看，这些中小学校的科学教育陷入"拼装备""高科技"的误区，只注重少数精英却忽略大多数同学，只注重极少部分耀眼的作品成果却忽略中小学生科学探究与科学思维的培养。一些学校过度追求这种"亮丽"表演，成功俘获了社会的注意力，却远离了科学教育的本真内涵。

2. 科学教育窄化为学科教育

如果说科学教育被简化为知识教育是其功能上的缺失，那么科学教育被窄化为学科教育则是其结构上的破碎，具体表现为两个方面。

其一，学科之间的割裂。根据研究对象不同，科学可以分为物理、化学、生物、地理、信息技术等不同分支，这些科学分支既有着不同的研究方法，也共享一些通用的科学思维，且在当代呈现出相互渗透、交叉融合的新趋势。长期以来，这些科学分支在中小学校主要以学科形态存在，并以分科设置与班级教学的方式进行，由不同学科教师专门负责教授。无论是从教师教育中科学分支学科的教师培养来看，还是从中小学校的科学分支学科教学来看，都在不断强化着科学各分支学科间的边界，即强调科学各分支学科之间对象、方法与功能的独特性，却忽略了科学各分支学科间共通的科学观念、方法、思维与态度责任，忽略了科学各分支学科间的联络节点与交叉融合趋势[7]。长此以往，科学教育不断被强化为封闭的各分支学科，学科间的割裂既不符合当代科学发展的新趋势，同时也严重影响着中小学生科学素质的整体提升。

其二，学科内容的窄化。伴随经典科学观的式微与工业革命的兴起，科学原理被广泛转化应用于现代生产与生活之中，这既推进了人类社会文明的突飞猛进，也逐步将科学拓展为

"科学—技术—工程"一体化的综合概念。在这种"大科学观"的视野下,科学教育的内容理应包括科学(原理)教育、技术教育和工程教育,其中科学为技术和工程提供理论基础,技术与工程为科学原理的转化应用提供方法支撑,三者相互促进,缺一不可,共同推动着人类社会发展。但是长期以来,中小学科学教育较为重视纯粹的科学原理与知识教育,却忽视了技术与工程方面的内容统筹,导致学生在掌握了大量高深的科学知识后,却缺乏将科学知识转化应用为小制作、小科创、小发明的动手实践能力。中小学在科学教育中的"重理论,轻实践"现象,一方面暴露了我国中小学对科学教育的认识狭窄,表现为中小学科学各分支学科课程中原理知识占主导地位,技术与工程方面的内容则处于辅助或补充地位;另一方面也使得中小学生缺乏技术、工程方面的知识、思维与能力,空掌握了大量的科学原理与知识,却无法将其以技术或工程方式转化应用,亦无法真正体验与感悟科学的重要功能。近年来,国家在高等教育领域高度重视工程教育,先后启动实施多项卓越工程师教育培养计划,这在一定程度上就凸显了我国中小学技术与工程教育存在的不足[8]。

可以看出,面对新时期科学教育发展的新形态、新趋势,当前中小学科学教育的结构存在明显不足,一方面被割裂为分支的学科,不断强化着科学学科之间的边界壁垒,让科学窄化为学科;另一方面,"科学—技术—工程"一体化的"大科学"观念被窄化为"原理知识"的"小科学",既造成当前我国中小学生在科学教育中空有理论知识而实践能力不足,同时也无法适应当前科学研究、技术转化与工程应用之间交叉融合、综合发展的新趋势与新要求。

3. 科学教育功利化为个人性的竞争

在历史—诠释取向下,认识对象是特定时空背景在人类群体中累积起来的知识经验,需要在具体的文化与历史脉络之中进行阐释理解[9]。在历史—诠释认识论看来,科学活动需要不同的科学家针对同一问题大胆质疑、提出创新见解,积极与他人合作交流,分享包容不同观点,并在此过程中相互理解,寻求共识、达成共鸣。就此而言,科学教育不是简单地讲授、观看、记忆、背诵科学知识,而是需要在科学问题识别、猜想假设、探究实验、搜集证据与凝练观点中,加深师生、生生不同主体之间的合作互动、沟通交流。以此观之,当前中小学的科学教育常常表现为功利化的个人竞争,缺少对实践目的的关注和重视,缺失有意义的启发性合作互动。

第一,无目的的科学实践。对抽象意义上的质量指标和排名的过度推崇,无形中将教育目的的讨论置换成了操作性的技术方法问题[10]。在日渐丰富多元的科学教育实践中,受应试功利影响,中小学生参与科学教育及相关的科技、科创活动不再是出于对真理智慧的兴趣爱好、对未知世界的好奇探索,而是为了竞赛获奖、升学加分。而在这种应试功利思想的作祟下,各种乱象层出不穷,如研究生下场替代中小学生参与科创作品比赛、父母或辅导机构

"购买""代理"高科技成果参赛等。这种将科学教育的目的定位为获奖,无异于将科学教育的目的与手段本末倒置,严重损害着中小学科学教育的本体功能,也侵蚀破坏着同学或同伴之间基于共同兴趣爱好开展科学探究、制作发明的合作情谊与协作基础。

第二,无交往的科学实践。受社会功利思想影响,近年来,教育领域中的优绩主义(meritocracy)思想也在不断蔓延。优绩主义是指社会与经济的奖赏应当依据才能、努力和成就这些"优绩"来决定,"择优录取"及"能者多得"是理所当然的公平原则[11]。"择优"与"能者"的策略不断强化着中小学教育中的个人主义与竞争主义,尤其是对于以实证与有效为主要特征的现代科学及其相关的科技、科创活动来说,优绩主义的影响更为严重,不断强化着科学实践中的个人性竞争。具体表现为,科学教育尤其是相关的科技、科创活动往往会采用比赛、积分、排名等竞争机制,对于科学优绩的强调追求严重压制着科学实践中的交往与协作,对于成绩与排名的追求严重影响着同伴之间的平等对话,集体性的科学实践往往被个人精英所替代。久而久之,学生在比赛中无节制地追求优绩,就会形成一种等级性的权威与秩序,同学或同伴之间的共同体交往与友谊被不断地腐蚀而支离破碎。

4. 科学教育异化为批判理性的平庸

批判—解放认识论强调,社会主体要摆脱受支配和被扭曲的现实,以主宰自己的命运,获得自主性。哈贝马斯认为,作为主体的科学应是对它在技术上被使用负有责任的现代科学,这体现了人道主义的从科技异化到科技人化的诉求[12]。然而,当前中小学科学教育在学生批判理性、科学精神的培养上力有不逮,表现为反思性和主体性的缺失。

第一,反思性的缺失。从源头上讲,科学教育让人摆脱蒙昧状态,树立起批判理性和科学精神,从神学或迷信的窠臼中解脱出来。在批判—解放认识论的指引下,科学教育帮助学生对世界的复杂多元祛魅而直抵本质,对自己的社会生活和人生做出审视、反思和规划,在诱惑性、压迫性的社会现实中保持自觉自省,在实践发展中不断改进完善。换言之,科学教育教学生树立科学精神与批判理性,以此反思和改进生活,获得精神的解放。但是,当前物质文化和科学技术的快速发展,造成了社会各部分变化速率参差不齐,引发了物质与精神之间的文化堕距(cultural lag),造成了当代中小学生精神文化方面的片面化、浅薄化发展。当代中小学科学教育似乎只沉迷于自身的自然原理与知识教育,却忽略了科学精神对于社会价值与审美消费的观照,更忽略了基于科学精神与批判理性来引导学生对于社会生活与未来人生的规划。这使得上述文化堕距造成的价值偏失、审美畸形、消费主义以及功利主义等严重侵蚀着青少年学生的反思性,让学生在商业气息的裹挟中失去了对社会现象与科学本质的深度思考[13]。

第二,主体性的迷失。保罗·弗莱雷(Paulo Freire)认为教育即解放,解放是教育实践活动的终极目的,应当以解放教育代替驯化教育,唤醒学生对变化世界的批判意识,鼓励他们不断反思自身的生存方式[14]。但是当前的科学教育却以"解练习题"代替"解现实问题",突出的是自然的、与人无关的活动,忽略的是学生主体的、参与的意识,让学生只是以理性的旁观者参与科学解题活动,而不是以社会主体的身份审视自身生长,以及与此相关的自然、社会与生态问题。长久如此,就使得学生在面对科学实践与问题时,只是将其作为文本中的虚拟考题,寄望于在解题"工具箱"里寻找正确答案,却忽略自身更为重要的科学态度与社会责任,忽略了对于科学技术应用中的法律规范与伦理道德的审视,忽略了对于人类权益与国家利益的捍卫。在此意义上,中小学科学教育只是努力地培养严谨的"可算度"[15]"单向度"[16]的理性人,而非拥有鲜明科学精神与社会责任的社会人。

三、中小学科学教育的实践重建:多元认识论的综合

哈贝马斯认为,认识的兴趣须放置于行动本身和社会生活的历史文化脉络中来理解,它是人类形成及其再生产的基本条件。实证—分析的认识兴趣,只有同历史—诠释、批判—解放的认识兴趣相联系,才能全面合理地认识实践,科学地指导实践[17]。因此,重新审视当前中小学科学教育的认识论前提,突破以实证—分析的认识兴趣为主宰的科学教育实践,从单一的认识论倾向走向多元和整体的认识论视角,恢复科学教育的历史—诠释和批判—解放的认识论取向,重建科学实践中各教育主体之间的平等对话关系,加强对科学精神与态度责任的自我反思,以规避科学教育中出现的诸多异化现象。

1. 回归科学本源,重视探究的价值

科学教育重建的基本方向是让学生在学校过有意义的探究生活,科学、教育与学习的本质就是探究,需要在科学、教育与师生的互动中通过探究回归科学本源,重建科学教育的价值与意义[18]。科学教育的本质不是直接提供现成的科学知识,而是通过持续、深入的探究求索活动,更好地认识世界和自我。在科学教育中,可以通过创设探究性的教学、活动和文化,不断强化学生的科学观念与思维,增进他们对科学知识的理解,使其掌握科学研究方法,提升自身的科学素养。

其一,强化探究性教学。科学教育不是忠实地传授知识、检验知识、表演知识的过程,而需要在探究性教学中不断挖潜革新,避免在按图索骥的程序化教学中削弱探究的深刻性。在日常生活中,未成年的学生充满着质疑探究的意识,积累了最为原初的猜想感知与直观体验。在科学教育的探究性教学中,首先,教师要积极引导与不断强化学生的问题意识,不断激发学生追问"为什么"的兴趣。教师可以给学生提供合适的支架和知识引导,适度推进学

生从日常生活中的"简单问题"向知识学习、探究活动中的"科学问题"聚焦[19]。其次,在探究教学中,教师要重视学生科学思维的培养锻炼。学生要学会从科学角度对客观事物的本质属性、内在规律及相互关系进行模型建构、推理论证。学生要努力在证据、逻辑与系统的层面上,加强对未知现象背后的因素、关系、结构及变化过程的推理论证,积极建立证据与解释之间的关系[20]。再次,在探究教学中,要努力提升学生的科学观念。科学观念是理解科学概念与规律、原理而形成的一般性认识。科学观念具有层次性,除了在具体学科领域中要加强对于诸如物质、能量、结构等科学概念的认识之外,还要加强对于一般性科学活动的可验证性、相对性的总体认识。在此基础上,还可以尝试引导学生认识到,科学与人文、艺术一样,是人类多样化社会实践中的一种,从而助力他们积极树立"科学服务人类"的观念。

其二,强化探究性活动与文化。探究既是科学教育实践的显著特征,也是中小学生成长的重要方式。因此,科学教育要积极加强探索性活动的开展与探究性文化的营造。一方面,中小学科学教师要充分考虑学生的认知水平、理解能力、心理规律,结合科学教育的内容,设计多样化、系列化与主题化的具身性和互动性的探究活动,通过创设开放性场景,鼓励学生开展教育戏剧、实际操作、观测研究、实验或讨论等多种活动,以戏剧表演、实验报告、项目设计、模型制作、科学写作等方式进行成果展示,让学生在自主探究中获得对科学的全面理解。另一方面,学校和科学教师要共同创设适合探究的学习文化氛围,营造鼓励提问、探索和实验的学习环境,确保学生在这种文化环境中感到安全,愿意自由地表达自己的想法和假设。学校和科学教师要通过探究性文化的营造,将中小学生的科学探究从"模仿秀"转变为"真行动",让学生像科学家一样思考问题,像工程师一样解决问题[21]。

2. 聚焦问题导向,重视跨学科学习

科学源于问题,其重要使命是探索未知,解决问题,推动知识创新。科学研究始于对具体现象的好奇和疑问,伴随问题的提出和解决,生产出新的发现和理论,完成知识的积累和科学的进步。面对日益分化的科学分支学科,迫切需要加强问题导向,综合与跨越多个学科去探究与解答科学问题。

其一,打破学科壁垒,以主题统整开展跨学科的科学学习。当前,科学分支学科的教学主要是以知识为逻辑,突出了系统性却回避了科学研究的问题性。而对于科学问题的探讨,往往需要多个学科的视角与知识支撑。因此,中小学推进科学教育迫切需要打破学科壁垒,加强以主题为逻辑开展的跨学科教学。从国外科学教育发展历程来看,由技术、工程、数学元素的融入(Science, Technology, Engineering, Mathmatics; STEM),到社会因素的考量(Science, Technology, Society; STS),再到人文艺术要素的整合(Science, Technology, Engineering, Arts, Mathmatics; STEAM)[22],体现了鲜明的跨学科特征与趋势。因此,一方

面要积极打破科学各分支学科之间的边界与壁垒,以学生兴趣为生长点,创造多元场景,在主题的统领中整合集成相关学科的知识和方法[23],灵活重构知识的逻辑序列,助推学生围绕着科学问题持续探究学习。不仅科学各分支学科之间需要加强整合,也需要科学与其他非科学学科加强联系,如在语文学科中重视学生对说明文的理解和撰写,在历史学科中补充科学史的内容,帮助学生了解科学发展与社会、政治的关系。另一方面,中小学校要积极树立"大科学"观,注重科学、技术与工程一体发展趋势。在当代科学发展中,技术与工程的创新应用也是非常关键的支撑。因此,在推进主题统整的跨学科科学教育中,迫切需要注重推进学生的科学原理学习、技术与工程转变应用的整合学习。积极用好社会大课堂,加强中小学校与科研院所、科技馆、博物馆和工矿企业等单位的合作交流,让中小学生不仅理解自然现象的奥秘,还可以观察、参与到生产生活中基于科学原理形成的技术与工程变革,以深入提升学生多元的方法、创新与应用素养。

其二,聚焦问题与项目,创新跨学科教学方式。科学是动手实践、不断探究、深入钻研的活动。因此,在跨学科开展科学教育的过程中,要积极聚焦问题与项目,不断创新教学方式,如问题/项目式学习、研究性学习、工作坊交流、冬/夏令营、启发探究式教学等。一方面不断提升学生解决问题的能力,培养学生的深度思维;另一方面推进学生组建跨学科或科学研究的小组,通过同伴之间的相互启发激励,不断创新思考,自小培养学生组建共同体解决复杂问题的意识。此外,在跨学科教学中,还要不断强化素养导向,既指向科学观念与知识的习得,也要关注科学思维与探究能力的提升、态度责任与科学精神的养成。

3. 强化实践取向,重视合作交流

在历史—诠释认识论的视野中,科学是人类社会实践的基本类型之一,也需要置于人类集体与社会行动的复杂实践中去理解和诠释,是不同科学主体在质疑求真中求同存异、达成共识的重要实践。就此而言,在中小学科学教育中,不仅要强调科学教育的探究取向,引导中小学生像科学家一样进行思考与研究;也要强调科学教育的实践取向,引导中小学生在科学共同体中讨论、合作与交流,实现求真与修身的统一。

其一,强化科学教育实践中的交往理性。哈贝马斯认为人不是独白的存在,而是在人间交往对话的存在。他提出了交往理性的概念,"言谈的有效性"和"理想言谈情景"是交往理性发生的两个条件。科学实践也强调学术共同体有条理地争辩与理论建构[24]。因此,在中小学科学教育过程中,教师要积极创设商谈交流的情境与沟通辩论的程序,要让师生、生生在科学实践的商谈、沟通行动中,保持言谈的可理解、真实、正当和真诚,师生与生生各方能够平等、自由地展开理性的讨论。当对科学问题的处理产生意见分歧时,教师不应以威权身份将沟通交流扭曲成说教行为,同学之间也不能强迫对方接受自己的观点。师生、生生之间

是平等共生的主体,而不是客体、物品和容器。要通过对科学问题的反复讨论、推理、批判达致共识,共同建构出科学成果。

其二,推动学生在科学实践中求真修身。科学实践是求真与修身的统一。在科学教育中,不能只注重求知创新,而忽略科学主体自身的修养提升。就此而言,中小学在开展科学教育实践时,要注意科学教育实践的双重教育意蕴。中小学校可以通过多样化的科学教育与实践活动安排,如科学课、科创比赛、科学社团、科技节,让学生参与体验多个身份,如研究员、实验员、建造师、分析师、辩手,同时学生也是管理者、裁判。这样能让学生参与到多个层次的科学实践中来,从"合法的边缘性参与"逐步转变为"联合体的共同生产"。在此过程中,中小学生不仅可以逐步探究与发现自然现象背后的科学真知,同时,他们也在科学发展与社会环境的互动中体悟科学实践的道德责任,在科学教育的实践反省中提升自身的态度责任,维护与捍卫国家与人类的合法权益。

4. 加强文化引领,重视科学家精神培育

批判—解放的认识兴趣是反思和批判人类的自然过程和文化创造的历史而提出的。当前,突出科学教育的批判性与反思性,是引导学生从知识世界转向现实世界,从理性精神拓展到人文精神,实现科学教育合目的性与合规律性相统一的重要举措[25]。因此,中小学在推行科学教育时,迫切需要加强对学生的文化价值引领,重视对学生爱国、创新、求实、奉献、协同、育人等科学家精神的培育[26]。

其一,加强对学生科学价值观的培育。科学教育不是价值无涉的中立活动。加强文化价值引领,就是要高度重视中小学生的科学价值观教育。首先,引导中小学生重视与热爱科学,积极通过精心的问题设计与教学安排,保持与激发中小学生的好奇心和探究热情,使他们乐于去探究和实践丰富的科学活动。其次,引导和培养学生严谨求实和大胆质疑的科学精神,积极提升学生基于证据与逻辑探讨科学问题的意识与能力,既敢于大胆质疑、不迷信权威,同时又严谨客观,提出自己的独立见解。再次,培育与塑造中小学生的科学家精神。科学知识的创新固然需要辛勤探索,但更离不开探索的原动力,即科学家精神的牵引。科学无国界,但科学家有祖国。在中小学科学教育教学中,教师要积极在知识中渗透与拓展科学探索背后的科学家故事,让学生将科学探究与知识创新、社会责任和国家命运紧密联系,思索和体悟科学家在国家与社会发展中表现出的爱国、创新、奉献等精神价值,在中小学生心底根植自立自强的科学家形象与品质,使其立志用自身的科学探究创造服务于国家与民族的繁荣昌盛。

其二,发挥科学导师的示范引领作用。《关于加强新时代中小学科学教育工作的意见》中明确提出,要聘任专家学者担任科学副校长,引导科学家(科技工作者)研究和参与中小学

科学教育,担任导师。就此而言,一方面,中小学校要积极联合高校、科研院所、科技企业开展协作育人,主动聘请专家学者、科技工作者组建科学导师团队,让科学导师走进校园指导学生。充分发挥科学导师的示范引领作用,科学导师自身就是科学家精神的化身与载体,加强科学导师与中小学的互动交流,有利于激发学生科学探究、创新的热情,内化科学家的精神气质。另一方面,中小学校要加强科学导师在学校道德引领、课程教学、发展指导等工作中的职能发挥,在校园营造重视科学家精神的文化氛围。如在主题班队会、国旗下讲话、科技营进校园等活动中,邀请科学导师通过专题讲座、科学交流、事迹展示等方式,培育引领学生的科学家精神,坚定学生科学兴国、科技报国的宏大志向。

其三,营造弘扬科学家精神的社会文化环境。 科学家精神生长在科学教育的延长线上,是对科学教育人文性、社会性的补充。科学家精神的弘扬,要充分调动社会资源,发挥家庭、学校、社会的联动作用。在家庭中,家长要引导孩子审慎思考"找金饭碗工作"和"坐冷板凳研究"之间的关系,经常分享科学家故事,共同参与科学活动和实验,参观科学博物馆、博览会,观看科学纪录片。通过这些方式,家长可以在日常生活中增进孩子对科学家精神的情感认同和价值体认。同时,政府与社会也应大力弘扬科学和科学家精神,积极通过电视、网络等媒体平台以及各类科学教育机构组织,开设科学教育专栏,推动科普作品的创作和推广,加强对科学教育的宣传引导和传播创新,主动营造重视与支持科学教育、尊重与弘扬科学家精神的浓厚社会氛围。

参考文献

[1] 鲁沛竺.教育学知识的内在秩序显现与整体跃进——兼评刘庆昌教授《人类教育认识论纲》[J].教育理论与实践,2024,44(10):10-15.

[2] 周晓虹.西方社会学:历史与体系[M].上海:上海人民出版社,2002:31.

[3] 郭贵春."语境"研究纲领与科学哲学的发展[J].中国社会科学,2006(5):28-32,205-206.

[4][5][17] 哈贝马斯.认识与兴趣[M].郭官义,李黎,译.上海:学林出版社,1999:12,68-69,201.

[6] 居伊·德波.景观社会[M].张新木,译.南京:南京大学出版社,2017:19.

[7] 李刚,吕立杰,杨曼.科学教育中的能量大概念:内容释义、哲学内涵与课程设计[J].首都师范大学学报(社会科学版),2020(5):159-171.

[8] 刘世清.加快升级卓越工程师培养模式[N].中国教育报,2022-11-17(2).

[9] 王丽佳.变革情境中的教师专业建设:取向、认知基础与政策优化[J].教育科学,2014,30

（6）：60－64.

［10］格特·比斯塔.测量时代的好教育：伦理、政治和民主的维度［M］.张立平,韩亚菲,译. 北京：北京师范大学出版社,2019：5.

［11］迈克尔·桑德尔.精英的傲慢［M］.曾纪茂,译.北京：中信出版社,2021：10.

［12］孟飞.批判与重构——哈贝马斯论科学技术［J］.前沿,2008(10)：32－34.

［13］孙晓蓓.从"网红"大火现象谈互联网时代青少年的主体性危机［J］.当代青年研究,2017 (2)：44－48.

［14］保罗·弗莱雷.被压迫者教育学［M］.顾建新等,译.上海：华东师范大学出版社, 2014：7.

［15］林小英,杨芊芊.过度的自我监控：评价制度对拔尖创新人才培养的影响［J］.全球教育 展望,2023,52(4)：14－32.

［16］赫伯特·马尔库塞.单向度的人——发达工业社会意识形态研究［M］.刘继,译.上海： 上海译文出版社,2008：121.

［18］张华.论探究精神是一种教育人文精神［J］.全球教育展望,2006,35(6)：8－12,7.

［19］王以宁,郭亦桐.求知、聚焦与持恒：儿童科学探究精神培养的智育原则［J］.教育科学研 究,2023(12)：57－63.

［20］朱晶.科学教育中的知识、方法与信念——基于科学哲学的考察［J］.华东师范大学学报 （教育科学版）,2020,38(7)：106－116.

［21］曹培杰.新时代科学教育的价值意蕴与实践路径［J］.现代教育技术,2023,33(8)： 5－11.

［22］郑太年.大力推进科创教育促进学校教育的创新发展［J］.教育发展研究,2024,44 (6)：3.

［23］刘志军,陈雪纯.新课标背景下的跨学科学习：现实阻滞与纾解路径［J］.教育研究与实 验,2024,(2)：73－81.

［24］张红霞,郁波.从"探究"到"实践"：科学教育的国际转向与本土应对［J］.教育研究, 2023,44(7)：66－80.

［25］李腾腾,李护君.后现代科学观视野下科学教育的逻辑向度及路径选择［J］.教育科学研 究,2023(12)：42－48.

［26］中华人民共和国中央人民政府.中共中央办公厅　国务院办公厅印发《关于进一步弘扬 科学家精神加强作风和学风建设的意见》［EB/OL］.(2019－06－11). https：//www.gov.cn/ zhengce/2019-06/11/content_5399239.htm.

作者简介

刘世清　教育学博士,华东师范大学教育学部副主任,教授,博士生导师,基础教育改革
与发展研究所研究员,主要从事基础教育改革与政策分析、教育治理研究
吕　可　华东师范大学教育学系硕士研究生

电子邮箱

shiqingliu@126.com
dszdsxckk@163.com

科学高阶思维跨学段发展的实证研究[*]

田雪葳　杜　蕾　江润杰　吴安琪　王晶莹

摘　要：科学高阶思维是科技创新人才培养的灵魂，离不开大中小跨学段、长周期的贯通式培养。本研究基于科学高阶思维内涵构建的测评结构框架，对大中小学段学生开展系统性测评，以揭示科学高阶思维跨学段发展趋势。结果表明，科学高阶思维表现出典型的发展关键期、发展停滞期和发展非均衡性特点。据此，本研究从提供多样化的科学课程资源与教学引导，构建贯通式培养体系以拓展科学实践场域，采用智能辅助技术支持学生个性化学习等方面给出建议。

关键词：科学高阶思维；跨学段发展；科技创新人才；大中小学生

一、引言

当今世界局势风起云涌，国家综合国力竞争的本质是科技创新人才的终极较量，为此我国加快了对科技创新人才自主培养的整体布局。早在2018年，教育部等六部门在《关于实施基础学科拔尖学生培养计划2.0的意见》中就系统规划并强调加快达成"形成中国特色、世界水平的基础学科拔尖人才培养体系"的使命目标；2019年中共中央、国务院颁布《中国教育现代化2035》，深入推进"提升一流人才培养与创新能力"的战略擘画；2022年，党的二十大报告将教育、科技、人才统筹部署，提出通过人才强国和科教兴国战略为实现高水平科技自立自强提供人才支撑。发达国家历来重视科技创新人才的长周期贯通培养和纵向跟踪测评，探索个性化的培养模式和实践课程，因此，构建科技创新人才大中小一体化贯通培养新格局是我国教育强国建设的破局利刃。

---

*　本文得到北京市教育科学"十四五"规划2022年度优先关注课题"大数据教育评价研究"（编号：CDEA22008）的资助。

科学高阶思维在塑造具备科技创新能力的人才过程中扮演着不可或缺的核心角色,它既是现代科学教育内在价值诉求的核心要素,也是衡量学生深入理解科学本质、提升科学实践操作能力以及展现其潜在科技创新能力的关键指标[1]。国际教育研究广泛认同科学课程的教学活动在培养学生的科学高阶思维方面具有显著的重要性,并通过多元化评估手段对学生所展现的科学高阶思维层次及动态变化进行量化考察和质性评价[2]。尽管如此,当前对于科学高阶思维的评估主要关注构成子能力及其在特定教育阶段的表现差异,但在跨学段发展的系统性研究不足[3]。为此,本研究致力于明确科学高阶思维的内在构成与层级结构,建构科学高阶思维评估框架体系,对从小学阶段直至大学阶段学生群体中科学高阶思维的发展趋势进行系统性调研,为构建科学教育领域的贯通式培养策略提供有力的循证决策建议。

二、文献综述与理论框架

1. 科学高阶思维的内涵

科学高阶思维是科学学习者在认知过程中展现出的高级心智活动和认知能力,它是对科学教育深层次认知要求的一种直接回应,也是教育界对于提升教育质量和适应时代需求的重要探索方向。深入阐释科学高阶思维需要回溯其上位的需求属性与理论渊源,可以洞见的是科学高阶思维是对科学教育育人需求的深刻回应,其内容要素主要承继于高阶思维,因此,科学高阶思维在汲取高阶思维的普适性特征后依据科学教育本质厘定属性取向,是二者在边界弥合之后的有机嵌融。

从理论的历史脉络看,1983年美国国家教育促进委员会在其划时代的报告《国家在危机中:教育改革势在必行》中首次明确提出"高阶思维"这一核心概念,将其视为提升教育水准的关键突破口[4]。自此,高阶思维的研究热度不断攀升,经历了"单维诠释—过程特性剖析—组成要素梳理—本质特性归纳"的理论深化阶段。初期,部分研究者倾向于从单一视角解析高阶思维内涵,例如欧诺斯科(Onosko)根据高阶思维发生的条件背景,将其定义为个体在面临新挑战时大脑激活潜在功能进行高效运作的过程[5]。而刘易斯(Lewis)等研究者通过深入挖掘高阶思维过程的特性,认为高阶思维是个体在追求特定目标的过程中,能够主动吸收新信息,调用已有的认知资源,并对其进行有序关联和整合,以达到认知拓展的目的[6]。随着研究的深入,越来越多的研究者认识到高阶思维的复杂性和系统性特质。钟志贤从构成要素角度出发,将高阶思维归纳为创新思维、批判性思维、决策能力和问题解决能力四大模块[7]。美国教育部在"教育与学习思考"(*Education and Learning to Think*)报告中进一步揭示高阶思维的本质特性:高阶思维在于能从混沌中找寻秩序,在复杂的阐述和判断中涉及大量智力劳动；它涉及精细微妙的判断与解释工作；其评价标准多元化，可能存在冲突的因素；并且高阶思维过程常常需要自我调节[8]。由此可见，高阶思维是由一系列能力要素共同构建的，表现出高水平的认知与实践思维过程特性，具有复杂性、非线性、多样性和自我调节性等特点。

在科学教育领域，科学高阶思维不仅体现其内在本质属性，还凸显科学教育的独特品质。从狭义上看，剑桥大学教育学部将科学教育视为教育学的一个细分领域，涵盖了综合科学以及物理、化学、生物等独立科学学科[9]。而从广义角度来看，科学教育以自然科学内容为主线，其教育环境跨越学校内的正规学习环境和博物馆、社区等校外非正式学习环境；其内容不仅包括综合科学与具体的科学学科教育，而且还囊括了数学教育、工程教育以及技术教育等多个层面[10]。基于科技创新人才培养的需求，科学教育目标的实质应该与广义科学教育的理解相吻合，不仅超越简单的科学知识传授，而且强调培养学生运用科学论证、推理、建模等方式，将科学知识应用于生产和发展的实际过程，理解科学研究社群的工作机制，从而形成科学技术时代下公民必备素养的教育模式。

总之，在科学教育实践中，应将科学内容、科学思维、探究实践以及科学的社会联系视为教育一体化的构成要素，努力将这些元素内化为受教育者的思维习惯和行为规范，旨在实现让公民能够在日常生活中灵活运用科学高阶思维进行决策与行动，从而充分展现科学教育的价值所在。

2. 科学高阶思维的能力模型

科学高阶思维立足高阶思维的本体特质，同时又彰显科学知识与实践的领域属性。它并非孤立存在的某一种思维形式，而是诸多思维过程相互交织、动态互动的复杂集成系统。从思维的基本性质来看，科学高阶思维隶属于高阶思维的范畴，它体现科学发现过程中的思维认知路径及其问题解决策略。从科学的教育属性来看，科学高阶思维凸显科学本质及其实践特征，是对科学知识深层理解和运用的思维映射。从其系统模型上来看，科学高阶思维能力以循证提出问题为指引，围绕根据推理做出假设、解释数据得出结论并验证、建模并设计实验开展实践执行，并通过元认知和批判性思维进行调整监督与过程评判(图1)。可见科学高阶思维能力应基于高阶思维的本质特征，体现科学的知识与实践属性，反映科学学习的认知方式，同时具有适用所有科学领域学科的方法论意义。

首先，循证提出问题是科学高阶思维能力的路向指引，表明学习者运用科学知识开展实践的未来取向。循证提出问题表征的是个体能够提出具有前瞻性和启发性的问题，其意义在于激发个体好奇心与探索精神，促进科学研究的进展和创新[11]。

其次，根据推理做出假设、解释数据得出结论并验证和建模并设计实验是科学高阶思维

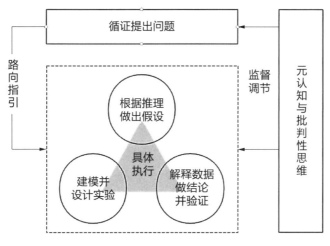

图1　科学高阶思维能力模型

应用于实践决策与判断的执行思维能力,具有逻辑推理、教学变革和实践发展功能。一方面,根据推理做出假设是个体对一个多变量系统进行推断时表现出的高阶思维能力,科学实践过程中的根据推理做出假设通常被视为超出直接经验的结论、策略或规则,表现出因果—假设过程中逻辑推导,能够直接影响学生的问题解决[12];另一方面,解释数据得出结论并验证旨在阐明证据与主张间的关系,通过科学解释数据与证据,从而更好地开展科学辩护,而良好解释数据得出结论并验证能够帮助学生建构科学知识体系,转变科学概念并促进科学创新实践[13]。此外,作为简化复杂系统的建模并设计实验则通过构建科学模型过程来帮助学生获取严密概念知识与证据推导方法[14]。

最后,元认知与批判性思维在科学高阶思维中能够起到调整监督作用,其中元认知着眼于思维过程及其认知活动的监控与调节,旨在明晰认知偏好并优化学习策略,而批判性思维更强调对思维过程的公正性分析与评判,旨在反思思维、改善思维并创新思维。这两者共同保障了科学高阶思维能力的稳健发展与高效运行。

综上,科学高阶思维的能力模型构想是一个动态且能够自我修正的体系。其核心在于模拟科学家面对复杂问题时的实际思考与行动模式,学习者从基于观察与知识提出前瞻性问题开始,经由推理形成假设,设计实验验证,至分析数据得出结论,全程辅以元认知与批判性思维的持续反思和评估,确保整个过程的逻辑严密与理性批判。面对实验结果与预设假设的不符,学习者需回归问题本质,重新审视或修正假设,再次启动探究循环,直至问题得以彻底解析或催生出新的研究议题。每一次循环不仅是对假设的验证,更是对问题理解的深化,推动了问题解决策略的优化与科学知识的累积。模型内置的自我修正机制促使学习者在探究的每一个环节都进行批判性评估,包括推理的合理性、实验设计的严谨性以及数据分析的准确性,即时纠偏确保了科学探究的准确性和有效性。因此,此模型并非孤立的思维片段,而是一个循环迭代、逐步深化的闭环结构,展现了科学知识构建与能力发展的真实动态。

3. 科学高阶思维的测评框架

本研究围绕科学高阶思维能力模型,基于德尔菲专家咨询法,研制了科学高阶思维的测评框架。首先,通过编制专家咨询问卷,研究人员以视频会议形式分别向来自 4 所高校的科学教育专家和 7 位科学教育领域的中小学名师展开专家咨询,获得科学高阶思维的各水平层级内涵;随后通过三轮专家咨询方式来循证迭代科学高阶思维各能力维度的测评指标及其水平划分,最终获得高质量的科学高阶思维测评水平框架(表1)。

表 1　科学高阶思维测评水平框架

	水平 0	水平 1	水平 2
循证提出问题	想法的提出缺乏证据支持。	能基于已有信息进行合理的想象和提问,初步提出具有一定新颖性的问题与假设。	能基于科学原理,提出问题并形成事物动态变化图景,提出具有启发性和创新价值的问题。
根据推理做出假设	学生的推理过程缺乏逻辑推导过程。	具有一定的证据意识,能够从现象和事件发生的条件、过程、原因等角度判断、解释和分析。	从事物的结构、自身局限、与外界关联等多维视角和多方证据分析问题,证据链完整清晰,因果机制逻辑正确。
建模并设计实验	学生无法建立科学模型描述、解释或预测现象和问题。	学生能够基于特定问题构建简单模型,但可能存在模型的缺陷或不准确性。	学生能够精确地构建和优化复杂的科学模型,能够使用模型进行准确的预测和分析。
解释数据得出结论并验证	学生无法进行解释数据得出结论并验证,也无法评估和比较不同观点的优劣。	学生能够提出基本的论证观点,但缺乏对证据和逻辑的深入分析,无法对相关证据进行多角度的评估和比较。	学生能够进行全面、有针对性的论证,准确评估和比较不同观点的优劣,并提供合理的解释和回应。
元认知与批判性思维	学生机械执行科学学习任务,缺乏对自身认知过程的反思,对他人观点全盘接受或盲目否定。	学生能识别自身知识盲区并尝试补充,但对认知偏差的觉察有限。初步具备质疑证据可靠性的意识。	主动监控思维过程,通过科学伦理、社会影响等多视角分析,批判性评估结论的局限性,并动态调整研究策略。

该科学高阶思维测评水平框架能够系统性评价学生在科学领域内高级认知技能发展,包含科学高阶思维的 5 个核心子能力:循证提出问题、根据推理做出假设、建模并设计实验、解释数据得出结论并验证,以及元认知与批判性思维。每个维度按照学生能力发展的渐进性,分为三个水平(水平 0 至水平 2),详细描绘学生从基础知识应用到复杂问题解决、从单一信息处理到多源证据整合,以及从被动学习到主动反思与创新的不同成长阶段。该框架为教育工作者提供指导性科学高阶思维测评标准,用以识别学生当前的能力水平,指导教学策

略的调整,以及促进学生科学高阶思维能力的全面发展。

三、研究设计

1. 样本选择

为客观反映学生整体的科学高阶思维水平,研究选取具有代表性的北京、杭州、济南、珠海等地的多所重点中小学和大学,依据纵向研究的可比较性原则进一步对研究对象进行筛选。研究选择北京、济南、上海、杭州、珠海的中等偏上的学校,分别选取重点学校的六年级、九年级和十二年级学生,每个城市每个学段选取 1 所学校;大一学生选自某省属重点大学物理系学生。所有被试者均在教师监督下完成在线作答并限时 45 分钟,最终通过删除 58 份回答不完整的问卷,研究获得 1 588 份有效问卷,其中小学六年级 464 人,初中三年级 447 人,高中三年级 287 人,大学一年级 390 人。

2. 测量工具的开发与检验

本研究系统性设计了适应小学、初中、高中和大学不同学段知识储备与认知发展阶段特征的试题题目。每套测评题目构建三个基于真实情景的任务模块,采用开放式回答的方式收集学生的表现型数据,并依托科学高阶思维测评框架,设计 0 至 2 分的精细化评分标准,全面考察科学高阶思维的各个维度。基于科学高阶思维能力的结构性框架,研究明确评分细则,确保从小学至大学各学段间测评的等效性与公正性。为保证跨学段科学高阶思维测评的一致性与稳定性,研究通过专家评审以确保试题的专业性。为保证测量工具的信度和效度,研究采用拉希(Rasch)等级反应模型来开展评估[15]。

相较于经典测试理论,项目反应理论能够探查个体的潜在能力特质并揭示能力水平层级,而基于 Rasch 模型所开展的能力测评研究已广泛应用到人文和教育等学科测评中。Rasch 模型可以在样本覆盖足够的能力和项目的变化范围的前提下获得项目难度和个人能力的测量估计,其计算公式如下:

$$P_k(\theta) = \frac{1}{1 + \exp(-Da_i(\theta - \beta_{ik}))}$$

P 是被试正确回答第 k 个问题的概率,θ 是被试的能力水平,i 是项目编号,D 是常数 1.7,a_i 是第 i 个问题的区分度参数,β_{ik} 是难度参数。Rasch 模型通过映射个体能力与项目难度间的对应关系,排除测验分数对个体能力的影响,而通过单维性假设揭示出试题项目与能力考察的一致性。

本研究通过 Winsteps 3.81 获得工具的信度系数,其被试和项目分离指数均大于 2,被试信度为 0.82 大于 0.8,项目信度为 0.99 大于 0.9,表明测验工具整体信度质量较好。怀特图检验发现,本试题能够涵盖大多数被试的能力特征表现,被试能力呈正态分布且能与试题难度相匹配,说明试题能够有效测验和揭示学生的科学高阶思维。

随后获得本测评问卷 27 个项目的 infit $_{MNSQ}$ 和 outfit $_{MNSQ}$ 拟合参数,发现所有项目数值均分布在[0.7,1.15] 之间,表明测验的项目难度均能够较好拟合被试的能力特征表现。此外,通过因子分析发现,维度项目占解释项目总变异的 69.7%,对提取后的 Rasch 维数残差进行主成分分析,得到最大对比特征值为 2.907,超过其他特征值 5 倍,表明测评工具符合单维性假设。

最后采用多维 Rasch 模型验证科学高阶思维各维度能力间的结构效度及其特征表现,通过 ConQuest 2.0 计算出样本数据的可靠性系数均大于 0.7,这表明科学高阶思维各维度间具有较为稳定的内部一致性,科学高阶思维各子能力均表现出稳定的正态分布特征(图 2)。

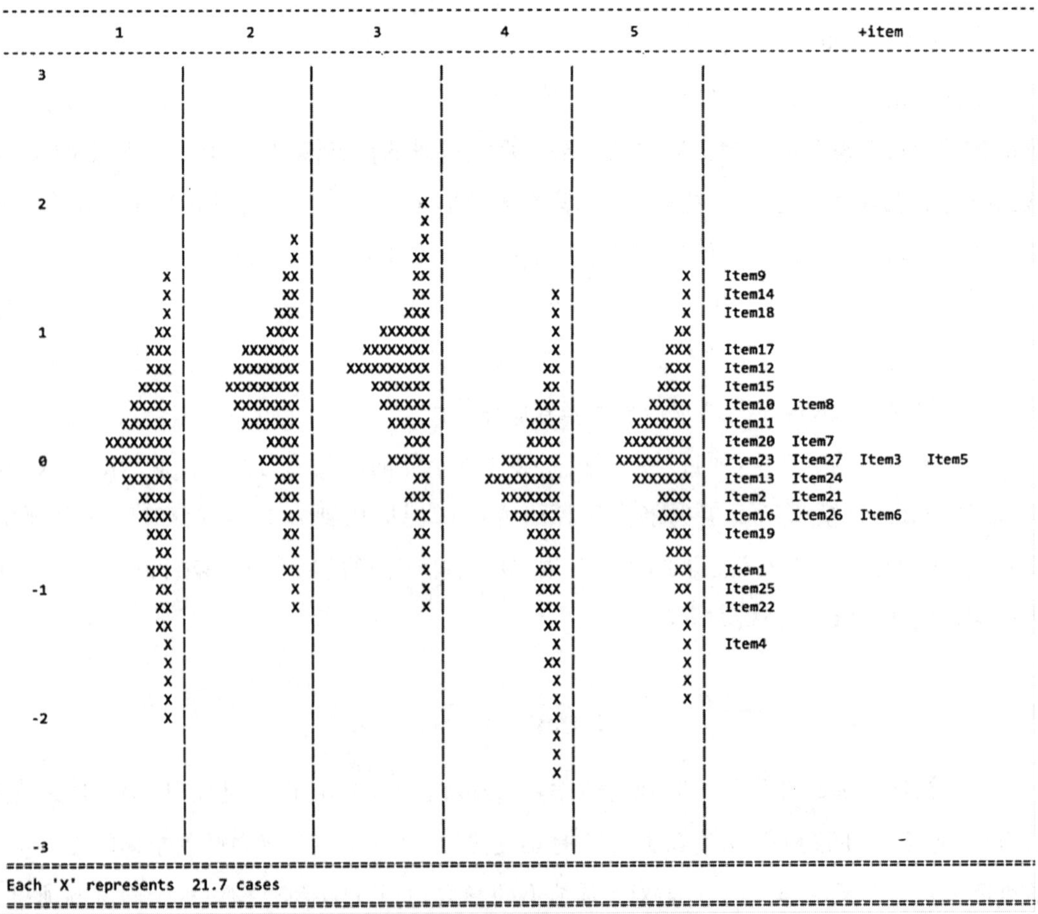

```
             1          2          3          4          5          +item
    -----------------------------------------------------------------------
    3        |          |          |          |          |
             |          |          |          |          |
             |          |          |          |          |
    2        |          |        X |          |          |
             |          |        X |          |          |
             |        X |        X |          |          |
             |        X |       XX |          |          |
         X   |       XX |       XX |          |        X | Item9
         X   |       XX |       XX |        X |        X | Item14
         X   |      XXX |      XXX |        X |        X | Item18
    1   XX   |     XXXX |    XXXXXX |        X |       XX |
        XXX  |  XXXXXXX | XXXXXXXXX |        X |      XXX | Item17
        XXX  | XXXXXXXX |XXXXXXXXXX |       XX |      XXX | Item12
        XXXX | XXXXXXXX |   XXXXXX  |       XX |     XXXX | Item15
        XXXXX| XXXXXXXX |   XXXXX   |      XXX |    XXXXX | Item10  Item8
        XXXXXX| XXXXXXX |    XXXX   |     XXXX |  XXXXXXX | Item11
       XXXXXXX|   XXXX  |    XXXX   |     XXXX | XXXXXXXX | Item20  Item7
    0  XXXXXXX|   XXXXX |    XXX    |   XXXXXXX|XXXXXXXXXX| Item23  Item27  Item3  Item5
        XXXXXX|   XXXX  |    XXX    |XXXXXXXXXX| XXXXXXXX | Item13  Item24
        XXXX  |   XXX   |    XXX    |  XXXXXXX |    XXXX  | Item2   Item21
        XXXX  |   XX    |    XX     |   XXXXXX |    XXXX  | Item16  Item26  Item6
        XXX   |   XX    |    XX     |    XXXX  |    XXX   | Item19
         XX   |    X    |     X     |    XXX   |    XXX   |
        XXX   |   XX    |     X     |    XXX   |     XX   | Item1
   -1    XX   |    X    |     X     |    XXX   |     XX   | Item25
         XX   |    X    |     X     |    XXX   |      X   | Item22
         XX   |         |           |    XX    |      X   |
          X   |         |           |     X    |      X   | Item4
          X   |         |           |     X    |      X   |
          X   |         |           |     X    |      X   |
          X   |         |           |     X    |          |
   -2     X   |         |        X  |     X    |          |
              |         |           |     X    |          |
              |         |        X  |     X    |          |
              |         |        X  |          |          |
              |         |           |          |          |
   -3     |          |          |          |          |                  -
    =======================================================================
    Each 'X' represents  21.7 cases
    =======================================================================
```

图 2　科学高阶思维各子能力的怀特图

综上,研究所开发出的项目试卷能够较好测验出学生的科学高阶思维能力表现。一方面,项目试卷能够满足整体工具质量要求;另一方面,通过多维 Rasch 分析揭示出科学高阶思维各子能力间具有显著的效度结构,即循证提出问题、根据推理做出假设、建模并设计实验、解释数据得出结论并验证、元认知与批判性思维能够很好地复合凝聚为科学高阶思维的认知结构。

四、数据分析与讨论

为揭示从小学到大学不同学段学生科学高阶思维的发展动态,并识别存在的瓶颈期,为科学教育提供实证依据与策略指导,本研究分析了科学高阶思维及各子能力的学段差异,发现如下特点:

1. 学段变迁视角下的科学高阶思维能力发展模式分析:小学至初中阶段的陡峭攀升与高中至大学阶段的"平台效应"

为探究学生科学高阶思维能力随年级递增的发展轨迹,本研究借鉴先前研究[16]的策略,运用数据拟合技术分析不同学段学生的科学高阶思维水平。研究发现,采用二次多项式回归模型能最佳地描述这一发展趋势,其拟合优度最优($R^2 = .987$, $F = 287.96$, $p = 0.003$)。具体如图 3 所示,这一模型揭示了学生科学高阶思维能力在整个教育阶段保持上升趋势,然而,各学段的增长速率呈现出不同特点。具体而言,从小学迈入初中阶段,科学高阶思维能力呈现出最为迅猛的增长态势,表明这一时期是思维能力飞跃的关键期。随后,由初中过渡

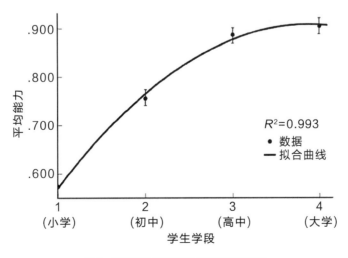

图 3　科学高阶思维的跨学段进展趋势图

到高中阶段,尽管思维能力继续有可观察到的正向变化,增长速度却明显放缓。及至高中至大学阶段,科学高阶思维能力的提升趋势趋于平缓,几乎达到一个稳定的平台状态,未显现显著的进一步提升,这暗示该阶段学生的科学高阶思维可能已触及某种发展上限或"高原期"。

为获得不同学段学生科学高阶思维的确切差异,研究采用克鲁斯卡尔-沃利斯(Kruskal-Wallis)H 检验法并通过波尼法伦(Bonferroni)多重比较进行多群组差异分析(表2)。由表2可见,小学—初中($t_{标准} = -5.29, p_{调整} < 0.001$),初中—高中($t_{标准} = -3.22, p_{调整} < 0.05$)学段间学生的科学高阶思维水平具有显著性差异,而高中—大学($t_{标准} = -0.56, p_{调整} > 0.05$)学段间不存在显著性差异。该结果与回归拟合曲线的表征结果一致,即大学生在专业知识增长的同时,科学高阶思维能力并未同步显著提升,这一结果揭示了科学知识积累与高阶思维发展之间存在非同步性。这意味着,科学高阶思维作为科学知识深化理解与应用的核心,其提升并非知识积累的自然副产品,而需要有意识的教育干预与培养。教育策略应当超越单纯的知识传授,设计并实施专门针对科学高阶思维培养的教学活动,以促进学生在逻辑推理、问题解决、批判性思考等方面的高级认知能力的发展,确保科学教育的全面性和深度。

表 2　科学高阶思维各学段发展水平与差异比较

| | Kruskal-Wallis 差异性检验 | | | | | Bonferroni 多重均数比较 | | | | |
学段	M	SE	偏度	H	p	组别	SE	$t_{标准}$	p	$p_{调整}$
小学	0.57	0.03	0.23			小学—初中	31.61	-5.29	0.000	.000***
初中	0.75	0.03	0.48	76.96	.000***	初中—高中	3.27	-3.22	0.000	.008*
高中	0.89	0.03	0.39			初中—高中				
大学	0.91	0.03	0.51			高中—大学	31.12	-0.56	0.570	1.000

注：*** 代表 $p < 0.001$，* 代表 $p < 0.05$

2. 科学高阶思维子能力的学段发展动态与瓶颈识别：三种典型发展态势的对比

为更加细致地描绘学生在各学段科学高阶思维发展的现状,本研究利用回归分析和单因素方差对跨学段背景下的科学高阶思维各子能力进行发展趋势(图4)与差异比较检验(表3),科学高阶思维的子能力在不同学段展现出了多样化的成长轨迹,可以归类为三种典型发展态势。

(1)循证提问能力：初中阶段高峰后,高中至大学阶段的增长瓶颈

循证提出问题的发展主要集中在小学至初中阶段($t_{标准} = -7.33, p_{调整} < 0.001$),其中小学阶段的能力值为 0.59,初中阶段急剧上升到 0.85,而在之后的学习中该能力不再有明显的

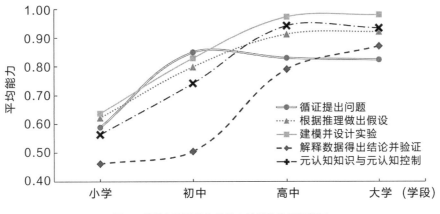

图 4　科学高阶思维各子能力的学段发展趋势图

发展(初中—高中 $t_{标准} = -0.71$, $p_{调整} > 0.05$; 高中—大学 $t_{标准} = -0.21$, $p_{调整} > 0.05$)。与此同时,相较于其他子能力,大学阶段的循证提出问题得分最低($M = 0.82$),循证提出问题能够帮助学习者激活已有知识经验,通过持续追问和证据评估来全面理解科学知识本质,发现其中的内在联系和逻辑结构[17]。针对循证提出问题停滞不前的现象,有研究认为高中阶段以分数作为学生的主要学习成果,更加重视培养学生"解决问题"的能力,忽略对"提问能力"的培养[18],学生由于自身提问意识薄弱,在快节奏的学习进度中也更倾向于被动接受老师讲授的知识。

(2) 推理假设、建模实验与元认知批判性思维:小学至高中的持续增长

根据推理做出假设、建模并设计实验、元认知与批判性思维在小学、初中和高中时期均有明显提升,并在大学阶段进入稳定成熟阶段。根据推理做出假设能力在小学、初中、高中和大学阶段的能力值分别是 0.62、0.80、0.91 和 0.92,小学—初中阶段($t_{标准} = -8.82$, $p_{调整} < 0.001$)、初中—高中阶段($t_{标准} = -4.20$, $p_{调整} < 0.05$)均有显著进步,进入大学后逐步停滞成熟。该结果与丁(Ding)等人的研究结果相一致,即根据推理做出假设能力与内容知识并非完全的线性关系,中间可能存在其他变量的中介并影响根据推理做出假设能力的发展[19];建模并设计实验是简化复杂系统获得严密概念知识与证据推导的方法,在所有五项子能力中表现最好($M = 0.98$),小学—初中阶段($t_{标准} = -5.24$, $p_{调整} < 0.05$)、初中—高中阶段($t_{标准} = -6.18$, $p_{调整} < 0.001$)进步显著;元认知与批判性思维在小学—初中阶段($t_{标准} = -4.58$, $p_{调整} < 0.001$)、初中—高中阶段($t_{标准} = -5.98$, $p_{调整} < 0.001$)也整体发展迅速。另外从发展趋势上来看,建模并设计实验、元认知与批判性思维发展时期、增长速率基本保持一致。有研究认为建模过程涉及大量元认知能力运用,元认知策略能够消除建模过程中的认知障碍[20],而建模和设计实验过程能促进学习者对于知识和认知过程的反思[21],特别是个体的元认知对其根据推理做出假设有积极的调节作用,能显著增强其科学自我效能感,这

说明二者具有较强的相互依存关系。

（3）解释数据得出结论并验证能力：初中至高中阶段爆发性提升与大学阶段的延续性增长

解释数据得出结论并验证在小学阶段发展缓慢（$M = 0.46$），初中阶段发展迅速且初中—高中阶段的增长速度（$t_{标准} = -9.46, p_{调整} < 0.001$）显著高于其他子能力的增长，大学阶段该能力仍持续提升（$t_{标准} = -3.91, p_{调整} < 0.05$）。之所以呈现这种现象很可能是因为在大学阶段，学生获得了更多写作论证机会，与此同时初中生的解释数据得出结论并验证能力分布呈现正偏态（偏度 = 0.521），这意味着我国学生的解释数据得出结论并验证能力的差异表现较大，拔尖学生与大众学生的优势能力不同，需要开展分层教学和给予个性化的学习支持。

表 3　科学高阶思维子维度各学段平均发展水平与差异比较

维度	Kruskal-Wallis 差异性检验					Bonferroni 多重均数比较				
	学段	M	SE	H	p	组别	SE	$t_{标准}$	p	$p_{调整}$
循证提出问题	小学	.59	.03	46.41	.000***	小学—初中	31.42	−7.33	.00	.000***
	初中	.85	.03			初中—高中	21.08	−.71	.48	1.000
	高中	.83	.03			高中—大学	3.93	−.21	.83	1.000
	大学	.82	.03							
根据推理做出假设	小学	.62	.03	66.95	.000***	小学—初中	31.46	−8.82	.00	.000***
	初中	.80	.03			初中—高中	3.12	−4.20	.00	.008*
	高中	.91	.03			高中—大学	3.97	−.41	.68	1.000
	大学	.92	.02							
建模并设计实验	小学	.64	.02	96.41	.000***	小学—初中	31.42	−5.24	.00	.003*
	初中	.77	.02			初中—高中	3.08	−6.18	.00	.000***
	高中	.97	.03			高中—大学	3.93	−.23	.82	1.000
	大学	.98	.02							
解释数据得出结论并验证	小学	.46	.02	104.23	.000***	小学—初中	31.35	−.51	.61	1.000
	初中	.50	.03			初中—高中	3.01	−9.46	.00	.000***
	高中	.79	.02			高中—大学	3.86	−3.91	.00	.012*
	大学	.87	.02							
元认知与批判性思维	小学	.56	.02	122.39	.000***	小学—初中	31.42	−4.58	.00	.000***
	初中	.74	.03			初中—高中	3.09	−5.98	.00	.000***
	高中	.94	.03			高中—大学	3.93	−1.06	.29	1.000
	大学	.93	.02							

注：*** 代表 $p < 0.001$，* 代表 $p < 0.05$

五、建议与启示

1. 把握科学高阶思维发展的"黄金期",精炼课程资源与创新教学策略

在科学教育的连续统一体中,科学高阶思维的孕育与成长是一个需精心策划与长期投入的进程。本研究揭示,小学至高中阶段构成个体科学高阶思维潜能爆发的"黄金窗口期",此时期内科学课程的优化与教学策略的革新显得尤为重要。应当聚焦于丰富多样的教育资源供给,以及启迪性教学方法的融入,以期捕捉这一思维飞跃的关键节点。针对当前教学实践中存在的知识传授为主导、忽视思维训练的问题,建议通过引入真实世界情境的驱动性问题、利用概念图谱、模拟软件及创新实验装备等认知工具,辅以项目导向学习、探究式学习及论辩式教学等先进模式,激活学生的主动探索精神,使理论知识转化为实践智慧。教师应得到鼓励,以这些教学手段为杠杆,推动学生深入分析、批判性思考及创造性解题,如美里(Miri)等人的长期研究表明,持续实施高阶思维教学策略可显著提升学生的科学认知层次[22]。另一方面,教师高阶思维教学的知识与方法水平的限制也阻碍了高质量科学教学的开展。当前教育实践中,科学教师在实施高阶思维教学时面临诸多挑战,包括理论与实践脱节、教学资源有限、专业发展机会不足等[23]。因此,应当构建系统性、针对性的教师培训与发展体系,加强对教师科学素养和前沿教学法的培训指导,使授课教师具备在科学课堂中开发并实践创新教学策略的能力,胜任科学高阶思维的教学任务。

2. 突破科学高阶思维发展的"停滞期",构建贯通式培养体系拓宽实践范畴

调研结果显示,大学阶段的科学高阶思维发展缓慢,之所以产生这种现象很可能是受制于大学生的成熟心理、固有观念和定势思维,特别在完成义务教育阶段教育后学生往往会习得固定化、系统化的科学观念与技能,进一步限制学生科学高阶思维的形成与发展。相较于传统讲授式的课程与教学,融入多种校内外实践学习项目的教学更有助于发展学生的科学高阶思维[24]。为突破大学阶段科学高阶思维发展停滞现象,需通过构建贯通式培养体系以拓展学生的科学实践场域。一是创设贯通式科学实践课程,打通不同学科间的壁垒,建立跨学科的贯通式培养体系,使学生在广阔领域中理解和应用科学知识,培养科学高阶思维。例如四川大学开发了从大一到大四的贯通式科学实践课程,涵盖基础科学知识竞赛课程、实验设计的社会科学调查课程、数据解释与论证的科技演讲等,取得了良好效果[25]。二是扩展学生科学高阶思维的应用实践场域,即高校要积极同企业、研究机构等建立合作关系,为学生提供实践与科研创业机会,培养学生的创新思维和实践能力。三是变革教育教学形式,通过开展项目式教学、探究式教学和跨学科问题解决教学,增强学生的科学认知与思维应用过程。此外,针对大学生,可以通过开设通识课程优化学生的科学知识结构。例如,哈佛大学

实行的最新通识教育计划中,要求所有本科生必须在"社会中的科学技术""科学(包括自然科学、工程学和应用科学)"领域课程中分别选修一门课程,旨在发展人文社科类学生的科学高阶思维的能力[26]。

3. 应对科学高阶思维发展的"不均衡",智能化技术赋能个性化学习路径

从研究数据中可以发现,现阶段科学高阶思维发展的不平衡主要表现在两个方面:一是子能力的跨学段进步趋势不同,其主要成长阶段具有差异性。这很有可能是因为除学校教育外,各项子技能还受到其他因素不同权重比例的影响,比如,"元认知—批判性思维"与学习动机的关系最为紧密,而读写和数学计算能力是"科学建模"发展的先决条件,且学生的读写水平的影响权重高于数学计算[27]。另一方面,学生内部水平科学高阶思维发展差距较大,在实际学校教育中难以兼顾每位学生的需求。为此,可以采用智能技术支持学生个性化学习,以应对科学高阶思维发展进度的两种不均衡。例如,利用智能学习分析技术,结合文本、交互等非结构化数据,融合多模态生物特征,挖掘学习背后的思维指向和认知功能,诊断思维发展困难诱因,提供针对性指导[28]。通过智能算法实时收集学习表现数据,绘制学习者画像,依据学习者思维发展水平和规律,智能匹配合适的资源及干预措施,并适应性调整内容推送顺序。智能技术在支持学生学习的过程中,仍需要综合考虑学校教育和其他因素的综合作用,以确保针对性的教学干预能够有效地促进科学高阶思维的均衡发展。在此过程中,需谨慎处理隐私伦理与数据安全议题,确保智能教育技术的合法合规与人文关怀,构建健全的监管与保障机制,以科技力量推动科学高阶思维培育的均衡与高效发展。

六、小结

本研究通过对科学高阶思维的内涵与模型的系统考察,和跨学段发展的实证分析,阐明这一核心能力在教育历程中的动态演变图景。研究结果表明,科学高阶思维能力的发展遵循着特定的关键期、停滞期和非均衡性规律,特别是从小学至初中阶段呈现显著的陡峭攀升趋势,而高中至大学阶段则趋向于"平台效应"。本研究揭示了我国科学高阶思维发展规律,并为辨识不同教育阶段的能力培养提供了证据支持,填补了我国在科学高阶思维跨学段发展系统性研究领域的空白,能够为科学教育的政策制定与教学实践提供实证支撑。

然而,本研究的外部效度受到了一定限制,鉴于样本选择集中于北京、济南、上海、杭州、珠海等城市的中上水平学校,这可能会削弱研究结论的普遍适用性。此外,研究侧重于量化数据分析,虽成功反映出科学高阶思维发展的宏观趋势,但对于个体差异、文化背景等深层次影响因素的探讨尚显不足。因此,未来的研究可以从以下两个维度展开:一是扩大样本范

围与深化实证研究,通过收集信息量丰富且覆盖范围更广的全国性数据,增强对科学高阶思维跨学段发展的理解;二是综合定性与定量研究方法,引入田野调查、深度访谈等定性研究工具,与量化分析相辅相成,以多角度多层次的视角探究科学高阶思维发展的内在机理。

参考文献

[1] 王晶莹,周丹华,杨洋,等.科学高阶思维:内涵价值、结构功能与实践进路[J].现代远距离教育,2023(2):11-18.

[2] Meltzer,D E. The Relationship Between Mathematics Preparation and Conceptual Learning Gains in Physics:A possible Bhidden Variable in Diagnostic Pretest Scores[J]. American Journal of Physics,2002,70(12):1259-1268.

[3] 刘成英,李太华,刘忠旭,等.学生根据推理做出假设能力发展规律与阶段特征——基于1 887名学生的测量分析[J].上海教育科研,2019(7):25-29.

[4] National Commission on Excellence in Education. A Nation at Risk:The Imperative For Educational Reform. An Open Letter to the American People. A Report to the Nation and the Secretary of Education[R]. Washington,D. C.:National Commission on Excellence in Education,1983.

[5] Onosko. Comparing Teachers Thinking About Promoting Students' thinking[J]. Theory and Research in Social Education,1989,17(3).

[6] Lewis A,Smith D. Defining Higher Order Thinking[J]. Theory Into Practice,1993,32(3):131-137

[7] 钟志贤.促进学习者高阶思维发展的教学设计假设[J].电化教育研究,2004(12):21-28.

[8] Resnick,L B. Education and Learning to Think[M]. Washington,D. C.:National Academy Press,1987.

[9] 杨玉良.构建中国特色世界水平的科学教育体系[J].中国教育学刊,2022(10):1.

[10] 裴新宁,郑太年.国际科学教育发展的对比研究——理念、主题与实践的革新[J].中国科学院院刊,2021,36(7):771-778.

[11] 钟柏昌,龚佳欣.学生创新能力评价:核心要素、问题与展望——基于中文核心期刊论文的系统综述[J].中国远程教育,2022(9):34-43,68.

[12] Lawson,A E,Weser,J. Development of the Classroom Test of Scientific Reasoning[J]. Journal of Research in Science Teaching,2017,54(1):33-48.

［13］Giri，V，Paily，M U. Effect of Scientific Argumentation on the Development of Critical Thinking［J］. Science & Education，2020，29：673－690.

［14］Cheng M F，Lin J. Investigating the Relationship Between Students' Views of Scientific Models and Their Development of Models［J］. International Journal of Science Education. 2015，37(15)：2453－2475.

［15］Liu，X. Using and Developing Measurement Instruments in Science Education：A Rasch Modeling Approach［M］. Charlotte，NC：Information Age Publishing，2010.

［16］Wei，X，Ding，L，Liu，X. Variations in University Students' Scientific Reasoning Skills Across Majors，Years，and Types of Institutions［J］. Research in Science Education，2016，46 (5)：613－632.

［17］Lustick D. The Priority of the Question：Focus Questions for Sustained Reasoning in Science［J］. Journal of Science Teacher Education，2017，21(5)：495－511.

［18］刘春艳.从学科本质出发培养学生提问能力［J］.人民教育，2012,(12)：40－41.

［19］Karkhaneh，M. Progression Trend of Scientific Reasoning from Elementary School to University：a Large-Scale Cross-Grade Survey Among Chinese Students［J］. International Journal of Science and Mathematics，2018，16(6)：1479－1498.

［20］Stillman，G. Applying Metacognitive Knowledge and Strategies in Applications and Modeling Tasks at Secondary School［C］. Trends In Teaching and Learning of Mathematical Modeling. ICTMA 14. International Conference on the Teaching of Mathematical Modeling and Applications. Dordrecht：Springer，2011：165－180.

［21］Lehrer R，Leona S. Seeding Evolutionary Thinking by Engaging Children in Modeling Its Foundations［J］. Science Education，2012，96(4)：701－724.

［22］Miri，B，David，B C，Uri，Z. Purposely Teaching for the Promotion of Higher-order Thinking Skills：A Case of Critical Thinking［J］. Research in Science Education，2007，37：353－369.

［23］郑永和,李佳,吴军其,等.我国小学科学教师教学实践现状及影响机制——基于31个省(自治区、直辖市)的调研［J］.中国远程教育,2022(11)：46－57.

［24］Zohar A. Scaling-up Higher Order Thinking：Demonstrating a Paradigm for Deep Educational Change［M/OL］. Cham：Springer International Publishing，2023［2023－12－30］.

［25］谢均,李珍焱,李昕然.课外科技活动提升大学生科学素养——以四川大学化学学院为例［J］.中国高校科技,2018(1)：145－146.

［26］R.基思·索耶.剑桥学习科学手册(第2版)［M］.徐晓东,杨刚,阮高峰,刘海华 等,译.

北京：教育科学出版社，2021：73-76.

[27] 胡小勇,孙硕,杨文杰,等.人工智能赋能:学习者高阶思维培养何处去[J].中国电化教育,2022(12):84-92.

[28] 卢宇,薛天琪,等.智能教育机器人系统构建及关键技术——以"智慧学伴"机器人为例[J].开放教育研究,2020(2):83-91.

作者简介

田雪葳　青岛大学教育科学学院讲师
杜　蕾　北京师范大学教育学部博士研究生
江润杰　青岛大学教育科学学院硕士研究生
吴安琪　北京师范大学教育学部硕士研究生
王晶莹(通信作者)　北京师范大学教育学部教授

电子邮箱

tianxuemao@163.com
dulei0196@163.com
xlyjrj@126.com
3522173729@qq.com
wangjingying8018@126.com

他真的理解了吗？

——可视化融入科学教学的"欺骗性清晰"现象纾解*

孔令鑫

摘　要：教育数字化转型对新时代科学课堂教学变革提出了新挑战，如何借助各类可视化惠及中小学科学教学成为当前科学教育改革的关切点之一。本文关注到可视化融入科学教学可能会带来的"欺骗性清晰"现象，在剖析概念的基础上阐述了该现象产生的可能原因，包括可视化设计短板的客观原因以及关注表面特征和无法自我监控个人理解的主观因素。研究据此进一步提出了依据学习者知识水平动态调整可视化交互性及复杂度、提供自我解释等元认知策略诱发新信息的深度加工、创设"有价值的困境"以提升学习保持和迁移效果以及将可视化嵌入知识整合教学模式增进学习者一致性理解的应对举措，旨在为教育数字化转型下变革科学课堂提供一定参考。

关键词：理解；可视化；科学教学；欺骗性清晰

夸美纽斯在《世界图解》序言中表示，"事物未经感知，我们则无从理解"[1]。那么，笔者不禁要追问：事物经过感知就一定可以理解吗？这类有助于学生感知现象的外部表征被称为"可视化"，有学者将其描述为"包括模型和模拟器的科学现象，这种科学现象是交互式的、基于计算机的动画"[2]。它不仅可以展示随时间推移科学现象的变化过程，还有助于学生借此探索因时间或空间限制难以在实验室直接观察到的科学现象，可视化主要分为包含动画在内的基本形式和囊括模拟或计算模型的复杂形式[3]。学生可以通过改变动画可视化的变量或参数设置，观察到不同的实验结果。值得注意的是，提供可视化并不一定会促进有效学习的发生[4]，关于可视化能否促进理解始终是一个悬而未决的话题。有些学者认为可视化可以

＊　本文系国家社会科学基金教育学一般项目"新课标背景下学科实践的实施难点、影响因素与破解机制研究"（课题批准号：BHA230152）的阶段性研究成果。

帮助学习者从多感官渠道获取知识[5]，但也有人担忧可视化会因过于复杂而给学生带来认知负荷从而阻碍学生理解[6]。学习者在借助可视化表征学习时可能会面临额外的复杂学习任务，包括解码表征信息、理解表征与领域之间的关系以及如何选择和构建表征等[7]，这类额外认知任务很可能会增加学生的认知负荷。

关于可视化融入科学课堂教学已有丰富的实践探索[8]，但仍有必要从学理上分析可视化融入科学教学是否可以促进有效学习发生。本文关注到了可视化融入科学教学时可能伴随的"欺骗性清晰"现象，在对其概念进行剖析的基础上，阐述了厘清"欺骗性清晰"现象的理论意义与实践价值，进一步分析了该现象产生的主客观原因，并提出了几点可行的应对举措。

一、"欺骗性清晰"现象的概念剖析

前文刚刚提到，将可视化融入课堂教学并不意味着有效学习的发生，也可能会因附加的认知任务而给学习者带来认知负荷。当学习者接触到可视化时须对其进行信息解码和转化理解，倘若在教学过程中使用太复杂而难以理解的可视化有可能会导致学习者认知负荷过重[9]，从而限制其深度加工相关信息。研究发现，当学习者观看完可视化后立即对个人理解进行评分时，他们往往会高估自身的理解力[10]，这意味着可视化具有欺骗性清晰（deceptive clarity）。

"欺骗性清晰"一词最早由丁克（Tinker）[11]于2009年提出，他将"学生机械地观看完可视化后高估自己对可视化的理解"的这一现象称为"欺骗性清晰"，换言之，学生误认为他们对可视化的理解比其实际理解要好。当学习者可以在大脑当中较为完整地回顾或复现可视化或动画模拟时，他们通常会产生一种"错觉"——他们自认为可以对复杂过程进行深度解释[12]。"欺骗性清晰"现象可能会导致学习者的暂时"短路"，限制学习者先有知识与可视化所呈现新信息的"对峙"过程，他们更多是不假思索地被动接收新信息，由此产生了更多的相异构想。无独有偶，"欺骗性清晰"现象并非只存在于教学之中，有关记忆的研究也发现了类似情况。即便是记忆简单的信息（如电话号码或人名），学习者也会高估自己的记忆能力[13]。当对学习者的个人理解进行检验，如通过不断追问学生促使其自我反思时，他们才会意识到自身理解可能会存在一定的"裂痕"或"偏差"[14]。另外，有关气象可视化的网络新闻报道一方面凸显了可视化的确可以吸引注意力，但另一方面也会造成"欺骗性清晰"现象，学习者在阅读新闻后并不能准确描述气象可视化当中气压、温度和风速的作用等[15]。笔者的研究中也发现了类似现象，借助计算机模拟引导学生探究不同状态下微观粒子的运动情况时，学生误认为自己已经可以正确区分固态、液态和气态下的粒子分布和运动情况，后测发现学生较之前有所提升,但延时性后测却发现学生仍坚持前测中的原有想法,并不能很好地区分不同状态下粒子的运动情况。上述发现都印证了可视化可能会带来"欺骗性清晰"现象。

一般而言,可视化可以用来呈现或解释科学现象或动态过程,如化学反应、有丝分裂、力与运动等[16],将可视化作为信息传递的媒介时往往会导致欺骗性清晰。相较于被动的讲授式教学,学生更喜欢主动动手学习[17],并倾向于选择可以带来愉快体验的、不太费脑的可视化或者动手实验。在他们看来,与教科书或讲授相比,视觉材料可能会取得更佳的学习效果[18]。但由于"欺骗性清晰"现象的存在,学生误认为自己可以直接从可视化中获取信息,殊不知他们所获取到的仅仅是表面特征而缺乏对新信息的深度加工,便确信自己已经理解了可视化所呈现的复杂过程[19]。考虑到学生的已有知识水平不同,过于复杂的可视化可能会增加学生的认知负荷,从而产生现象或原理的混淆。或者说,当学生初次接触可视化时,有可能将其表面特征直接添加进原有概念体系(即"被动接受"),而并未对新想法和原有概念体系加以区分或辨别。

二、"欺骗性清晰"现象的成因审思

基于对"欺骗性清晰"现象的概念剖析,本文结合国内外相关研究尝试归纳出"欺骗性清晰"现象的产生原因,主要包括可视化本身设计短板的客观因素以及学习者认知特征的主观因素,学习者通常过于关注可视化所呈现的表面特征而阻碍了对新信息的深度加工,缺乏对个人理解的自我监控也可能会导致"欺骗性清晰"现象。

1. 可视化设计短板导致学习者混淆科学概念

尽管动态可视化可以直观呈现科学现象及其变化过程,但有时候过于直观并不见得一定会促进深度理解。倘若动态可视化本身设计不好或引入新的不相关概念,也可能会让学习者产生混淆,进而产生"欺骗性清晰"现象。相较于书面解释或被动听讲,学习者更倾向于使用可视化进行学习[20]。他们之所以更喜欢观看可视化,不仅是因为可视化本身可以带来愉悦轻松的学习体验,更是由于可视化还会带给他们一种虚假的"胜任力"。具体而言,在观看或操作可视化后,学习者可以复述出或者回忆起相关内容,便误认为自己已经掌握相关概念,由此产生了深度理解科学概念的"错觉"。举例来说,在引导六年级学生探究温度对粒子运动的影响时,如若引入其他相关概念(如压强),但并未向学生讲解概念或提供相应脚手架,可能会分散学生注意力从而诱发"欺骗性清晰"现象,学生更多关注到粒子运动速度不断加快而导致密闭容器盖子"飞走"的极限情况,却忽视了温度变化对粒子运动的影响。

2. 关注可视化表面特征阻碍对新信息的深度加工

可视化之所以会带来"欺骗性清晰"现象,可能是由于可视化通常比较直观且印象深刻,学习者观看完可视化后可以回忆起其表面特征,便确信自己已经理解了其所呈现的复杂过程,这种短暂的"自信"会阻碍他们对新信息的深度加工。当利用可视化呈现肉眼看不见的动态过程时,学习者由于缺乏相应的背景知识或独特的推理方式,无法对可视化所呈现的新信息进行深度加工,更容易导致"欺骗性清晰"现象[21]。可视化过于"可见"或"可通达"也可能适得其反,笔者的实证研究发现了类似现象,学习者往往关注动态可视化的表面特征,误认为自己理解而未对可视化信息进行深度加工。比如,学生观察到气态下粒子多数向上运动飞出容器,便误以为气态下粒子的运动方向是自下而上,他们会使用向上的箭头标注气态粒子运动方向。但实际上气态粒子仍不停地做无规则运动,其粒子应朝各个方向随机运动。

3. 无法及时监控个人理解而产生深度理解的错觉

当学习者借助可视化进行学习时,并不意味着一定是主动学习,也可能是类似于授受主义式的被动"吸入"。通常情况下,他们会依照在线学习平台的指令或任务依次进行,按部就班地观看可视化或完成相应学习任务,或通过操作变量和改变参数观察可视化随之产生的变化。此时学习者更多是将可视化信息直接纳入个人观念库,并未对新信息和已有观念加以区分,因而并没有产生深度理解的预期结果,被动接受新信息且未进行深度加工是可视化会带来浅层学习的根本原因。另外,由于缺乏及时的自我监控和自我调节,他们误认为自己已经理解相关概念并快速进入下一步,导致了"欺骗性清晰"现象的产生。学生观看完可视化后,研究立即对其理解情况进行评分,发现他们往往会认为自己"知识渊博",但当要求他们写出解释后,他们则认为自己知识水平较差[22]。

三、"欺骗性清晰"现象的价值意蕴

既然可视化融入科学教学可能会带来"欺骗性清晰"现象,纾解上述现象不仅有助于从学理上探讨可视化融入科学课堂教学的可行性,为可视化与科学教学深度融合提供重要的理论透镜,还可为可视化赋能学习者深度理解的实践探索提供一定的借鉴意义,以期更好地指导教育数字化转型下的科学课堂变革。

1. 可视化与科学教学深度融合的理论透镜

技术融入科学教学究竟能否促进深度学习这一话题,目前学界尚未达成共识。当前关于可视化技术的态度大致可以分成两大派系,主要包括大力倡导技术赋能课堂教育教学的

"激进派"以及对技术融入教育教学持怀疑态度的"保守派"。不可否认的是,鉴于技术可以打破时间与空间限制,以视频或动画模拟的形式将难以理解的抽象概念可视化[23],的确为课堂教学革新注入了新活力。诚然,可视化技术能够将那些不可见的科学现象外显化,但要注意的是可视化、可触摸、可通达并不意味着可理解,可视化也可能会导致"欺骗性清晰"现象,从而阻碍深度学习的发生。纾解"欺骗性清晰"现象并分析成因不仅可以丰富多媒体学习相关研究,还可为可视化与科学教学的深度融合提供重要的理论透镜。

2. 可视化赋能学习者深度理解的实践参考

虽然近年来教育技术或科学教育政策中多次明确提出技术融入科学教育以及科学教学,但技术融入课堂教学仍趋于浅表化,无外乎常规教学方式与信息技术的生搬硬凑[24]。如何打破技术融入科学课堂教学的壁垒,以可视化促进学生的深度理解,已成为教育数字化转型下科学教学变革亟待解决的关键问题之一。可视化因其愉快的学习体验,有助于提升学习者的关注度和参与积极性,但随着那股"热情劲儿"褪去,数字原住民对于这些新技术也就见怪不怪了。这样不仅并没有达到所期望的深度学习的效果,反而会适得其反诱发"欺骗性清晰"现象。本文通过对"欺骗性清晰"现象的概念辨析和成因审思,据此提出相应的应对举措,或可为研究者和一线教师以可视化赋能科学教学提供一定的借鉴意义。

四、"欺骗性清晰"现象的应对举措

有了可视化就一定可以带来有效学习的发生吗? 答案是否定的,可视化融入科学教学可能会导致"欺骗性清晰"现象。仅仅将这些可视化直接"装"进课堂的"口袋"里并不能保证学习效果的提升,有时还可能会因增加认知负荷而适得其反。只有当可视化成为教学的有机组成部分,即将可视化整合进课程并与学习策略融合使用时,才可以起到提升学生学习效果的作用[25]。基于之前对"欺骗性清晰"现象的成因审思,本文提出了依据学习者知识水平动态调整可视化交互性及复杂度、提供自我解释等元认知策略诱发新信息的深度加工、创设"有价值的困境"以提升学习保持和迁移效果以及将可视化融入知识整合教学模式增进学习者一致性理解的应对举措。

1. 依据学习者知识水平动态调整可视化交互性及复杂度

为了克服"欺骗性清晰"现象,可以根据学习者知识水平的发展,及时动态调整可视化的交互性及复杂性,同时还要考虑学习任务的难度和复杂度是否符合学习者现有知识水平。技术能够为学习者提供交互可视化,让他们探索现实世界无法操作的科学现象或潜在作用

机制[26]，这类可视化不仅可以帮助学习者将难以理解的概念可视化或无法言说的思维可视化[27]，极具强大交互性的学习环境还有助于学习者通过实践学习、获得即时反馈，不断建构并丰富自己的理解[28]。可视化工具或技术的诞生与发展，可以让学习者参与和体验科学家的真实性实践。学生开始像科学家一样尝试辨别可视化模型，并识别出先前没有注意到的相互关系[29]。技术环境所具备的交互性能够将学习者的注意力聚焦于特定内容或特定现象[30]，以此更有助于他们通过更充分探究可视化而捕捉更多之前可能忽视的现象细节。认知科学家和技术专家普遍认为，如若学习者可以创建和操作模拟的自然现象和社会现象，他们会对其产生更深度的理解[31]。借助可视化的交互功能，学习者可以通过改变变量并观察结果、与可视化进行深度互动，进一步探索背后所隐藏的因果关系[32]。但值得注意的是，并非所有学习者都可以自发地操作模拟实验或理解相关参数的含义，可视化能否带来深度理解与学习者的先有知识水平息息相关。研究发现，先有知识水平较低的学习者使用静态表征学习效果更好，而先有知识水平较高的学生使用动态或静态表征都可以获得相同的学习效果[33]。由此可知，学习者知识水平是影响可视化教学的重要因素之一，依据学习者知识水平及时调整可视化交互性，或可在一定程度上改善或克服可视化所带来的"欺骗性清晰"现象。

可视化的交互功能可以为学习者同时提供动手和动脑的学习体验[34]，学习者通过操作变量与可视化互动的"感知""理知""体知"学习进程，有助于他们对科学现象或原理形成更深入的理解。通过与可视化不断互动，学习者可以重新审视可视化所呈现的新信息，关注到初次观察时可能忽略的细节或片段，交互所带来的新信息的深度加工或可冲破"欺骗性清晰"现象的桎梏。另外，学习者借助可视化进行学习时，须具备相应的表征能力或表征知识，即理解可视化的特定语法（包括格式和运算符）以及可视化与学习内容之间的联系等[35]。为了克服"欺骗性清晰"现象，在针对特定科学内容设计可视化时，需要对可视化进行改造和精制以降低其复杂度，尽可能建立在学习者已有知识经验基础之上[36]。学习者在借助可视化学习科学概念时，随着新信息的不断纳入与整合，其先有知识经验会持续增进，须及时调整可视化的交互性以及学习任务的难度，以帮助他们在设计方案、构建解释、收集和分析数据的科学实践过程中，在新知识与已有知识之间建立关联，发展出更深度的概念理解。分子工作台（Molecular Workbench）是一款可以用来表征诸如原子等粒子活动轨迹及分子微观结构的化学软件，该软件设计之初，团队成员已进行过多次可视化设计的准实验[37][38]，以明晰分子的运动轨迹或运动方向等可视化的交互细节。如分子接触器壁后应该被反弹还是消失，以及分子运动时应该从前方还是后方经过其他分子。研究证实分子工作台和互动仿真程序PhET 软件内的交互功能都可以促进学生理解"吸热反应"和"放热反应"[39]。

2. 提供自我解释等元认知策略诱发深度加工

自我解释等元认知策略可以诱发学习者对新信息的深度加工和整合,在一定程度上或可破除可视化所带来的"欺骗性清晰"现象。已有研究发现,那些无法很好地监控和管理以各类表征形式呈现想法的学生,往往会形成一些较为肤浅的表面联系,或面对所呈现的可视化无从下手[40]。既然"欺骗性清晰"现象可能缘于缺乏对新信息的深度加工,学生无法实时准确监控其理解进程而产生了已经可以深度解释的"错觉"。那么,倘若借助元认知策略为学生提供即时性自我解释提示,可以引导学生回顾可视化所呈现的新信息并对其进行深度加工,进而克服被动接收可视化信息而导致的"欺骗性清晰"。须强调的是,自我解释提示可以引导学习者进行更详尽的阐述,促进对科学概念的理解,但同时也会导致观点的过度泛化,学习者可能会将注意力转向特定内容而忽视其他细节。那么,如何在科学课堂设计自我解释提示显得尤为关键。有研究测查了借助动态可视化进行学习时,一般提示(general-link explanation)和特殊提示(specific-link explanation)对于高中生理解"化学反应"有何影响[41]。结果发现,一般提示似乎并未让学习者意识到其理解差距,特殊提示则鼓励学习者多次访取可视化,更能够帮助他们区分已有理解与科学理解之间的差距,重新审视可视化信息以弥补上述差距。

自我解释通常由学习者个体生成且为自身生成[42][43],这类解释通常是学习者超越给定信息而得出的推论[44]。可视化会带来"欺骗性清晰",究其根本在于学习者仅关注了可视化所呈现的表面特征,而没有借由新信息的深度加工识别出其本质特征。自我解释之所以有助于克服"欺骗性清晰"现象,主要是以解释性提示引导学习者关注所学内容的结构特征,并将注意力聚焦于可视化所呈现的目标对象。这种解释性提示既包括平台内嵌的内部提示,也涵盖来自同伴或教师的外部提示。具体而言,其一,自我解释通过引导学习者并将其注意从学习内容的表面特征转向其结构特征,促进个体的理解和迁移的发生[45]。学习者通过自我解释的生成,更加关注新信息的一般特征,这类一般特征通常与特定问题特征之间的关联性较低[46],由此概括出的一般特征更有可能被迁移至新的问题情境之中[47]。其二,提供自我解释提示可以将学习者注意力聚焦于特定事物,改善特定内容的学习,但同时也会减少或忽视其他方面的学习[48]。自我解释并非总会奏效,因而如何设计自我解释提示尤为关键。在线学习平台嵌入的提示性问题,可以引导学生观察或分析动态可视化所呈现的科学现象。其三,自我解释鼓励学习者将源于同伴和教师的信息视为重要的学习资源。学习者在课堂上往往会从教师或小组成员那里获取信息,教师通过与个体互动,引导学生试图解释自己的理解[49]。教师或同伴的口头提示也被视为一种自我解释提示,这类自我解释往往是在课堂之中动态生成的,而不是像平台内嵌的那类问题是提前预设的。

3. 创设"有价值的困境"提升学习保持和迁移效果

应当引入"有价值的困境"（the desirable difficulties），让学习者意识到自己的当前理解与科学理解之间存在一定差距，在重新审视已有理解的基础上，提升学习的保持和迁移效果，以此克服"欺骗性清晰"所带来的被动接受新信息的"吸入"取向。学习科学研究发现，有时让学生陷入一些"困难"的过程可能会带来深度理解[50]，这是由于这些困难能够减缓学习者的学习速度，同时可以触发或激活支持学习、理解和记忆的编码和检索过程[51]。上述困难被称为"有价值的困境"。虽然从表面来看，"有价值的困境"会带来暂时的挑战，但实际上则会带来更持久和更灵活的学习[52]。教学过程中的"有价值的困境"具体包括设计无法预料的事件、提供交错练习或间隔练习、减少练习过程中的反馈以及将测验用作学习事件等[53]。"有价值的困境"往往通过增加必要的"错误"联系，引导学习者回顾并修改之前的错误观念[54]。这不仅有助于学生在对比已有知识和可视化信息的基础上，继续完善理解的判断标准，还可以鼓励学生重新审视可视化信息，进而在一定程度上克服"欺骗性清晰"现象。具体而言，"有价值的困境"的创设，可以将注意力集中在相关信息而降低可视化的复杂性，最小化无关的认知需求，以此帮助学习者认识和重新审视他们的知识差距，这种重新审视可以帮助学习者基于先前知识发展对可视化的深度理解[55]。但同时也不得不承认，无关的复杂信息确实会减慢学习者的学习速度、分散学习者对学习目标的注意力，导致他们关注那些与学习目标无关的概念，如何通过创设"有价值的困境"克服可视化可能带来的"欺骗性清晰"也是将可视化融入科学教学的重要挑战之一。从认知过程来看，"批判"（critique）包括生成标准并反思该标准如何运用于任务、实验或其他活动的过程，批判也可以被视为一种"有价值的困境"，学生对已有结果或个人理解的批判或评论也是重新审视的深度加工过程。研究发现，引导学生对同伴的实验或虚拟实验进行评判，可能比直接指导学生如何进行虚拟实验效果更好[56]。

"有价值的困境"也有助于学习者自我管理和监控个人理解情况，将解释性提示和反馈相结合可以让学习者及时获悉理解进程。当他们意识到自己并未完全理解时，可能会重新访问和观看可视化，将自己的想法与可视化信息进行区分和"对峙"。值得注意的是，并非所有类型的反馈都可以成为"有价值的困境"。提供即时反馈并不会像所预料的那样促进学生自我反思，有时也可能会适得其反。诸如多项选择题类的即时反馈，可能会让学习者对自己的理解过于乐观[57]。这可能会导致他们在借助可视化学习时，只是"走马观花式"地无意识地点击鼠标或重新访取信息[58]，而这并不会带来深度概念理解的预期效果，甚至会导致学习者厌倦学习或产生疲劳。除批判活动外，生成活动也是"有价值的困境"的一种，二者都可以帮助学习者克服"欺骗性清晰"现象。例如，要求学生在观看可视化之前，首先绘制化学反应不同阶段（即反应前、刚开始及持续一段时间后）的反应物和生成物示意图，以此引导学生预测化学反应可能的进程,结果发现他们很容易忽视化学键的断裂和形成在化学反应中的中介作用[59]。诸如绘图在内的生成活动虽使得学习者暂时处于困难状态,但能够帮助他们关注可视化的重点信息,而这些细节往往最容易被忽略,如化学反应的中间状态伴随着旧键断裂和新键生成的过程。

4. 可视化嵌入知识整合教学模式促进学习者一致性理解

动态可视化与知识整合教学模式相结合,有助于学习者产生连贯且一致的深度理解,改善可视化可能带来的"欺骗性清晰"现象。之所以会导致"欺骗性清晰"现象,可能是学习者在借助动态可视化进行学习时,无法及时洞察和监控个人的理解情况,他们不确定是否已经准确获取到可视化所呈现的新信息,从而产生已经全部理解的"错觉"。知识整合教学模式的一般性过程包括析出观念、添加新观念、辨分观念、反思和梳理观念[60]。若学习者能主动应用知识整合模式预测现象、观察结果、质疑个人想法,并使用证据进行辨分和反思,便可借助可视化整合新旧观念并产生一致性理解。在此过程中,可视化不仅被视作向学习者观念库添加新观念的关键案例,而且成为知识整合过程的"诱导剂",催生着"析出——添加——辨分——反思"整个流程的顺利进行。设计知识整合教学模式应遵循以下几点设计原则,如使科学可触及、让思维看得见、帮助学生向他人学习、促进自治[61]。其中"使思维看得见"的设计原则可以让学习者不断暴露出其真实想法,学习者思维得以外显化也为学习者自我监控个人理解情况提供了更多可能。研究已经证实,将可视化与知识整合模式相结合的课程有助于学生深度理解"化学反应""进化""减数分裂"等相关概念,主要表现为前测到后测及延时后测中学生理解呈上升趋势[62]。

观念析出的过程是调用和激活学习者先有知识的过程,借助动态可视化添加一些规范性想法,学习者须不断完善其理解判别标准,以识别出现有想法与新信息可能的冲突之处[63],并通过重复访问可视化或根据解释性提示继续丰富现有想法,这一过程也被称为"辨分"观念。上述过程引导学生对可视化进行深度分析,试图将其所呈现的新信息与原有想法区分开来[64]。"析出"观念是学习者逐渐调用概念体的过程,观察或操作可视化是"添加"新观念的过程,而通过新信息与原有想法不断对峙的"辨分"过程,学习者能逐渐意识到自己并未真正理解可视化与科学概念之间的关系。"反思"和"梳理"观念要求学习者对其学习过程复盘,及时弥补可能存在的知识差距。由此可见,知识整合教学模式与可视化相结合,有助于学习者及时监控理解情况并动态调整学习过程,以期达到科学概念深度理解的预期目标。特别要强调的是,知识整合教学模式并非将新信息直接纳入或添加进学习者已有概念体,而是鼓励学习者在反思个人理解、重新审视新信息的基础上,对新信息与原有想法进行区分,从而帮助他们形成连贯的一致性理解。

五、结语

教育数字化转型下的科学课堂变革应始终遵循学习者科学学习的基本规律,探索可视化技术赋能科学课堂教学的更多可能性,但同时要警惕可视化可能带来的"欺骗性清晰"现象,辩证审视可视化惠及科学教学的效用。本文通过对"欺骗性清晰"现象的概念剖析,概括出"欺骗性清晰"现象产生的主客观因素,并进一步提出几点应对举措,试图为可视化融入科学教学提供一种可参考的理论透镜。未来如何更有效地将可视化融入科学课堂范式革新,还需要更多研究者的进一步实践探索。

鉴于对"欺骗性清晰"现象的纾解,本文对科学教育数字化转型提出几点思考:① 革新教育教学理念,辩证审视可视化融入科学教学的效用。不可否认的是,可视化通过将不可见的科学现象或原理外显化,的确可以拓展学习者的理解视域,但同时也要警惕所产生的"欺骗性清晰"现象,该现象可能阻碍甚至抑制深度学习的发生。② 深化科学教育教学研究,以来自一线教学的实证研究为教育数字化转型提供更多实践参考。当前国内关于科学教育数字化转型已有一定积累,但须继续丰富和推进可视化与科学教学的实证探索,以证据驱动科学教育数字化转型未来变革。③ 依据课程内容和学习目标,系统化设计可视化教学,旨在借助可视化赋能科学课堂变革。可视化通常适用于具备动态属性的科学概念,如何通过可视化的系统性设计,促进学习者深度理解也是以技术赋能科学教学的关切点之一。

参考文献

[1][48] 理查德·梅耶,帕特里西娅·亚历山大.学习与教学:理论研究与实践意蕴:第二版[M].庞维国 等,译.上海:华东师范大学出版社,2022:455,331.

[2] Linn M C, Bat-Sheva E. Science Learning and Instruction: Taking Advantage of Technology to Promote Knowledge Integration[M]. New York: Routledge, 2011: 12.

[3] Chiu J L, Chen J K, Linn M C. Overcoming Deceptive Clarity by Encouraging Metacognition in the Web-based Inquiry Science Environment. International Handbook of Metacognition and Learning Technologies[M]. New York: Springer New York, 2013: 517 - 531.

[4] Bivall P, Ainsworth S, Tibell L. Do Haptic Representations Help Complex Molecular Learning? [J]. Science Education, 2011, 95(4): 700 - 719.

[5] Mayer R E. Cognitive Theory of Multimedia Learning[J]. The Cambridge Handbook of Multimedia Learning, 2005, 41: 31 - 48.

[6] Ainsworth S, Bibby P, Wood D. Examining the Effects of Different Multiple

Representational Systems in Learning Primary Mathematics[J]. The Journal of the Learning Sciences, 2002, 11(1): 25 - 61.

[7][35] Ainsworth S. DeFT: A Conceptual Framework for Considering Learning With Multiple Representations[J]. Learning and Instruction, 2006, 16(3): 183 - 198.

[8] 闵辉, 裴新宁. 技术增强环境中促进学生科学解释的实证研究[J]. 上海教育科研, 2024 (4): 59 - 65.

[9][14][16][36][39][60][62] 林, 艾伦. 学科学和教科学: 利用技术促进知识整合[M]. 裴新宁 等, 译. 上海: 华东师范大学出版社, 2015: 199, 203, 204, 213, 217, 108, 211.

[10][41][63] Chiu J L. Supporting Students' Knowledge Integration With Technology-enhanced Inquiry Curricula[D]. Berkeley: University of California, 2010: 41, 76, 43.

[11] Tinker R. In Visualizing to Integrate Science Understanding for all Learners (VISUAL) [A]. NSF Discovery Research K - 12 Grant Proposal. 2009.

[12] Rozenblit L, Keil F. The Misunderstood Limits of Folk Science: An Illusion of Explanatory Depth[J]. Cognitive Science, 2002, 26 (5): 521 - 562.

[13][57] Metcalfe J, Shimamura A P. Metacognition: Knowing About Knowing [M]. Massachusetts: MIT Press, 1994: 185 - 215.

[15] Edelson D C. Learning-for-use: A Framework for the Design of Technology-supported Inquiry Activities[J]. Journal of Research in Science Teaching, 2001, 38(3): 355 - 385.

[17] Light R J. Making the Most of College: Students Speak Their Minds[M]. Cambridge, MA: Harvard University Press, 2001: 147.

[18][61] Linn M C, Hsi S. Computers, Teachers, Peers: Science Learning Partners[M]. New York: Routledge, 2000: 176, 40.

[19][21][55] Linn M C, et al. Can Desirable Difficulties Overcome Deceptive Clarity in Scientific Visualizations. Successful Remembering and Successful Forgetting: A Festschrift in Honor of Robert A[J]. Bjork, 2010: 239 - 262.

[20] Corliss S B, Spitulnik M W. Student and Teacher Regulation of Learning in Technology-enhanced Science Instruction [R]. Proceedings of the 8th International Conference on International Conference for the Learning Sciences. 2008, Volume 1.

[22] Chiu, J L, Linn M C. Self-assessment and Self-explanation for Learning Chemistry Using Dynamic Molecular Visualizations [R]. Proceedings of the 8th International Conference on International Conference for the Learning Sciences. 2008, Volume 3.

[23][25][28][29][30][34] 布兰斯福特, 等. 人是如何学习的: 扩展版[M]. 程可拉 等, 译.

上海：华东师范大学出版社，2012：184,189,192－194.

［24］吕立杰，荆鹏.基础教育课堂：数字化转型下的现实冲击、应然形态与未来图景［J］.中国电化教育，2024，(1)：31－37.

［26］［32］诺曼·莱德曼，桑德拉·埃布尔.科学教育研究手册：扩增版.上卷［M］.李秀菊,刘晟,姚建欣,译.北京：外语教学与研究出版社,2021：485.

［27］Linn M C，Songer N B，Eylon B S. Shifts and Convergences in Science Learning and Instruction［J］. Handbook of Educational Psychology，1996：438－490.

［31］Roberts N，Barclay T. Teaching Model Building to High School Students：Theory and Reality［J］. Journal of Computers in Mathematics and Science Teaching，1988，8(1)：13－16.

［33］ChanLin L. Formats and Prior Knowledge on Learning in a Computer-based Lesson［J］. Journal of Computer Assisted Learning，2001，17(4)：409－419.

［37］Pallant A，Tinker R. Reasoning With Atomic-scale Molecular Dynamic Models［J］. Journal of Science Education and Technology，2004，13：51－66.

［38］Xie Q，Tinker R. Molecular Dynamics Simulations of Chemical Reactions for Use in Education［J］. Journal of Chemical Education，2006，83(1)：77.

［40］Seufert T. Supporting Coherence Formation in Learning From Multiple Representations［J］. Learning and Instruction，2003，13(2)：227－237.

［42］Chi M，et al. Eliciting Self-explanations Improves Understanding［J］. Cognitive Science，1994，18(3)：439－477.

［43］Ionas I G，Cernusca D，Collier H L. Collier. Prior Knowledge Influence on Self-explanation Effectiveness When Solving Problems：An Exploratory Study in Science Learning［J］. International Journal of Teaching and Learning in Higher Education，2012，24(3)：349－358.

［44］Ainsworth S，Burcham S. The Impact of Text Coherence on Learning by Self-explanation［J］. Learning and Instruction，2007，17(3)：286－303.

［45］McEldoon K L，Durkin K L，Rittle-Johnson B. Is Self-explanation Worth the Time? A Comparison to Additional Practice［J］. British Journal of Educational Psychology，2013，83(4)：615－632.

［46］Rittle-Johnson B. Promoting Transfer：Effects of Self-explanation and Direct Instruction［J］. Child Development，2006，77(1)：1－15.

［47］Gick M L，Holyoak K J. Schema Induction and Analogical Transfer［J］. Cognitive Psychology，1983，15(1)：1－38.

［49］Slotta J D，Linn M C. WISE Science：Web-based Inquiry in the Classroom［M］. New York：Teachers College Press，2009：54.

［50］Warshauer H K. Productive Struggle in Middle School Mathematics Classrooms［J］. Journal of Mathematics Teacher Education，2015，18：375－400.

［51］Bjork E L，Bjork R A. Making Things Hard on Yourself，But in a Good Way：Creating Desirable Difficulties to Enhance Learning［J］. Psychology and the Real World：Essays Illustrating Fundamental Contributions to Society，2011，2：59－68.

［52］Bjork R A. Desirable Difficulties Perspective on Learning［J］. Encyclopedia of the Mind，2013，4：134－146.

［53］郭婧远.创客教育中利用有效失败促进学习的研究［D］.上海：华东师范大学，2016.

［54］郭婧远，裴新宁.“失败”也可以促进学习：创客教育中“有效失败”的研究［J］.上海教育，2016(19)：60－62.

［56］Chang H Y. Symposium Conducted at the Annual Meeting of National Association for Research in Science Teaching，April 17－21，2009［C］. California：NARST，2009.

［58］Baker R，et al. Why Students Engage in "Gaming the System" Behavior in Interactive Learning Environments［J］. Journal of Interactive Learning Research，2008，19(2)：185－224.

［59］Zhang Z，Linn M. Proceedings of the Eighth International Conference for the Learning Sciences，June，2008［C］. Netherlands：International Society of the Learning Sciences，Inc，2008.

［64］Wu H K，Krajcik J S，Soloway E. Promoting Understanding of Chemical Representations：Students' Use of a Visualization Tool in the Classroom［J］. Journal of Research in Science Teaching：The Official Journal of the National Association for Research in Science Teaching，2001，38(7)：821－842.

作者简介

孔令鑫　教育学博士,鲁东大学教育学院讲师,研究方向为教育数字化转型下的科学课堂变革、学习科学与科学教育

电子邮箱

konglingxin@ldu.edu.cn

从割裂走向融合：非正式科学教育与学校科学教育走向融合的可能性[*]

孙晓雪

摘　要： 科学教育是培养科技人才和推动科技革新的关键,长期以来,学校一直被视为科学教育的主阵地。近些年,非正式教育环境也逐渐在培养学生的科学兴趣和科学思维等方面发挥重要的作用。然而,二者在实践过程中都存在一些不可避免的局限性。为了充分发挥各自所长,科学教育需要跨越正式和非正式的界限,基于促进学习发生的共同驱动因素,从情感维度,科学知识的认知、理解和应用维度联结学校与非正式环境,以实现多重育人目标。

关键词： 科学教育;学校;非正式环境;融合

科技在当代社会的核心地位是毋庸置疑的。随着中国式现代化踏上新的征程,我国面临着产业结构升级转型的内在需求和应对国际复杂形势的外在压力,对科技人才的渴求也随之增长。内外局势催促学校培养能够适应乃至引领社会发展的科技人才的同时,也凸显了科学教育在推动科技革新及应对未来社会挑战中的战略地位。习近平总书记在主持中共中央政治局第三次集体学习时强调,要在教育"双减"中做好科学教育加法。

广义来看,科学教育既包括在正式教育环境中获得的知识和技能,也涵盖非正式环境中逐渐累积的经验。尽管学校常常被视为实施科学教育的主阵地,但其局限性也被研究者诟病。从学习的本质来看,学习并非仅从单一经验中获得,因而单凭学校可能无法实现科学教育的多重愿景。美国国家科学教学研究协会(National Association for Research in Science Teaching,NARST)曾指出,科学学习是在多种形式的生活经历中逐渐积累起来的,如与博物馆、图书馆、报纸和书籍、课外活动、科学社团,甚至是与朋友和家人的交谈相联系以及借助

＊　本文系 2024 年广州市博士后科研项目"象征性边界建构——精英大学学生如何维持不平等"(项目编号：624021 - 21)的阶段性成果。

互联网进行。当前,如何在非正式环境中促进学生的科学学习受到了越来越多的关注,针对这一问题的探讨在国内尚处于起步阶段,相关议题散见于博物馆等机构的科学教育项目开发中。对于非正式环境科学教育的界定、展现方式以及与正式科学教育的关系等问题的探讨仍显不足。鉴于此,本文将重点关注非正式环境中的科学教育,探讨如何将其与学校科学教育更好地融合,为我国推动科学教育提供一定思路。

一、学校科学教育的局限性与非正式科学教育的可能性

自 1978 年邓小平在全国科学大会上强调要大力发展科学研究和科学教育事业以来,传授科学知识和培养经济发展急需的科技人才便成为学校设立科学课程的核心目标。21 世纪初,我国开始围绕"素质教育"进行新一轮课程改革,意在解决科学知识与学生日常生活脱节的问题,以培养学生的综合素质,但成效并未达到预期[1]。最近,根据《义务教育科学课程标准(2022 年版)》,学校中的科学教育应致力于涵养学生包括科学探究和实践能力、高阶科学思维、连接科学技术与社会、科学参与和决策在内的多重科学素养[2]。从教学成效上来看,经过多年的摸索,中国学生在数学、科学等领域上的基础知识已经非常扎实。然而,在将理论知识转化为实际思维技能方面,学校科学教育的实践模式仍存在一些问题。根据《2020 年国家义务教育质量监测——科学学习质量监测结果报告》,四、八年级学生在科学思维能力方面稍显不足,且只有近二成的八年级学生期望长大以后从事科学相关职业。另外,经济合作与发展组织(Organization for Economic Co-operation and Development,OECD)在 2019 年发起的全球青少年社会与情感能力测评项目也表明:随着年龄增长,中国学生的创造性、好奇心呈现明显的下降趋势,且这种年龄差异在所有参与国家中尤为明显[3]。

中国学生在与科学成就直接相关的综合素养上的欠缺,引发了对我国科学教育整体质量的反思[4][5]。聚焦这一问题的经验研究一致认为,学校开展科学教育方式本身是造成这种滞后的核心原因。不论是科学教育的课时保证,还是直接影响学生高阶科学思维的教学方式,都存在着明显不足。在对我国义务教育阶段科学教育现状的调查中也发现了一些现象:许多教师依然习惯于传授科学知识、追求唯一答案,而忽视了科学思维和科学方法的训练,而高考"指挥棒"进一步导致了教师放弃探索更具启发性的科学教育路径;与此同时,尽管我国在课堂中引入了探究性实验教学,但其整体实施频率非常低且教学方法不得当[6][7]。学生对学校科学教育不感兴趣的其他原因还在于,课堂中的科学知识常常抽离于学生的真实生活且与实际应用缺乏联系[8]。

针对此问题学界普遍认为,要实现科学认知和情感在内的多重育人目标,科学教育需要解决好与教和学相关的一系列问题。例如,如何提高学生的参与度、探索贴近学生生活的教

学方法、促进探究式学习，以及为跨学科知识和技能提供支持等。同时，科学教育也需要在教学过程中展示科学在现代语境中的本质，促进学生对其历史背景和发展趋势的理解等。对此，欧盟委员会的研究报告指出，科学教育的发展有赖于学校组织与非正式科学教育的合作。非正式环境中的科学教育一直被视为支持学校科学课程、培养学生科学兴趣并增进其科学成就的有效手段[9][10]。与学校正式的科学教育不同，参与非正式的科学教育不是强制性的，而且学生从中获得的经验不必经过某种标准的评估。但这并不意味学生由此获得的知识或技能是碎片化的，相反，这些知识或技能可以在不同的教育目标指导下被有效组织，进而影响学生的科学态度和行为。根据罗达里（Rodari）对数百份非正式科学教育的教学实践文件的分析：非正式的环境中，参与者能够享受到乐趣、有参与感且感受到被鼓舞的积极体验，从而激发其获取科学相关的新知识；能够生成、理解、回忆和使用与科学相关的阐释、论点、模型与事实；能够操纵、测试、探索、预测、观察并赋予科学世界一定的意义；能够反思自己的学习过程；能够与其他人共同参与科学活动和实践性学习，并在这一过程中使用科学术语和特定工具；将自己视为科学的学习者，构建了解、使用且可能对科学做出一定贡献的个体身份[11]。

二、何为非正式科学教育

非正式科学教育并没有明确的定义，这种模糊性一方面源于其实践环境的多样性，另一方面在于其与正式科学教育之间关系的差异性认知。当我们界定非正式科学教育时，能否明确它有区别于学校环境的独特性，抑或是否需要将其与正式的科学教育对立？一些学者将在学校之外开展的科学相关活动统称为非正式科学教育（Informal Science Education，ISE）[12]。然而，大多数研究者更倾向于从学习的性质和发生的具体情境两个角度界定非正式科学教育的具体范畴。

1. 学习性质视角下的非正式科学教育

从学习性质角度解读科学教育的学者认为：应该从学习的"过程""情境和背景""目的"以及"内容"等角度识别正式/非正式学习的共同属性，并基于特定的情境理解其意义[13][14]。在这一前提下，非正式环境中的科学教育具有以下特征：

- 发生在正式教育机构之外，区别于专业性的实践；
- 课程（如有）基本结构是开放、可选择的，并以学习者为中心，区别于正式教育中的传授模式；
- 学习是在日常生活的自然情境中直接体验到的；

- 不涉及评估和学业竞争；

- 不是根据科目精心设置的教学计划,而具有一定的偶然性甚至是无意识性,但贴近学生生活,以问题和情境适应为核心。

在此基础上,梅里厄姆(Merriam)等人进一步将学习过程细分为三种形态,以更深入地理解非正式科学教育:自主学习(self-directed learning)、附带性学习(incidental learning)和社会性或隐性学习(socialization or tacit learning)[15]。自主学习是指学习者出于特定目的主动探索的学习形式;附带性学习则是指在参与其他活动过程中无意中获得科学知识;而社会性或隐性学习既非主动追求,也不是一开始就清晰可识别的,而是通过事后反思才意识到学习的发生及价值[16]。这三种学习形式相互交织,共同构成了个体在非正式环境中的学习体验和知识积累。简而言之,从学习性质来看,非正式环境中科学教育的突出特征在于,学习过程主要由学习者驱动、受内在动机激发,而非教师引导或外部动机推动。

2. 学习情境视角下的非正式科学教育

从学习情境的角度来看,非正式科学教育的特点在于它主要发生在学校环境之外。一般来说,这些情境可大致分为三类:首先是博物馆及类似机构(如科技馆、科学协会等)所提供的参观性活动;其次是由社区组织的科学相关活动或课后活动;最后是通过各种媒体进行的学习,包括传统的纸质读物以及当下日益普及的人工智能形式。

社会整体发展水平的提升和思想观念的变化,使得博物馆及其他类似机构在促进公众对科学的认知和理解方面的作用日益受到重视。以科技博物馆为例,随着参观者人数的增加,越来越多的博物馆开始有意识地开发针对不同社会群体的学习项目。博物馆和其他类似机构中的学习体验的典型特征在于:能够给予参与者极大的自主性,而与之互动的元素包括展品、场馆、解说指南和导览者或解说员[17]。因此,参观者基本上可以自主控制学习进程,并能以适合自己的方式从中有所收获。除了学习机会外,公众也高度重视场馆的娱乐性,享受成为参观这类场所的关键动因。据统计,截至 2019 年,全国 31 家省级博物馆中已有 19 家博物馆开发了基于本馆展览或藏品的游戏化学习项目[18]。通过这些以科学为主题的游戏化展品和教育活动等设计,博物馆以学生为中心,借助日常生活材料联系科学与生活,从而为学生创造有趣的科学探索过程,让他们在"玩得开心"的同时,培养与科学本质相关的其他综合素养[19]。关于展览互动效果的调查研究也表明,无论是在认知还是情感技能方面的学习,其效果都是值得肯定的。例如,针对上海天文馆的儿童参观者的调查显示,博物馆的数字展示激发了学生极大的参与和探索兴趣,且大多数人表示在参与后获得了与原有知识体系不同的实际知识[20]。

因其涉及内容的广泛性、不受正式课程结构限制且能够获得社会支持,课外科技活动对学生科学技能的培养也发挥着重要作用。值得注意的是,近些年随着互联网技术的飞速发展,科学教育网站如雨后春笋般涌现,为学生和公众提供了便捷的科学知识获取途径。其中,"新式社交型的学习平台"和吸引受众参与的视频网站尤为受到青少年欢迎。例如,在哔哩哔哩(B站)这一月活跃用户超2亿的平台上,标签为"学习"的视频浏览量已达上亿次,订阅数也超过百万。标签为"科普"的视频内容涵盖了实验、试错和成功等科学元素,通过刺激互动的标题形式和联合创作策略,以引人入胜的方式极大地激发了青少年的好奇心和兴趣[21]。另一个新兴的尝试是通过精心设计且易于理解的在线游戏实施科学教育。例如,上海科技馆与乐元素合作开发的游戏,通过让玩家化身巡林员,深入国家公园为不同种类的珍稀物种扩建生活领地的方式,使玩家在游戏中了解这些物种的生活习性[22]。因此许多研究者认为,非正式科学教育提供了"一种更全面的科学教育方法,能更好地整合学校教育、工作和闲暇时间的学习经验……可能是一种能够带来长期收益的更稳健的方法"[23]。

3. 非正式科学教育的优势

非正式环境中的学习在很大程度上取决于学习者的个人和社会文化背景以及教育空间的物理环境。如上所述,相对于按照课程大纲进行教学的正式科学教育,灵活、丰富的实践机会和互动体验以及个性化是非正式科学教育无可争议的优势。尤其是随着近些年数字技术的迅猛发展,这种优势得以进一步彰显。现代学习工具,如智能手机、在线课程、平板电脑、虚拟现实(Virtual Reality,VR)和虚拟实验室等,不仅提供了更加多元、个性化的科学学习机会和便捷的信息获取途径,更为重要的是,科学学习与数字化工具的结合对培养学习者关于科学的认知、行为和情感的全面影响。以虚拟现实为例,通过虚拟与现实的结合,依托实时互动的三维技术等,不仅为学生创造了一种真实、持久且具体的学习体验,还增加了他们的参与度和乐趣,从而激发其学习动机并提高其注意力水平[24][25]。例如,萨尔米(Salmi)等人通过增强现实(Augmented Reality,AR)应用程序的开发,在现实世界中叠加数字信息,通过模拟真实的消防车行驶情境,在展示声音变化的同时叠加声波传播的动画,增强学生对"多普勒效应"的理解。与此同时,增强现实通过实时响应程序展示动态教育内容,能提高学生科学学习的参与感和沉浸感[26]。同样,格里弗斯(Greefrath)等人展示了学生如何能通过数字技术提升数学技能。格里弗斯和其他研究者借助几何软件"几何画板(GeoGebra)"将现实问题数字化,要求学生借助软件为虚构的城市规划新的游乐场位置。几何画板强大的可视化功能使学生能够绘制、测量以进行实验化、可视化和计算等活动。在这一过程中,学生能够基于真实情境直观理解几何概念和线性函数,并在此基础上构建模型。事后调查也证实,师生认为使用几何画板让学习更有趣且有效。通过软件的互动页面,学生在数学建模过程中实验、探索,加深了对建模过程的理解,而不仅仅是被动接受数学知识[27]。

除此之外,科学中心和公园等非正式的户外环境旨在吸引参观者参与互动和动手体验,而与数字工具和技术的整合,不仅能够满足学习者的不同兴趣和学习风格,还弥合了理论概念和实际间的差距,显著提高了学习效果和实用性[28]。

4. 非正式科学教育实践中的问题

尽管非正式环境科学教育被视为学校教育的重要补充,但在实践过程中也面临着诸多问题,如杂乱无章、缺乏必要的指导和较少与学生互动等问题。调查发现,由于缺乏时间和必要的培训,在校外科技活动中,由于教师理解科技本质的能力不同所造成的教育效果差异很少被谈及。在探究性活动中,学生虽有机会通过与具体现象的互动探究某一科学主题,理解观察、测试等步骤之于科学发现的意义,却并不能就此区分观察与推理的差别。而科学性的实验更倾向于传授某些科学现象发生条件的知识,而非理解这些现象的特性。在博物馆学习中,导游则再次化身传统教师,很少询问学生的已有知识,对学生的问题也难以进行深入探讨。这导致即便学生对所学内容很感兴趣,但却很少能达到科学学习的目的。此外,偏个人性的校外学习过程在解决了多元性需求后,面临着如何通过与他人的互动来提升科学素养的问题。例如,虽然大量平台上线了优质的、科普性的科学教育内容,但学生之间关于科学现象的属性和本质的观点交锋却很少。大多数应用程序在传播科学知识的同时,也很少允许学生在探究过程中进行互动并深入探讨科学现象的本质。纵然成熟的互联网平台已经意识到用户交流的重要性,但结果往往是用户为了了解科学知识的产生和传播过程,却并没有挖掘科学知识的底层逻辑。

研究者认为,融合正式与非正式环境才是克服双方局限性,为学生提供更为全面和多元化学习体验的关键。科学学习的环境应该是一个连续体[29],将正式与非正式环境简单二分的做法,无法体现能够激发学习动机的环境的丰富性和复杂性。科学教育应该跨越正式和非正式情境的界限。因为,即便是非正式环境中,也应该在适当的时刻引入正式环境中的教学策略来促成学习,从而促进不同环境下学习方式和教学策略的相互渗透和强化,从而消除不同类型环境在实施科学教育中不可避免的劣势,提高非正式和正式科学教学的有效性。

三、基于共同驱动因素融合正式与非正式科学教育

学校与非正式环境间的合作通常采取三种模式:一是以在学校难以获得的科学态度和某些技能为契机,将非正式科学教育作为学校的有益补充;二是通过整合正式教育中的各个方面,使其在非正式环境中发挥最大效用;最后则是采用一种混合教育模式,通过考察影响学生科学学习效果的共同因素,整体规划不同环境中的教育。

从学习发生的本质来看,学习是一个跨越地点和时间并在经验中产生的思想和行为的永久性变化。从这一角度出发,前两种合作模式某种程度上都在突出学校与非正式环境的差异性,忽视了二者的相似性[30]。但实践中,一般很难明确区分学校与非正式科学教育中的学习。例如,无论何种情境中的指导者都不会否认,确定学习者已有知识水平对于向其传授知识至关重要,这也是博物馆等非正式环境中科学教育能否取得预期效果的前提。同时,如上文所述,非正式环境也需要纳入学校中普遍存在的教学式的指导,才能克服其过于散漫导致学生未能获得实质性科学知识的缺陷。因此,在科学教育的共同愿景下,学校和非正式环境的科学教育应该模糊二者的界限,围绕激发学生科学素养的多元因素推动彼此的融合与互补,从而提升科学的吸引力,吸纳更多学生未来加入科技研发行列,形成创新中心,最终提升国家科技、经济实力。

从已有经验来看,归纳和总结有效学习的共同驱动因素,是融合不同情境下科学教育的基本逻辑。事实上,学习并非仅仅是认知活动,而是一个涉及多方面因素的复杂过程,其中认知和情感是探讨不同情境下学习的两个基本视角。根据斯托克尔迈尔(Stocklmayer)和我国学者郑永和的总结发现,情感维度下,非正式和学校环境中科学教育的共同驱动因素在于:① 自主性,科学学习过程中给予学生一定的选择性和掌控感;② 内驱力和挑战性,内在动力在任何形式的学习中都是一个强大且重要的因素,而挑战性以及其蕴含的探索性不但映射了科学的本质及发展过程,也有利于激发学生在这一过程中形成责任意识和对科学、真理的信念感;③ 精神上的满足感,例如愉悦性和幸福感,科学的本质在某种程度上就是一种"发现"后的快乐,这是鼓励学生参与的关键[31][32]。

霍德森(Hodson)提出了关于科学教育的三重理想:学习科学、理解科学和应用科学。从认知角度促进科学知识学习的共同的驱动性因素则包括:① 跨学科知识,对科学知识的理解和运用依赖于汲取众多不同学科的深刻见解,同时也会受到政治、经济、文化和社会规范相关的社会因素的影响,因而科学教育应该在不同学科中寻求解决方案;② 建立在学生已有知识和经验基础上的知识内容;③ 通过强调"科学是一种故事"(science as a story),帮助学生更好地理解科学概念之间的关系,以及这些概念如何发展和演变;帮助学生将抽象的科学概念与具体的情境联系起来,从而提高科学教育的效果[33]。

从科学应用角度上来看,学校和非正式环境的科学教育首先一定会基于特定情境,系统性考虑并整合学生成长的内部与外部因素,进而与其所在区域建立一定联系,赋予科学活动明确的意义,从而驱使学生采取一定的行动。其次,科学并非抽象的基础知识,也反映了人类的不懈努力,涉及真实的人、具体的事。因而,结合具体问题、真实的环境和真实的数据,不但对探究学习富有成效,更重要的是能够激发学生的兴趣和参与。最后,当真实的项目产生实际效果,尤其是当真正的科学家参与这些项目时,会强化科学对学生的重要性。

1. 在混合情境中激发科学学习的情感动力

热情与兴趣是科学学习的重要驱动力。科学教育应致力于唤起学生的兴趣,并创造令其身心愉悦的学习环境。激发兴趣并不意味着降低教学难度,而是通过将科学教育融入更加吸引人的情境中来实现。尽管学校教育致力于探索如何在科学课堂中激发学生的科学兴趣,但资源的减少和对实验及校外活动的安全考虑使得这一目标愈发挑战重重。在这方面,巴苏(Basu)等人的研究提供了一种有益的尝试[34]。

巴苏等人的衔接策略建立在对"什么是科学"的建构性认知理论基础之上,与库恩(Kuhn)的观点相呼应,他们质疑将科学作为一门客观性学科的认知,而将其视为人们对世界运作方式的一种临时性解释,而这种解释同时也蕴含了人们的价值观和特征。从这一理念出发,科学教育的焦点并不是简单地将青少年丧失对科学的兴趣视为一系列未能理解和应用的真理。维持学生持久兴趣的关键在于,了解学生已有的经验或者原有的知识储备,以及其如何与他们的未来规划相联系。因而,无论是教师还是非正式环境中的引导者,均应该致力于创造能够融合科学经验和学生知识储备相互交融的"第三空间"。基于项目的学习无疑是探索这一路径值得尝试的方向。实施过程中,研究者首先从生活史视角询问了学生在家庭、学校、同伴关系、个人兴趣以及校内外的科学经历,进而将这些"知识储备"纳入科学教育,并据此设计科学项目的主题。这种以项目为基础的科学教育模式尤为重视学生在科学学习过程中的多样化需求,尤其是为其提供与他们的职业兴趣、人际偏好和科学认知相匹配的选择性活动机会。此外,则是以学生的能动性和科学的实用性为中介,链接学生的知识储备以维持其对科学的长久兴趣。例如,研究者允许一位喜欢漫画的学生在参观完科技展览后,不必在课堂上展示对展览品的观察和互动结果,而允许其将对科学的理解融入他的漫画和动画模型。项目结束后,该生认为在某种程度上,在制作动漫时所体验到的独立性和主人翁意识增加了他对于项目的兴奋感。尽管这个过程花费了大量的时间,但该生对于能够按照自己的意愿完成项目还是感到非常满意。

2. 跨学科方法促进科学知识的理解

跨学科已经成为现代科学的基本模式,其倡导者认为:现实世界本质上是一体的,因而在科学教育中引入跨学科方法能够帮助学生形成全局性科学概念,同时使其与科学知识建立联系,从而滋养学生对科学的兴趣。而采用跨学科方法的关键在于,如何确定不同学科进入科学教育的接口,或者说不同学科如何基于各自的特征服务于共同的科学教育目标。泰勒(Tytler)等人指出,促进不同学科中科学学习因素自由流动的基础在于,学生能够参与科学知识的生成和运用[35]。因此,通过模仿科学家借助材料工具构建知识的方式,以主题探索驱动不同学科的相互影响,是构建并实施跨学科科学教育的一种有效方式。

以一项围绕太阳运行主题,旨在链接数学与天文学科的教学实践为例,两个学科在统计推理、抽样和测量概念,以及映射、面积、角的度数等空间概念上具有共通性,但在学科功能和应用上又有所不同。围绕特定主题,天文和数学不仅提供了基于各自学科的切入点,还有助于形成深入学习交叉性的科学问题。在具体操作上,记录影子变化过程可以发展关于度量、面积和数据变化的数学概念;而这些数学概念又深化了学生对太阳运动的理解。为此,教师首先会评估学生对于阴影的理解水平,如询问"如果你在一个地方静止不动,你的影子在一天中会改变吗?"随后鼓励他们在户外实际观察并记录自己的影子,以验证初始想法。学生进入非正式环境,亲自参与实地观察,记录和测量自己影子的长度、方向和太阳的位置。同时,教师鼓励他们进一步思考和记录影子的变化,并预测这些变化如何发生。在此过程中,教师开始引导学生探究影子的长度和方向与太阳位置之间的关系,并借助互联网科普视频、实验工具或参观天文馆展览等方式来模拟或解释太阳运动对影子的影响。最后,教师和学生重返课堂,借助传统科学教学模式,使用图表和其他工具来记录和展示影子的变化,通过比较和反思来加深学生对太阳和影子间关系的理解。整个活动中,教师和其他引导者密切监控并干预探究活动,确保学生能够通过观察、讨论和模拟活动深入理解日常现象背后的科学原理。

3. 在多元情境中联结科学理论与实践

在如何在真实情境中应用科学问题上,教育工作者可能常常面临两难情境:课堂教学难以复制真实的科学过程,因此教学内容多为抽象概念;尽管校外教育可以弥补这一缺陷,尤其借助真实实验环境,能够策划允许学生自主探索和发现的活动或展览,但将非正式环境引入课堂需要精心设计,以避免学生仅仅体会到参与的乐趣,并没有达到真正学习的目的。这一过程无疑对于教师和其他引导者而言都是极为耗时的。然而,近些年信息技术的迅猛发展,为展示和应用科学提供了新的途径。

以生物课堂为例,引入基于图像的增强现实互动学习系统,可以帮助学生了解保护鱼类的重要性。在操作系统中,学生通过观看增强现实图书中有关海洋保护基本知识的教学视频后,使用钓鱼竿与虚拟对象互动,例如消除河流中的污染物等。虚拟对象由安装在多个标记位置的网络摄像头检测生成。摄像头通过识别和捕捉特定标记的位置,并根据这些标记生成虚拟头像,使学生可以在增强现实学习系统中与其互动[36],以此帮助他们从概念上理解生物学。而在如何实践科学知识方面,安杜哈尔(Andujar)[37]提出了通过增强现实技术呈现虚拟远程科学实验室的方法,向学生展示教师口中、书本上的科学实验过程,并借助技术与虚拟对象——如物理科学的众多组成部分进行实时互动。在此过程中,为了减少实验过程中手工操作可能带来的身体伤害,图像增强现实系统与远程的影像相结合,为操作人员所在的工作环境视图上提供重要的信息,如可视化化学危害和危险区域警告,从而提高他们应对危险的能力并更好地完成实验。

此外,许多非正式组织也通过与学校合作,为学生提供了更多参与科学研究的机会。如美国自然历史博物馆(American Museum of National History, AMNH)针对不同年龄段的学生的"朗科学计划"(Lang Science Program)[38],向其提供与AMNH的科学家和教育工作者合作,开展与AMNH研究平行的生物实地或实验室项目的机会。在这些项目中,学生需要从周围环境收集样本,包括一些非生物因素的数据,如盐度、溶解氧、温度和浊度。样本采集后,学生可以参与实验室工作,包括脱氧核糖核酸(Deoxyribonucleic Acid, DNA)提取、聚合酶链式反应(Polymerase Chain Reaction, PCR)扩增和DNA测序等遗传技术,以识别生物体。从知识学习角度来看,DNA测序结果可以用于生物信息学分析;从科学应用方面,它又可以帮助学生了解所在社区的遗传变异模式。通过参与科学过程,年轻人不但发展了一些特定的科学技能和实践,还可以用其来解决关于居住环境及其周围水道的景观遗传学和生物多样性的基本问题。

四、结语

学校虽是科学教育的主要场所,但在寻找吸引学生并提高教育效果的新方法时,并未取得预期的成功。非正式的科学教育致力于在松弛的环境中追求教育效果的长效性,在实践中也面临着不可避免的挑战。相比于依赖学校或非正式组织的单一船桨划起科教兴国的大船,更好的方式是二者各展其长,双桨协作共同推动科学教育的发展。这不仅需要学校教育系统提供更多的资源和指导,以便在相互尊重的氛围中促进非正式情境科学教育的提供者与学校之间的协作规划;同时也需要非正式情境下的科学教育与学校共享教育目标,以此展开拓展性活动。

就我国的目前情况来看,学校与非正式科学教育更多是以彼此独立的形态分别实施,并未建立起深度且富有成效的合作模式[39]。博物馆提供的科学教育项目在面向学生的科学展览活动中,由于缺乏贴近学生认知水平和情感发展特点的整体设计,很难达到预期效果;而学校教育系统一方面缺乏对非正式科学教育机构(如博物馆、科技馆等)的支持,其次则是轻视非正式科学教育机构(如博物馆、科技馆等)的教育潜力,更多将其视为一种无伤大雅的教育娱乐。探索如何基于共同的学习驱动因素有效整合正式与非正式环境下的科学教育,是培养我国学生综合科学素养的关键策略之一。显然,这种整合方式并不限于上文讨论的范畴。任何形式的融合都应考虑当前环境的具体要求与限制,并以此展开富有创造性的实践。

参考文献

[1] 郭华.新课改与"穿新鞋走老路"[J].课程·教材·教法,2010,30(1):3-11.

[2][31] 郑永和,周丹华,王晶莹.科学教育的本质内涵、核心问题与路径方法[J].中国远程教育,2023,43(09):1-9,27.

[3] 邵志芳,刘志,杨舒豫,等.开放能力:中国青少年社会与情感能力测评分报告之四[J].华东师范大学学报(教育科学版),2021,39(9):77-92.

[4] 郑永和,王晶莹,李西营,等.我国科技创新后备人才培养的理性审视[J].中国科学院院刊,2021,36(7):757-764.

[5] 中华人民共和国教育部.2020年国家义务教育质量监测——科学学习质量监测结果报告[EB/OL].(2021-11-29).http://www.moe.gov.cn/jyb_xwfb/gzdt_gzdt/s5987/202111/t20211129_583124.html.

[6] 田伟,辛涛,胡卫平.义务教育阶段的科学教育:关键问题与对策建议[J].北京师范大学学报(社会科学版),2021(3):82-91.

[7] 严晓梅,裴新宁,郑永和.我国科学教育发展问题的思考与建议[J].科学与社会,2018,8(3):13-21.

[8] 李刚,吕立杰.实现真正的STEM教育:来自科学实践哲学视角的理解[J].中国教育科学(中英文),2021,4(2):84-91.

[9][17] Feder M A, Shouse A W, Lewenstein B, Bell P. Learning Science in Informal Environments: People, Places, and Pursuits[M]. Washington D. C.: National Academies Press, 2009.

[10] European Commission. Science Education Now: A Renewed Pedagogy for the Future of Europe[R]. Brussels, Belgium: European Commission, Directorate-General for Research, 2007.

[11] Rodari P. Learning Science in Informal Environments: People, Places and Pursuits. A Review by the US Natonal Science Council[J]. Journal of Science Communicaton, 2009, 8(3): 73-88.

[12] Krishnamurthi A, Rennie L J. Informal Science Learning and Education: Definition and Goals[J]. Afterschool Alliance, 2013(9): 156-178.

[13] Martin L M. An Emerging Research Framework for Studying Informal Learning and Schools[J]. Science Education, 2014, 88(S1): S71-S82.

[14] Rennie L, Stocklmayer S M. The Communication of Science and Technology: Past,

Present and Future Agendas[J]. International Journal of Science Education, 2013, 25(6): 759 - 773.

[15] Merriam S, Caffarella R, Baumgartner L. Learning in Adulthood: A Comprehensive Guide [M]. New York: Wiley, 2007.

[16] Malcolm J, Hodkinson P, Colley H. The Interrelationships Between Informal and Formal Learning[J]. Journal of Workplace Learning, 2013, 15(7/8): 313 - 318.

[18] 吴镝, 谢颖. 我国博物馆儿童游戏化学习在教育中的应用现状研究——以省级博物馆为例[J]. 博物院, 2021(1): 132 - 136, 85.

[19] 刘玉花, 谌璐琳, 王恒, 等. 科技博物馆游戏力: 概念、特征与路径[J]. 东南文化, 2023 (3): 172 - 178.

[20] 李无言. 试析博物馆数字展示的儿童学习效果[J]. 故宫博物院院刊, 2024(2): 72 - 87, 151.

[21] 徐嘉, 刘宇. 科普视频信息传播效果的影响因素研究——以"二次元的中国科学院物理所"B站账号为例[J]. 图书馆杂志, 2023, 42(11): 108 - 116.

[22] 沈湫莎. 科普"下一站"靠什么火爆吸粉[N]. 文汇报, 2023 - 08 - 09(002).

[23] Schweingruber H A, Fenichel M. Surrounded by Science: Learning Science in Informal Environments[M]. New York: National Academies Press, 2010.

[24] Wu P H, Hwang G J, Yang M L, Chen C H. Impacts of Integrating the Repertory Grid Into an Augmented Reality-based Learning Design on Students' Learning Achievements, Cognitive Load and Degree of Satisfaction[J]. Interactive Learning Environments, 2018, 26 (2): 221 - 234.

[25] Ozdemir M, Sahin C, Arcagok S, Demir M K. The Effect of Augmented Reality Applications in the Learning Process: A Meta-analysis Study [J]. Eurasian Journal of Educational Research, 2018, 18(74): 165 - 186.

[26] Salmi H, Thuneberg H, Vainikainen M P. Making the Invisible Observable by Augmented Reality in Informal Science Education Context[J]. International Journal of Science Education, 2017, 7(3): 253 - 268.

[27] Greefrath G, Hertleif C, Siller H S. Mathematical Modelling With Digital Tools—A Quantitative Study on Mathematising With Dynamic Geometry Software[J]. ZDM, 2018(50): 233 - 244.

[28] Hills D, Thomas G. Digital Technology and Outdoor Experiential Learning[J]. Journal of Adventure Education and Outdoor Learning, 2020, 20(2): 155 - 169.

[29] Crowley K，Pierroux P，Knutson K. Informal Learning in Museums[A]. The Cambridge Handbook of the Learning Sciences[M]. Cambridge：Cambridge University Press，2014.

[30] Dillon J. Beyond Formal and Informal[A]. Intersections of Formal and Informal Science [M]. New York：Routledge，2016.

[32][33] Wong S L，Hodson D. From the Horse's Mouth：What Scientists Say About Scientific Investigation and Scientific Knowledge[J]. Science Education，2009(93)：109–130.

[34] Basu S J，Barton A C. Developing a Sustained Interest in Science Among Urban Minority Youth[J]. Journal of Research in Science Teaching，2017，44(3)：466–489.

[35] Tytler R，Mulligan J，Prain V，et al. An Interdisciplinary Approach to Primary School Mathematics and Science Learning[J]. International Journal of Science Education，2021，43 (12)：1926–1949.

[36] Lin H C K，Hsieh M C，Wang C H，et al. Establishment and Usability Evaluation of an Interactive AR Learning System on Conservation of Fish[J]. Turkish Online Journal of Educational Technology-TOJET，2021，10(4)：181–187.

[37] Ajanki A，Billinghurst M，Gamper H，et al. An Augmented Reality Interface to Contextual Information[J]. Virtual reality，2021(15)：161–173.

[38] Habig B，Gupta P. Authentic STEM Research，Practices of Science，and Interest Development in an Informal Science Education Program[J]. International Journal of STEM Education，2021(8)：1–18.

[39] 陈舒,裴新宁.正式与非正式科学教育组织的协作——美国K-12科学教育的经验与启示[J].全球教育展望,2016,45(1)：84–93.

作者简介

孙晓雪　广州大学教育学院师资博士后,研究方向为教育政策、基础教育

电子邮箱

sunxiaoxue_sxx@163.com

Part

2

科学教育的政策研究

新中国中小学科学教育政策：
历史演进、嬗变特征与未来展望[*]

杨宇轩　柳海民　姜　澄

摘　要：中小学科学教育既是我国基础教育的发展重点，也是夯实科教兴国的根基。新中国成立以来，我国中小学科学教育政策经历了创立与曲折发展时期、恢复与调整时期、全面改革时期、高速发展时期。中小学科学教育政策价值诉求呈现由提升生产力向促进学生发展转变，政策目标取向发生由促进知识增长向科学素养提质跃迁，政策内容实现从域外移植帮扶向中国化政策建设的进阶，政策执行路径达成从学校向校内外协同的拓展。未来我国中小学科学教育政策需贯彻政策标准构建高质量中小学科学教育路径、明确政策空间创设新时代三级科学课程体系、加强制度链接促进新时代双科教育有效协同。

关键词：科学教育；科普教育；政策变迁；科学教育政策

2023年2月，习近平总书记在中共中央政治局第三次集体学习时强调，要在教育"双减"中做好科学教育加法[1]，建设符合时代要求的科学教育体系成为当前我国义务教育发展的重要内容。中小学科学教育是扎实推进创新型人才培养，提高全民科学素养，实现中国式现代化的重要基础。新中国成立以来，我国中小学科学教育取得了显著进步，在学科体系建设、人才培养方式和校内校外协同育人等方面均实现历史突破。进入新时代，科学技术的发展更加依赖于基础教育制度的改革与创新，如何从政策制定层面保证中小学科学教育兼顾教育性与创造性、理论性与实践性的耦合统一，校内校外协同发力激发中小学科学教育办学活力，成为中小学科学教育政策规划重点。

现阶段，学界对我国科学教育政策时代特征、演进历程和基本逻辑给予了深入的分析探

＊　本文受北京师范大学中国基础教育质量监测协同创新中心研究生自主课题资助，课题名称为"新中国成立以来中小学科学教育政策演进研究"；本文系2024年国家社会科学基金重大项目"高质量教育体系的内涵、比较与建设路径研究"（项目编号：24&ZD177）的研究成果。

究。前序研究指出,加强中小学生的现代科学教育,是关系到国家科技发展、社会进步的根本问题[2],培养学生创新精神与实践能力是时代的基本诉求,因此,推动义务教育阶段科学教育的深层次变革需将学科育人制度设计作为基本保障[3]。从政策演进的历程来看,不同学者对其划分有着不同标准,如按照学校教育政策和非正式情境下的科学教育政策出现的频率、政策变迁、互动关系以及历次教育改革过程将科学教育划分为酝酿探索、整体推进和深化发展三个阶段[4];或按照历史制度主义研究范式结合关键点和不同时期政策特征将科学教育政策划分为萌芽发展、整体推进、创新探索以及全面深化四个阶段[5]。不同的划分方式揭示出我国中小学科学教育政策在正式化、制度化、专门化方面的积极探索,为未来研究奠定了坚实的基础。但与之相伴的是前序研究对非正式、补充性、特殊性的非学科式中小学科普教育政策关注不足。《中华人民共和国科学技术普及法》指出"科普是公益事业,是社会主义物质文明和精神文明建设的重要内容。发展科普事业是国家的长期任务",该法的颁布将"科普作为素质教育的重要内容"[6],给予科普教育和科学教育一样的重要地位。综合而言,中小学科学教育与科普教育存在明显的互补性和相互促进特性,尤其二者在教育的场域、内容、受众等方面表现出明显的互补特征,在教育的基础、方法、迁移方面表现出互为促进的功能。但前序尚未关注到科普教育在补充科学教育学科本位方面的重要作用,尚未将科普政策纳入研究范畴,未能全面勾勒中小学科学教育中正式与非正式相耦合的政策发展轨迹。

鉴于以上,本研究从新中国成立以来中小学科学教育政策和科普教育政策入手,补充相关研究中对科普教育关注不足的现实缺憾,剖析影响中小学科学教育发展的政策演进的历程,深入分析其政策嬗变特点,明确新时代中小学科学教育发展要求,进而推动中小学科学教育高质量发展,在助力中国式教育现代化建设方面具有重要价值。

一、新中国中小学科学教育政策的演进历程

新中国成立以来,党中央始终将促进科学技术发展放在国家发展核心战略地位,注重科学技术在推进社会民主建设、提升国家综合实力方面的重要作用,注重中小学科学教育在整个社会科学技术发展中的基础性地位。基于政策出现的时代背景、频率及对中小学和社会发展影响程度,我国中小学科学教育政策经历了创立与曲折发展时期、恢复与调整时期、全面改革时期、高速发展时期四个时期。

1. 以提高生产为核心的创立与曲折发展时期(1949—1976 年)

新中国成立初期,面对一穷二白、百废待兴的国家现状,中国共产党深刻认识到科学技术在提升国家实力方面的重要作用,强调科技事业在国家发展中的核心地位,要求通过科学

技术教育促进社会恢复和生产。然而,受制于知识的有限性和劳动力发展水平,该时期中小学科学教育发展较为缓慢,政策建设尚处于探索阶段。1949年9月,我国颁布了《中国人民政治协商会议共同纲领》,其中强调要"努力发展自然科学,以服务于工业农业和国防的建设"[7],从根本上奠定了我国科学与生产实践相结合,为国家培养大批拥有技术人才的总体基调。次年,全国学联扩大执委会文件《改革旧教育,建设新教育》中指出,"实行教育与生产结合,在各级学校加强科学技术教育"[8]。正式将科学与技术纳入各级学校教育内容之中,意味着我国科学教育完成了"由旧换新"的历史转变。为保证我国中小学科学教育事业的顺利发展,明确科学教育在基础教育阶段关键性作用,教育部开始着手研制中小学教学计划并陆续颁布了《中学暂行教学计划(草案)》与《"四二"旧制小学暂行教学计划》,正式将植物、动物等课程纳入中学教学,将自然课程纳入到高小阶段。1956年,国务院颁布《1956—1967年科学技术发展远景规划纲要(修正草案)》后,全国各级各类学校迅速响应,掀起了向现代科学进军的热潮。1963年3月,中共中央颁发《全日制小学暂行工作条例(草案)》,其中要求对全国小学实施包括"爱科学"在内的"五爱教育",强调在小学阶段培养科学态度的重要性。此后不久,我国中小学科学教育一度停滞。总体而言,这一时期中小学科学教育强调科学态度培育和科学常识理解,课程安排、教学计划等均在不断调整完善,政策建设尚处于起步阶段。

2. 以培养现代化人才为核心的恢复与调整时期(1977—2000年)

进入改革开放之后,国家将中小学科学教育与国家发展和国际竞争相联系,深度发挥基础教育在人才培养、科技创新方面的奠基性作用。在此背景下,我国中小学科学教育进入大规模恢复与调整时期,科学教育逐渐走向制度化与规范化。1978年3月,全国科学大会于北京召开,会上审议通过《1978—1985年全国科学技术发展规划纲要(草案)》,该纲要的发布提高了中小学科学教育在实现四个现代化进程中的重要地位。该纲要促成了当年各级各类学校的对照整改行动,保障了中小学科学教育课程独立性,将中小学科学教育责任扩大到社会层面,明确了社会在中小学科学教育中的重要作用,鼓励社会、学会与中小学协同,共同促进我国中小学科学教育发展,可谓是"科学的春天到来了,科学教育的春天也到来了"[9]。我国第一轮基础教育阶段科学教育改革也随即开展。此后,我国中小学科学教育突破了校园边界,促进正式科学教育与非正式科普教育相互耦合,深度激发青少年对科学技术的热情。1982年至1997年,我国陆续颁布《中华人民共和国国民经济和社会发展第六个五年计划(1981—1985)》《中国教育改革和发展纲要》《中共中央、国务院关于加速科学技术进步的决定》等一系列重要文件,确立了"科教兴国"战略,进一步明确中小学科学教育在全民科学文化水平提升方面的基础性作用,强调当前国际社会的竞争是科学技术竞争和民族素质竞争,基础教育要全面提高学生科学文化素质,要更好地发展科学教育事业。1986年,我国开启了课程计划制定与标准修订的第七次课改。此次课改以课程改革替换教学改革概念,强调课程的独立性地位,注重课程的一致性与连贯性。小学自然课程在原有的"加强小学自然科学常识教育,培养少年儿童从小爱科学、学科学、用科学的志趣"[10]基础上,增加"培养初步观察、动手能力,使学生受到爱家乡、爱祖国、爱大自然和相信科学、破除迷信的教育"[11]的新要求,进一步完善了中小学科学课程结构,激发了学生学习兴趣。2000 年,由教育部组织高等学校专家编写的《青少年科学教育丛书》正式发布,我国第一套国家统筹出版的中小学生科学教育读物正式问世。这一时期,中小学科学教育政策进一步细化,突出基础教育在培养现代化人才进程中的奠基性作用,有力促进了中小学科学教育全面发展。

3. 以提高全民科学素质为核心的全面改革时期(2001—2012 年)

进入新世纪,我国经济、政治、文化等各项事业取得快速发展,人民对物质文明和精神文明的需求日益凸显,社会科学氛围明显提升,倡导科学方法、传播科学思想、弘扬科学精神成为社会科学教育主流取向,国家和人民对中小学科学教育形式、课程、教师均提出了新的要求,更为灵活开放的科普教育得到长足发展,有效补充了校内科学教育灵活度不足、形式单一的短板,中小学科学教育转入全面改革时期。2001 年 6 月,教育部发布《基础教育课程改革纲要(试行)》,强调要"改变课程结构过于强调学科本位、科目过多和缺乏整合的现状"[12],要求取消小学低年段自然科学课程,在小学中高年段单独设置科学课程,初中设置科学(或物理、化学、生物)课程。该课程改革方案强调学习的阶段性特征,凸显科学知识之间的相关性和综合性,将相似学科予以合并,保证了知识的连贯性。2001 年 11 月,教育部印发《义务教育课程设置实验方案》,该文件再次强化了综合性课程改革取向[13],增加了九学年科学课时。除科学课程改革外,以有效利用社会科普资源,多形式、多层次、多渠道地开展科普宣传教育,推进科普工作社会化、群众化、经常化,提高公众科学文化素质,提高全民科学素质的科普教育成为中小学科学教育的有力补充。2002 年 6 月,《中华人民共和国科学技术普及法》的颁布,进一步明确学校科学教育形式,鼓励将"科普作为素质教育的重要内容……组织师生开展多种形式的科普活动"[14];鼓励"科技馆(站)、科技活动中心和其他科普教育基地……组织开展青少年校外科普教育活动"[15]。该法案改变了传统科学教育只注重中小学课堂知识传递的误区,将科普责任扩大至学校之外,要求相关机构明确职责,构建了一体化科普行动指南,以更开放灵活的科学技术普及来统领整个社会科学教育事业。2003 年 12 月 26 日,国务院印发《关于进一步加强人才工作的决定》,提出"优先发展科学教育事业,努力把人口压力转变为人力资源优势"[16]。2006 年 2 月起,国务院发布了《全民科学素质行动计划纲要(2006—2010—2020 年)》《中共中央、国务院关于加强科学技术普及工作的若干意见》等一系列政策文件,深度推进科普事业在全社会的铺开,强化科普在中小学教育中的基础性作用,强调科技普及在推进我国科教兴国战略、可持续发展战略中的重要地位。随着科普事业的全面实行,科普人才数量不足、科普从业者专业技能欠佳等一系列问题严重影响中小学科教事业发展。鉴于此,中国科协、教育部等相继印发《国家中长期科技人才发展规划(2010—2020年)》《教育部关于大力加强中小学教师培训工作的意见》等文件,对科普人才和科学教师的培养问题提出了新要求。总之,这一时期我国中小学科学教育和科普教育取得长足进步,科学教育与科普教育相辅相成,中小学科学教育的有效性和社会参与度明显提升。但同时,我国还面临着科学专任教师和科普教师数量不足、质量不高、作用发挥有限的现实困境,扩大科学教师和科普教师培养规模,全面提高学生科学素质是该阶段中小学科学教育的发展趋势之一。

4. 以优质均衡为核心的高速发展时期(2012年至今)

党的十八大以来,我国进入新的发展阶段,社会各项事业转入高质量建设时期,人民对优质教育的需要日益强烈。在达成"两基"目标之后,我国又实现了基础教育基本均衡的重大历史成就,教育随即转入高质量发展阶段,优质均衡成为近期我国义务教育发展重点,中小学科学教育也转入"扩优提质"的高速发展期。"优质均衡"是一种整体性的教育高质量发展状态和结构上的优化与升级[17],该概念提出了一个贯穿区域、校际和群体之间的宏观发展理念,建立了个体全面发展、学校优质行动和教育整体协同相耦合的发展目标,将学科扩容、课程优化、教学提质等要素同样纳入其中。在基本均衡阶段,中小学科学教育改革重点是推进科学教育科学化、均衡化和系统化发展。2012年6月,教育部颁发《国家教育事业发展第十二个五年规划》,正式将科学性思维纳入中小学生科学素养内涵之中,扩充了中小学科学素养要素,强化课程教材与社会发展、科技进步和学生经验的联系,细化了中小学科学素养培养过程[18]。2016年2月,国务院办公厅印发《全民科学素质行动计划纲要实施方案(2016—2020年)》,其中提出"基于学生发展核心素养框架,完善中小学科学课程体系,研究提出中小学科学学科素养"[19]新要求,并指出义务教育阶段需"重视信息技术的普及应用,加快推进教育信息化,继续加大优质教育资源开发和应用力度",这也是党的十八大以来正式以国家文件的形式将科学素养纳入教育研究之中。该文件的颁布直接促成了后续一系列中小学科学教育教学改革。2017年2月,《义务教育小学科学课程标准》指出,小学科学课程是一门基础性、实践性和综合性课程[20],科学素养是指了解必要的科学技术知识及其对社会与个人的影响,知道基本的科学方法,认识科学本质,树立科学思想,崇尚科学精神,并具备一定的运用它们处理实际问题、参与公共事务的能力[21]。2018年,全国义务教育均衡发展督导评估认定全国有2 717个县实现义务教育基本均衡发展[22],义务教育事业转入优质均衡发展阶段,科学教育也随即转入高质量发展时期。2021年6月,国务院印发《全民科学素质行动规划纲要（2021—2035 年）》指出新时代要"以提高全民科学素质服务高质量发展为目标"，要"满足全社会对高质量科普的需求"[23]，该文件以顶层设计的形式指出未来十五年我国全民科学素质提升的基本要求，为后续科普及科学教育政策创新指明方向。同年，中共中央办公厅、国务院办公厅印发《关于进一步减轻义务教育阶段学生作业负担和校外培训负担的意见》，强调义务教育阶段扩优提质的关键目标[24]。2022 年 9 月，中共中央办公厅、国务院办公厅印发《关于新时代进一步加强科学技术普及工作的意见》，从全局性角度指出我国科普教育现实短板，强调制度化建设、科普人才培养等环节在科普中的重要作用[25]。2023 年 5 月，教育部等十八部门联合印发《关于加强新时代中小学科学教育工作的意见》，从课程、教材、教学、教师队伍建设、条件保障、监管等方面强化顶层设计，全面部署新时代中小学科学教育。2023 年 7 月，教育部印发《关于实施国家优秀中小学教师培养计划的意见》，强调通过自主培养或与师范院校联合培养的方式选拔优秀非教育类学生攻读含有教育学类课程的硕士研究生学位，进一步提高教师科学素养和专业精神。综合来看，这一时期中小学科学教育呈现出更加开放、系统、整体和灵活的特点，吸引了更多专业学者和科学家参与到中小学科学教育建设之中，有效促进了科学教育朝着高质量不断发展。

二、新中国中小学科学教育政策嬗变特征

新中国成立以来，我国中小学科学教育实现由曲折创立走向高质量发展的历史性变革，形成了科教科普相结合的一体式教育体系，校内校外相协调的整体性教育形态。总体来看，我国中小学科学教育政策在价值、目标、内容、执行路径四方面呈现出稳定特点。

1. 政策价值诉求：由提升生产力向促进学生发展转变

新中国成立以来，党中央始终将科学教育，尤其是中小学阶段科学教育摆在教育发展重要地位，将"爱科学、崇尚科学"作为中小学生发展的关键素质，将科学教育看作国家和社会发展的必要基础。新中国成立初期，我国社会发展首要问题是人民受教育程度不高、封建迷信现象屡禁不止，社会生产力低下。为有效提升人民受教育水平，破除封建迷信思想，提升科学技术对社会生产力提升的促进作用，党和国家制定了"向现代科学进军，迅速地提高我国的科学文化水平"[26]和"科学与技术相结合"的决定。改革开放以后，我国社会面临着科学人才数量和质量不能满足国家发展需要的现实困境，制定了《中国教育改革和发展纲要》等一系列政策文件，提出"科教兴国"这一伟大战略目标。党的十九大报告指出，新时代我国社会主要矛盾发生根本性转变，人民和国家对科技发展的需要从数量上的扩张转向了质量上的寻优，中小学科学教育也相应转入高质量发展阶段，政策强调科学教师培养、课程模式变

革、制度体制改革、学生核心素养培育等关键环节,政策价值实现由社会发展向个体成长的深度转变。政策转向深刻揭示出中小学科学教育在我国教育事业发展中的基础性地位,充分表明了中小学科学教育政策演进与社会发展同频共振的基本特点,满足人民和社会需要的基本诉求。

2. 政策目标取向:由促进知识增长转向科学素养提质跃迁

我国中小学科学教育经过七十余年的发展,实现了由促进知识增长向实现科学素养提质的深刻转变。新中国成立初期,中小学科学教育旨在培育中小学生科学意识,促进中小学生掌握生活所必需的技术常识和生产知识。这一时期中小学科学教育政策的制定,既钳制于国家科学技术发展水平,又受制于当时教育研究水平,造成中小学科学教育政策走向短平快的效率至上模式,引发这一时期学生对科学知识理解不足、科学观念松散等一系列问题。我国中小学科学教育政策由知识取向逐步转向科学素养提升。其中最为典型的便是2002年《中华人民共和国科学技术普及法》将科普作为素质教育内容之一;2016年《中国学生发展核心素养》又将科学精神纳入我国核心素养培育框架之中。2021年6月,《全民科学素质行动规划纲要(2021—2035年)》印发,我国科学教育政策又实现了从科学素养培育到科学素养提质的跨越。新时代,高质量的科学教育要求促进科普方式和科学教育的深度变革,充分满足当前学生对新知识、新技能和新方法的需要,充分激发学生自主创新意识,助力他们树立正确的科学观和科学态度。政策层面也对新时代科普及中小学科学教育变革提出了新要求,"注重将知识学习与实践相结合,强化做中学、用中学、创中学,统筹普及与提高、选拔与培养,重视年级学段有机衔接、相关学科横向配合,鼓励高校和科研院所主动对接引领中小学科学教育,推动'请进来''走出去'有效联动"[27]。我国中小学科学教育政策应时而动,促成由知识常识的快速增长到科学素养系统培育再到科学素质全面提升的跨越性转换,强调了科学素质在中小学生成长过程中的基础性和系统性特征。

3. 政策内容建设:从域外移植帮扶向中国式话语建立进阶

新中国成立之初,我国在苏联的帮扶下模仿苏联科学教育体制初步建立起中小学科学教育体系,到1978年第一轮课程改革实施,我国依循"域外参照"的思路广泛吸收世界各国科学教育经验,促进我国自然科学课程的现代化建设[28],但随即在课程连贯性、课程难度等方面暴露出一系列问题。而后,苏联解体等国际事件让国人意识到扎根中国本土办教育的重要性。新世纪初期,我国成立"小学科学教育专业委员会"并在2009年组建"中国教育学会科学教育分会",旨在立足我国本土深入探究中小学科学教育的中国化表达。时至今日,我国已经初步探索形成符合中国现实发展的中小学科学教育政策内容体系,创立了由科学素养培育到科学素质提升的全过程科学教育贯通培养系统。在原有中小学教育政策基础上,强调幼小科学衔接,社会贯通培养。科学教育不再局限于基础教育和高等教育阶段,而是将学前教育、成人教育、社会教育以及各类非正式教育形式纳入科学素质提升计划之中,以中小学科学教育为根本促进各级科学教育事业全面发展。进言之,中国式现代化中小学科学教育政策实现了科学素质内涵化、教育阶段终身化、教育形式多样化以及中国式理论探究与本地实践经验结合的时代转换,充分保证了中小学科学教育在各级各类教育中的基础性和本土性特征,摆脱了照搬西方做法的惯性思维,建立起中国式科学教育体系,向世界传播了中国的教育声音,走出了一条适合中国国情的教育现代化之路[29]。

4. 政策执行路径:由学校主阵地向校内外协同拓展

非正式的科普教育在新中国成立之初便广泛存在,但是由于缺少衔接性政策支持和法律规范,其始终处在中小学科学教育边缘地带,难以与学校形成合力。改革开放之后,人民对基础性科学知识需要日益迫切、中小学科学教育形式扩展的必要性日益凸显,国家意识到非正式科普教育在培育民众科学素养、协助学校科学教育方面的重要作用。随即,国务院等出台《中华人民共和国科学技术普及法》等一系列法规政策以规范非正式科学教育活动。事实证明,制度化的科普教育有效弥补了中小学科学教育短板,政策的深度支持促进了科普教育形成多样化、系统性校外科学教育补充模式。21世纪以来,正式的中小学科学教育与非正式科普教育二者达成制度化合作,通过建立科学家有效参与基础教育机制,充分利用校外科技资源加强科学教育[30]方式进一步释放社会教育活力;通过推进信息技术与科学教育深度融合,推行场景式、体验式、沉浸式学习[31],建构起校内校外、课内课外协同育人新格局。科普教育以"发挥学校与科研院所优势,加大资源供给"形式共同构筑我国科学科普教育双循环。新时代,中小学科学教育从制度建设的角度为两类教育探寻了新的发展契机,从政策层面极大地促进了中小学科学教育发展,实现了科学教育与科普教育协同育人的新模式。综合而言,中小学科学教育政策经过七十余年的发展,探索开创了新的政策实施模式,开辟出正式科学教育与非正式科普教育协同育人新模式,强化了社会教育场域在中小学生科学素质提升方面不可推卸的责任,构筑起多元参与、多主体协同、形式多样的中小学科学教育体系,在贯彻国家政策同时,充分考虑学生成长需要和现实条件,因地制宜地探索出合乎国情的科学教育政策实施路径。

三、新时代中小学科学教育政策的未来发展

七十余年沐雨栉风,我国中小学科学教育立足国家现实需求,紧跟国家发展路向,实现

了政策取向转变、话语更新与路径创新。但有所不足的是,我国中小学科学教育尚未建立起系统化科学教育政策群,政策性质定位广泛,描述、诊断等性质相对欠缺[32],尤其是在政策落实、保障以及灵活度方面稍显错位,科学教育与科普教育尚未形成高效协同的双循环政策链条,中小学科学教育政策有待进一步优化提质。未来,中小学科学教育政策还需在不断发挥自身制度性建设优势基础上,继续指引新时代中小学科学教育发展路向,尤其是要通过政策的制度化建设发挥"教育、科技、人才"在全面建设社会主义现代化国家方面的基础性、战略性支撑作用,丰富新时代科学教育政策话语,促进新时代双科教育有效衔接。

1. 加强制度创新,着力建构新时代中国式现代化科学教育政策群

新时代中小学科学教育政策需扎根中国现实,创设中国话语,探讨中国问题,研究中国路径,要贯彻让科学知识有温度,让科学知识有力度,让科学智慧有深度,让科学信念有高度,让科学教育有长度的科学教育新理念[33]。因此,我国中小学科学教育政策需加强制度创新,着力建设兼具中国特色与世界眼光的科学教育政策群,持续推进中小学科学教育在先进政策指导下持续发展。其一,加强中小学科学教育顶层设计。顶层设计以更高的眼光和全面的视野对我国中小学科学教育做出宏观性发展规划,对有效开展中小学科学教育、提升中小学科学教育质量有明显促进作用。党的二十大报告指出"教育、科技、人才是全面建设社会主义现代化国家的基础性、战略性支撑。必须坚持科技是第一生产力、人才是第一资源、创新是第一动力,深入实施科教兴国战略、人才强国战略、创新驱动发展战略,开辟发展新领域新赛道,不断塑造发展新动能新优势"[34]。长期以来,我国科学教育是基于学科的,关注对内容知识的教授,较少考虑世界之本源,也更为忽略科学教育中的人文成分,甚至把人文价值与科学价值相分离,这种模式成了教育创新的严重桎梏[35]。因此,从国家政策层面坚持立德树人基本取向,打破中小学科学教育以理论知识学习为核心的学习偏向,制定适应各学段科学教育指导方案,以政策规范教育、以政策扭转导向,实现从动手实验到自主探究合作学习,再到科学意识养成和系统科学观念建立的完整闭环,促成"教育—科技—人才"贯通协调,以科学教育政策建设服务国家战略需求,以政策优化擘画人才培养新布局。其二,加强中小学科学教育监管政策设计。教育监管是杜绝"决策删减—执行协商"和"无条件下沉"[36]的关键手段,同时也是教育质量提升的必要保障手段,只有建构起必要的教育监管政策,才能保证中小学科学教育高质量发展。现阶段,我国科学教育缺乏必要的监管体系,同质化的校外科学辅导、无序化的各类科学竞赛极大增加了学生和家庭负担,消耗了学生学习科学的热情。因而,新时代科学教育政策要严格执行国家"双减"政策要求,强化校外市场监督管理体系,规范各类科学竞赛,在保证不增加学生负担的基础上不断提质扩容,尽可能激发学生科学兴趣和探究能力,促进学生科学素养提升。

2. 贯彻政策标准，构建高质量中小学科学教育发展路径

中小学科学教育政策制定初衷是提高全国中小学生科学素质，培育具备科学潜质、愿意献身科学研究事业的青少年群体[37]。中小学科学教育发展要紧扣国家对人才培养新要求，明确新时代科学发展新路向，着力提升中小学科学教育质量，推进中小学科学教育制度化建设进程。当前，我国各级各类教育都在加快实现高质量发展历史目标，科学教育更应该立足时代发展现实需要，以构建高质量科学教育体系为核心，深度推进中小学科学教育高质量发展。高质量科学教育体系应秉持新时代科学教育观念，遵循人才成长规律和教育教学规律，坚持系统观念指导下的顶层设计，并在开放交流中保持动态迭代[38]。第一，学校明晰科学教育发展方向，创设系统、科学的教育通路。教育政策是我国各级各类学校开展教育活动的指挥棒，它为学校办学、人才培养、制度建设指明了方向。新时代，我国中小学校需进一步明确国家教育政策和方针，进一步创设系统、科学的学生培养路径，通过多样化教学形式，课内课外、校内校外一体化衔接模式，强化科学教育效果，促进学生科学态度、知识和技能发展。大力推进各类教育实践改进项目和教育实验，建立科学教育实践案例库，为更多薄弱学校发展提供实践指导和理论支持。目前国内外已在科学教育培养路径方面积累了大量实践经验，如我国东北师范大学附属小学所倡导的"有过程的思维呈现"教学方式[39]、国外"复杂性归纳"科学教育法[40]等不失为优秀参考。第二，加强科学教育资源供给，推动科学教育高质量发展。科学教育高质量发展离不开国家宏观资源供给，资源供给的饱和度、适配度以及灵活性均会影响中小学科学教育质量提升。现阶段我国教育资源供给仍旧存在适配度不高、资源配置不均衡等现实困境，如何有效破解这些困境则需要从制度建设的角度持续发力，不断发挥国家宏观政策调控的全局性作用，促进地区间、校际间资源优质均衡，促进中小学科学教育进一步朝着高质量发展。综合来看，中小学科学教育高质量发展所需基本资源有三：一是保证中小学有足够数量的实验室和实验仪器；二是保证中小学有一支结构完备的科学教师队伍；三是保证中小学有足够的科学教育课时。第三，落实国家义务教育优质均衡评价标准，压实中小学科学教育各方责任，进一步激发学校办学活力，推动中小学科学教育高质量发展。《县域义务教育优质均衡发展督导评估办法》对当前阶段中小学的生均教学仪器设备值、师生比等内容作出了底线式要求。底线式政策通过划定阶段性目标的方式，实现"国家—政府—学校"职责有效分配，利于进一步落实、压实各方主体责任，强化各方工作边界，有效破解当前中小学科学教育管理权责模糊、边缘化问题，利于中小学科学教育快速转向高质量发展阶段。

3. 明确政策空间，创设新时代三级科学课程体系

高质量的中小学科学教育依赖于系统性、一体化的科学教育课程建构，《关于加强新时代中小学科学教育工作的意见》指出要"健全课程教材体系，完善科学教育标准"[41]。当前我

国中小学科学教育课程与政策要求仍旧存在一定差距,主要表现为课程缺乏系统性、整体性和连贯性,课程对生本课堂要求回应不足等方面。因此,在现有政策框架下深入推进中小学科学课程变革可以沿着以下两条路径展开。其一,建构"国家—地方—学校"三级课程体系,促进知识和学段有效衔接。系统性是中小学科学课程的首要特征,其具体表现为知识的系统性和相似学科的融通性。当前,中小学尚未建立起"国家—地方—学校"相协调的科学教育课程体系,各地科学课程实施情况存在差异,地方课程、校本课程发展不均衡、不充分。同时,初中阶段科学课程系统性表现不足,学科间融通性较差,分科教学模式盛行。新时代科学教育发展,必须立足当前社会发展需要,以政策促进科学课程系统性变革,建立"国家—地方—学校"三级贯通性科学课程体系,保障科学教育课程不窄化、不压缩,促进中小学段科学知识连贯性,通过教育培养具有系统性思维和综合性思维人才。其二,创建生本科学教育课程,激发学生科学探索兴趣、培养创新实践能力。科学教育不仅要营造积极向上、崇尚科学的良好社会氛围,也要着力培养具有科学家潜质的学生献身我国科学事业发展。因此,学校要努力建构起以生本为导向的科学教育课程,强化科学伦理、科学哲学等课程的价值引领作用,重视实验教学、合作教学和自主探究在学生科学教育过程中的关键作用。质言之,中小学科学教育课程要实现"一切知识、一切资源、一切方式,都要围绕学生重组"[42]的基本目标,建立满足学生个性化需要,充分激发学生科学探索热情,保护学生科学研究兴趣,培养正确科学观、科技观的以学生需求为导向的科学课程群。

4. 加强政策衔接,促进新时代双科教育有效协同

随着我国经济社会进一步发展,科技场馆、科研院所及高校对社会开放已成为国家政策新的关注点。如何促进社会性科普资源与中小学科学教育需要的有效协同,明确各方教育职责,打通"社会—学校"协同育人成为我国"双科教育"的制度性问题。第一,加强制度监管,明确科普教育与科学教育责任边界。弱的制度边界极易导致权利的泛化与责任推诿,新时代促进社会科普与学校科学教育协同育人的前提性要求是加强制度监管,明确各方主体责任。从教育发生场域来看,学校是学生接受科学教育的主阵地,是学生培养创新意识、科学思维和科研能力的重要场所,是有组织、有目的地对学生施以系统性科学教育的组织,学校承担着不可推卸的科学教育主责任。社会则需充分发挥自身资源种类多样、资源调度灵活和资源质量优质的特点,参与学校科学教育活动,为学校科学教育提供更多的人力物力,协助学校共同推进科学教育和科普教育双驱动。第二,促进制度创新,保证科普教育与科学教育的有效衔接。我国《关于加强新时代中小学科学教育工作的意见》指出,中小学科学教育重在融合和内外联动[43]。但当前我国科普教育与中小学科学教育尚未建立起制度化合作标准,彼此存在内容上的重叠和理念上的分歧。新时代中小学科学教育要注重校内外协同的制度化创新,搭建宏观制度化合作平台,分学段探索校内校外协同育人路径,促进大学与中小学科研联动,实现教学内容等方面的深度合作;促进社会组织与中小学深度交流,保证组织间的资源互通互惠,共同实现中小学生科学素质提升,共同营造积极向上、崇尚科学的社会氛围。同时,社会与学校合作也要强调家庭的教育责任。美国在深度推进中小学科学教育过程中,构建了"城市优势"的"家庭—学校—社会"协同育人模式,印发科学教育家庭指导手册,以高质量的科学传播产品为中介承载科学教育的社会责任[44]。因此,通过多渠道培训和政策筹谋的方式规划家庭中的科学教育,将家庭纳入双科教育发展之中,保证"学校—家庭—社会"三方联动,共同促进新时代中小学科学教育发展是中小学科学教育高质量发展的必要方向。第三,压实政策执行标准,巩固"双减"政策执行成效。新时代,双科教育政策要直面"双减"政策现实需要,促进政策协同,在减法中实现双科教育的提质增效,在不断减轻学生学业压力的同时,通过多种形式促进学生创新意识和科学素养提升,实现"减中有增,减中提质"的集中突破。因此,应当从政策层面压实各方主体责任,落实各方关键任务,保证政策在促进科学教育发展阶段的关键性作用,构筑"双减"政策背景下中小学阶段科学教育政策体系,实现中小学科学教育高质量发展。

参考文献

[1] 新华社.习近平在中共中央政治局第三次集体学习时强调　切实加强基础研究　夯实科技自立自强根基[EB/OL].(2023-02-22)[2024-04-24]. https://baijiahao.baidu.com/s?id=1758504078436065259&wfr=spider&for=pc.

[2] 裴娣娜.我国学校科学教育的政策与改革思路[J].课程·教材·教法,2003,(7):3-8.

[3] 田伟,辛涛,胡卫平.义务教育阶段的科学教育:关键问题与对策建议[J].北京师范大学学报(社会科学版),2021,(3):82-91.

[4] 崔明明,郝富军.教育、科技、人才工作一体化背景下我国科学教育政策演进逻辑与调适路径研究[J].国家教育行政学院学报,2023,(6):88-95.

[5] 张黎,赵磊磊.我国科学教育政策的历史演进、变迁逻辑与未来展望[J].教育学术月刊,2023,(11):88-95,112.

[6][14][15] 全国人民代表大会常务委员会.中华人民共和国科学技术普及法[EB/OL].(2022-06-29)[2023-05-26]. https://flk.npc.gov.cn/detail2.html?MmM5MDlmZGQ2NzhiZjE3OTAxNjc4YmY2MTQ5MTAyYTM.

[7][8][26] 中央教育科学研究所编.中华人民共和国教育大事记1949—1982[M].北京:教育科学出版社,1983:3,14,155.

[9][28] 罗晖,王康友.中国科学教育发展报告 2015[M].北京：社会科学文献出版社，2015：19.

[10][11] 何东昌.中华人民共和国重要教育文献[M].海口：海南出版社,1998：1916,3363.

[12][13] 教育部基础教育司.新编基础教育文件汇编[M].北京：北方交通大学出版社，2003：286,314.

[16] 中共中央、国务院关于进一步加强人才工作的决定[N].人民日报,2004－01－01(1).

[17] 柳海民,满莹.优质均衡：义务教育走向中国式现代化的现实理路[J].教育研究,2024，45(2)：67－78.

[18] 教育部.教育部关于印发《国家教育事业发展第十二个五年规划》的通知[J].中华人民共和国国务院公报,2012,No.1423(28)：24－57.

[19] 国务院办公厅.国务院办公厅关于印发全民科学素质行动计划纲要实施方案(2016—2020 年)的通知[J].中华人民共和国国务院公报,2016,No.1548(9)：20－32.

[20][21] 教育部.教育部关于印发《义务教育小学课程标准》的通知[EB/OL].(2017－02－06)[2023－05－27].http：//www.moe.gov.cn/srcsite/A26/s8001/201702/t20170215_296305.html.

[22] 教育部.介绍 2018 年全国义务教育均衡发展督导评估有关情况[EB/OL].(2019－03－26)[2023－08－25].http：//www.moe.gov.cn/fbh/live/2019/50415/.

[23][31] 国务院.国务院关于印发全民科学素质行动规划纲要(2021－2035 年)的通知[J].中华人民共和国国务院公报,2021,(19)：12－20.

[24] 新华社.习近平主持中共中央政治局第三次集体学习并发表重要讲话[EB/OL].(2023－02－22)[2023－09－18].https：//www.gov.cn/xinwen/2023－02/22/content_5742718.htm.

[25][30] 新华社.中共中央办公厅 国务院办公厅印发《关于新时代进一步加强科学技术普及工作的意见》[J].中华人民共和国国务院公报,2022,No.1781(26)：20－23.

[27][41][43] 教育部等.教育部等十八部门关于加强新时代中小学科学教育工作的意见[EB/OL].(2023－05－17)[2023－05－30].http：//www.gov.cn/zhengce/zhengceku/202305/content.6883615.htm.

[29] 李先军.论中国式教育现代化话语体系构建[J].南京师大学报(社会科学版),2023,(4)：26－37.

[32] 李刚,吕立杰,王莹聪."十四五"期间我国中小学科学教育政策量化评价研究——基于PMC 指数模型的分析[J].东北师大学报(哲学社会科学版),2024,(4)：59－72.

[33] 朱永新,王伟群.新科学教育：从思想到行动[J].教育研究,2019,40(2)：153－159.

[34] 习近平.高举中国特色社会主义伟大旗帜　为全面建设社会主义现代化国家而团结奋斗——在中国共产党第二十次全国代表大会上的报告[J].中华人民共和国国务院公报,2022,(30):4-27.

[35] 裴新宁.重新思考科学教育的若干概念与实施途径[J].中国教育学刊,2022(10):19-24.

[36] 李慧龙,尉馨元.政策势差:基层政策执行难的一个分析视角——基于A区学位分配争议的考察[J].东北大学学报(社会科学版),2022,24(4):64-71.

[37] 教育部.中小学生科学素质提升有了行动指南[EB/OL].(2023-05-30)[2023-06-01].http://www.moe.gov.cn/jyb_xwfb/s5147/202305/t20230530_1061939.html.

[38] 郑永和,杨宣洋,袁正,等.高质量科学教育体系:内涵和框架[J].中国教育学刊,2022(10):12-18.

[39] 张敬威,苏慧丽,信海凤,等.小学科学教育中实施"有过程的思维呈现"教学研究[J].现代教育管理,2019,No.355(10):107-112.

[40] Noaparast, K B, Niknam, Z, et al. The Sophisticated Inductive Approach and Science Education[A].//Ongen D E, Hursen C. Procedia-Social and Behavioral Sciences[C]. Antalya:2nd World Conference on Psychology, Counselling and Guidance, 2011:1365-1369.

[42] 本刊编辑部.生本教育:课程与教学再造[J].人民教育,2015,No.714(4):20.

[44] 王素,张永军,方勇,等.科学教育:大国博弈的前沿阵地——国际科学教育战略与发展路径研究[J].中国教育学刊,2022(10):25-31.

作者简介

杨宇轩　东北师范大学教育学部博士研究生,研究方向为教育基本理论

柳海民(通信作者)　东北师范大学教育学部教授,原东北师范大学副校长,教育学博士,研究方向为教育基本理论

姜澄　中共浙江省委党校马克思主义研究院讲师,研究方向为中国教育史

电子邮箱

yangyx710@nenu.edu.cn

高素质专业化小学科学教师队伍建设的
政策分析与推进策略[*]

——基于 WPR 方法的政策文本分析

王俊民

摘　要：建设高素质专业化小学科学教师队伍是加强新时代中小学科学教育工作的重要内容。本研究基于卡罗尔·巴奇提出的"问题表征为什么"（WPR）政策分析方法，对我国专业化小学科学教师队伍建设的相关政策进行分析，研究发现：在我国小学学科分工教学传统和小学科学教师专业化培养的观念影响下，政策试图通过"专业化"思路解决小学教师科学教学水平低的问题，可能进一步强化小学学科分工教学，导致全科教师的身份迷失，引发学术界对小学教师培养主导话语的争夺以及高校小学教育与科学教育专业的不良竞争。建议我国小学"科学课"教师队伍建设立足城乡差异和文化传统，采取分类发展的思路，统筹专业与全科培养、专职与全科岗位，完善教师管理体系，探索具有中国特色"全专结合"的小学科学教师教育体系。

关键词：专业化；小学科学教师；科学教育；问题表征；全科教师

　　强国必先强教，强教必先强师。2022 年 5 月，教育部办公厅发布《关于加强小学科学教师培养的通知》（以下简称《通知》），要求建强一批培养小学科学教师的师范类专业，从源头上加强本科及以上层次高素质专业化小学科学教师供给。2023 年 5 月，教育部等十八部门联合发布《关于加强新时代中小学科学教育工作的意见》（以下简称《意见》），要求"落实小学科学教师岗位编制，加强中小学实验员、各级教研部门科学教研员配备"。以上政策文件表明，建设高素质专业化小学科学教师队伍是加强新时代中小学科学教育工作的重要内容。

---

*　本文系重庆市教育委员会人文社会科学研究项目"重庆中小学科学教育高质量发展的社会参与体系建设研究"（24SKGH073）和教育部首批新文科研究与改革实践项目"融合 STEM 教育理念的科学教育本科专业课程体系及教材建设研究与实践（项目编号：2021070064）"的阶段性研究成果。

所谓高素质,指教师的整体精神风貌、专业能力、学历水平处于较高水平[1];所谓专业化,指教师经过专业训练并在小学专门从事科学教学工作。放眼全球,高素质一直是教师队伍建设追求的目标,但小学科学教师队伍专业化在国际上并不多见。在国外,小学教师基本都是全科培养、综合教学[2][3]。在我国,很多学者也主张小学阶段应进行跨学科综合教育,小学教师应进行全科培养[4][5]。也有学者认为全科和分科型培养模式有各自缺陷和优势,主张"分向发展,综合培养"[6]或二者并存[7]。这说明建设专业化小学科学教师队伍在我国学术界依然存在较大争议。那么,我国建设高素质专业化小学科学教师队伍的政策背景是什么? 专业化的逻辑假设和依据是什么? 会产生怎样的影响? 如何推进政策落实与实践优化? 这是我国高素质专业化小学科学教师队伍建设必须理清的关键问题,也是我国基于自身国情构建具有中国特色科学教师教育体系的前提。

本研究采用澳大利亚学者卡罗尔·巴奇(Carol Bacchi)教授提出的政策分析方法"问题表征为什么?"(What's the Problem Represented to be? 简称 WPR)对《通知》和《意见》两个政策文本进行分析,理清我国高素质专业化小学科学教师队伍建设的政策逻辑及可能影响,然后基于分析结果和我国小学科学教师队伍的现实情况,探讨政策推进的策略。

一、WPR 政策分析方法及其作为分析框架的适切性

1. WPR 政策分析方法概述

WPR 是巴奇基于米歇尔·福柯(Michel Foucault)的"问题化"(Problematization)概念与理论开发的一种政策分析方法,被广泛应用于社会和教育政策领域。福柯认为,要探究治理如何发生,应该从规定和法令的问题化开始,重点关注它们如何将问题或经验问题化[8]。福柯以两种方式使用"问题化"一词,一是作为质疑理所当然的假设的手段,二是作为进入特定形式规则背后思维的方式,即某些事情(行为、现象、过程)如何、为何会成为问题以及它们如何被塑造成特定的思维对象[9]。巴奇继承并发展了福柯的问题化理论,认为所有的政策都是问题化的,每一个政策或政策建议都是一个说明性的文本,设定了一个依赖于特定问题化的实践,这些问题化可以被开启和研究,从而进入"我们发现自己所在的隐性系统"。她创造了"问题表征"(problem representation)一词,指在特定场合出现的问题化形式。

WPR 方法建立在一个基本前提之上,即我们想做什么表明我们认为需要改变什么。巴奇认为,可以根据政策建议推断出政策如何产生"问题",探讨提出问题的职权范围。为了开启问题化的批判性审查,巴奇引入了一系列问题,旨在梳理出概念前提,关注具体问题化的

历史谱系,并考虑它们的影响,由此形成了六个相互关联的指导性问题(见表1)。

表 1　WPR 政策分析方法[9]

1. 具体政策或政策建议中的问题表征为什么?
2. 是什么前提或假设支撑着问题的表征?
3. 这种问题表征是如何产生的?
4. 这种问题表征的沉默在哪里? 可以换个角度思考吗?
5. 这种问题表征产生了什么影响?
6. 这种问题表征是如何/在哪里产生、传播和辩护的? 如何(或可能)被质疑、干扰和取代?

　　问题1需要识别特定策略或策略建议中隐含的问题表征,可以从政策文本倒推来检查隐含的问题表征以及建议的解决方案如何产生政策建议中的"问题"。比如,如果向妇女提供培训课程是某项政策的一部分,那么"问题"就可以表征为妇女缺少培训。问题2需要反思作为问题表征基础的假设或预设。这一过程需要深入理解构成问题的相关概念与理论体系,巴奇称之为"概念逻辑"。她建议识别核心概念(key concepts)、二元论(Binaries)和类别(categories)[10]。核心概念是相对开放的抽象标签,通常被赋予不同含义,因此需要确定这些核心概念并分析其有争议的地方;二元论是政策文件中通常出现的相互对立的核心概念,如依赖和独立,通常一个被定位为可取,另一个被定位为负面;类别关系到人在话语中被如何定义。问题3借用了福柯的系谱学方法,强调对特定形式的问题化谱系进行追踪,需要超越政策文本探索问题表征如何产生,关注政策文本中的核心概念如何变得合理,所使用的二元论如何变得"有意义",以及重要类别在更广泛的分类模式中的位置。问题4强调关注问题表征中政策制定者所忽视的重要内容,其目的是仔细审查"问题"表征可能存在的差距或限制,伴随着对潜在替代方案的创造性想象。问题5关注问题表征的效果,巴奇将其概括为话语效应(discursive effects)、主体化效应(subjectification effects)和生活效应(lived effects)[11]。话语效应关注人们在话语中的定位,体现为讨论或不讨论某个话题或因素。主体化效应定义了我们是谁,我们对自己的感觉以及谁对"问题"负有责任,体现为人们如何被思考以及如何看待自己。生活效应强调问题表征的物质影响,表现为限制或允许获取资源,引起或减轻情感或精神上的痛苦等。问题6涉及探索如何以及在何处产生、传播和捍卫这一问题表征,目的是确定这一问题表征成为主导的手段,以及主导表征被质疑和干扰的手段。巴奇建议重新构建问题表征,以回应问题5中确定的任何影响,这使得主导话语受到挑战,创造了可能出现替代话语的空间。

2. WPR 政策分析方法作为本研究分析框架的适切性

WPR 政策分析方法将问题表征作为治理的具体形式进行研究,通过挖掘政策文件所依赖的知识系统或隐含的思维方式,质疑和反思政策建议中常见的问题化形式,为社会和教育政策研究提供了一种新的范式[12],被广泛应用于医疗保健、劳动力市场、高等教育、教育管理等各种政策领域。在教师教育领域,特雷弗(Trevor)等使用该方法分析了英国职前教师教育政策[13],特蕾莎(Theresa)等分析了澳大利亚职前小学教师教育政策[14],这两项研究表明教师教育政策应用 WPR 方法具有可行性。

本研究聚焦高素质专业化小学科学教师队伍建设的政策逻辑及可能影响,旨在以更加全面的视角为推进小学科学教师队伍建设提供思路。WPR 政策分析方法作为分析框架的适切性体现在:① WPR 政策分析方法的目标不是对政策文件本身进行解读,而是通过挖掘政策文件要解决的问题以及背后的逻辑前提、历史背景、传播渠道和主体化效应等,发现政策建议背后的思维方式,以审慎的态度探讨潜在的替代方案,预判并减少政策可能产生的不良效应,这与本研究批判性地审视"专业化"小学科学教师队伍建设政策的目标一致,能够为本研究超越"专业化"的思维方式,以更加全面的视角分析政策提供理论支撑,契合教师教育政策完善的实践诉求。② WPR 政策分析方法以问题表征为起点,围绕 6 个问题明确了政策分析的基本过程,清晰界定了每个问题的意图和政策分析的方法,具有严密的内在理论逻辑和方法逻辑,能够为本研究进行政策分析提供可操作的框架,保证研究过程的合理性和研究结果的深度。③ WPR 政策分析方法不仅关注主导话语表征的历史谱系和传播渠道,同时关注问题表征过程中的"沉默"、表征效果以及主导表征被质疑和干扰的手段,有助于本研究将清小学科学教师"专业化"思想的学术发展脉络与传播渠道,分析"专业化"思想存在的合理性和被质疑的空间,反思当前的科学教师教育体系和小学教师教育体系,推动教师教育理论发展。

二、高素质专业化小学科学教师队伍建设的政策分析

1. 具体政策或政策建议中的问题表征为什么?

《通知》提出"从源头上加强本科及以上层次高素质专业化小学科学教师供给",并且"高素质专业化"在该文件中出现了 3 次。《意见》也提及"高素质专业化科学类课程教师"。根据 WPR 理论,如果加强高素质专业化小学科学教师供给被视为一种改变,那就意味着问题可以表征为"小学科学教师的素质不高、缺乏专业化"。表 2 列出了两份政策文件中的相关内容及问题表征,这些内容进一步说明了政策要解决的问题,涉及学历水平不高、培养学校层次偏低、专业化培养数量不足、专业素养不高、专职岗位缺乏等。

表 2　政策文件建议的内容及问题表征

文件	文件内容	问题表征
《通知》	本科及以上层次	学历水平不高
	建强科学教育专业,扩大招生规模	缺乏专业化培养
	加大相关专业科学教师人才培养力度	缺乏理科背景
	优化小学科学教师人才培养方案……拓宽专业基础……着重提升师范生项目式教学、跨学科教学等实践能力	专业知识与实践能力不足
	聚焦小学科学教师专业核心素养与科学教育实践能力培养协同创新	专业素养与实践能力不足
	将专职教师配备作为教师队伍建设的重要内容	缺乏专职岗位
	加大小学科学教师定向补充力度	专业化数量不足
《意见》	增加并建强一批培养中小学科学类课程教师的师范类专业,强化实验教学能力	缺乏专业化培养;专业能力不足
	鼓励高水平综合性大学参与教师培养	培养学校水平偏低
	升级实施中小学教师科学素养提升行动计划,增强科学教育意识与能力,探索开展科学教育专业水平认证工作	专业素养不高
	落实小学科学教师岗位编制,加强中小学实验员、各级教研部门科学教研员配备,逐步推动实现每所小学至少有1名具有理工类硕士学位的科学教师	缺乏专业化;学历水平不高

2. 是什么前提或假设支撑着问题的表征?

表 2 的内容揭示了问题表征背后的前提或假设,即小学科学教师应接受学科专业训练并专职开展教学,也可以表述为:经过学科专业训练的专职科学教师具有较高的科学教学水平。究其原因,高素质专业化小学科学教师能够提高科学教育水平,夯实创新人才培养基础。其中,"高素质""专业化""专职""理工科背景""专业素养""专业实践能力""学历"等都是巴奇所说的核心概念,这些核心概念支持了巴奇所说的二元论,即专业化是可取的,非专业化是负面的,具体表现为:理工科背景或专业素养高是可取的,非理工科背景或专业素养不高是负面的;经过学科专业训练是可取的,未经过学科专业训练是负面的;专职是可取的,兼职是负面的。

政策文件也体现出巴奇所说的"类别",一组是培养小学科学教师的专业,包括科学教育专业和相关专业两个类别,其共同点是具有理工科背景,即这一类别中,人被定义为理工科背景和非理工科背景。另一组是培养小学科学教师的高等院校,涉及师范院校、理工科大学和高水平综合性大学,其中师范院校和理工科大学是"师范性"与"学术性"的体现,高水平综合性大学是"高素质"的体现。专业和大学这两个类别是问题表征前提下的产物,进一步强化了专业化和非专业化的二元论。

3. 这种问题表征是如何产生的？

根据 WPR 方法理论,这一问题的回答需要超越政策文本来探索。2021 年下半年,教育部基础教育教学指导委员会科学教学专委会组织的一次大规模小学科学教师队伍现状调查表明,专任比兼任教师在职业素养和专业发展方面表现更佳,拥有理科背景教师的表现优于其他专业背景,研究生层次的教师在专业发展方面的整体优势较为突出。但我国小学科学教师的队伍结构严重失衡,仅有不足三成教师为专任教师或具有理科背景,学历层次以本科(68.4%)和专科(27.3%)为主[15]。这次调查不仅揭示了我国小学科学教师队伍存在的问题,即科学教学能力不足或专业素养不高,同时也为问题 2 中的政策假设提供了证据,即专职(或专任)、理科背景、高学历的小学科学教师表现更好。但问题表征的产生还要追溯到 20 世纪 70 至 80 年代我国小学教师学科分工教学背景下的"自然课"教师培养和 21 世纪初科学教育专业的设置。

(1) 小学科学教师"专职"岗位的历史溯源

新中国成立初期,我国城市已经出现小学教师学科分工教学的现象,但数量不多[16]。改革开放后,中小学各科教学都突出强调"双基"教学,学科分工教学被认为比全科教学更利于集中教师精力和优势来夯实学生的"双基"[17]。1981 年 3 月,教育部颁发的《全日制五年制小学教学计划(修订草案)》要求从三年级起开设"自然"课,并强调自然课要从"知识性"转为"教育性"[18],对教师转变教学思想和教学方式提出了新要求[19]。1984 年 10 月,教育部在北京召开小学自然课改革座谈会,对专职自然教师的配备、在职教师知识与能力培训,以及普通师范学校加强小学自然教材教法课程等提出了要求[20]。之后,许多省市设立自然课专职教师与教研员,对自然课教师进行集中培训。以湖北省为例,1985 年,省教研室和多个地方教研室已配备专职小学自然教研员,县以上重点小学和规模大的小学基本都配备了专职自然教师[21]。20 世纪 90 年代以来,我国全面工业化和快速城市化的发展使小学平行班数量急剧增加,为教师学科分工教学带来了可能,小学学科分工教学因而进一步被认可[22]。2001 年,我国基础教育课程改革以小学"科学"取代"自然",课程目标、结构、内容及教育理念都发生了前所未有的变化,对小学"科学课"教师提出了新挑战。因此,设立专职小学科学教师岗位便理所当然。

(2) 小学科学教师"专业"培养的历史溯源

1952—1956 年,我国颁布《师范学校暂行规程》等一系列政策文件,规定了中等师范学校培养小学教师的基本内容,由此开启了长达半个世纪的"中师模式"[23]。"中师模式"以初中优秀毕业生为对象,各学科知识齐头并进,让学生毕业后能在小学同时教授几门课程,为我国培养全科教师积累了丰富经验[24]。20 世纪 80 年代,在小学"自然课"改革背景下,一些中师开设小学自然教学法课程[25]。1995 年,原国家教委师范司下发"五年一贯制"《大学专科程度小学教师培养课程方案(试行)》[26],我国小学教师培养从"中师模式"走向"专科模式"。专科模式的突出特点是强调学科,小学有什么样的教学科目,专科学校就有什么样的专业。1997 年,我国启动本科层次的小学教师培养,高师院校纷纷设立小学教育本科专业,并在后期衍生出小学教育专业科学方向或理科方向。与此同时,我国部分省市正在实施综合科学课程改革试验[27]。2001 年,教育部颁发的《基础教育课程改革指导纲要(试行)》明确规定在小学中高年级和初中开设《科学》综合课程。同年,教育部批准设置科学教育本科专业,为中小学综合科学教学培养师资。一些专科高师院校也相继设置科学教育专业①并招生。2012 年科学教育专业被正式列入教育学类本科专业目录,同时一批高校开始招收科学与技术教育专业硕士研究生。然而,随着我国多个省市停止在中学设置"综合科学"[28],科学教育和科学与技术教育专业的毕业生主要面向小学就业②。由此,形成了我国科学与技术教育(专硕)、科学教育(本科)、小学教育(科学或理科方向)和小学科学教育(专科)并存的小学科学教师"专业"培养格局。

(3)对政策问题表征的影响

首先,根据小学科学教师"专职"岗位的历史溯源,我国具有学科教学分工的传统,在小学科学学科表现为专职教研员、小学专职科学教师以及相应的管理制度。虽然我国目前有大量的全科教师,但并未形成在小学开展全科教学的统一认识,更像是为了缓解师资紧缺问题而采取的"权宜之计"。在城区或县域重点小学,仍主要以分科教学为主。

其次,根据小学科学教师"专业"培养的历史溯源,虽然我国有 50 年的"中师模式"经验,但在教师学历升级后,围绕全科培养还是分科培养出现了严重分歧,产生了不同专业甚至同一专业分方向培养小学教师的现象。目前,高校培养的全科教师主要定向乡村,有解决乡村小学师资缺乏和学科结构失衡的考虑[29],造成了全科教师仅适用于乡村的印象,甚至将全科教师与低等质量挂钩。而科学教育专业虽然近二十年来的招生规模不大,招生院校数量也有所起伏,但小学科学教师"专业培养"的观念不断得到强化。

最后,结合近二十年的研究文献,小学"兼职""专科"科学教师往往与质量不高相联系,"科学素养偏低"往往与缺乏专业训练紧密相关。由此,这种专职与兼职、专业训练与非专业训练的二元论变得"有意义","专职""专业化"等核心概念变得合理,直接促成了《通知》和《意见》的问题表征与解决方案形成。

---

① 2021 年教育部发布的《职业教育专业目录(2021 年)》将科学教育(专业代码 670119K)更名为小学科学教育(专业代码 570107K)。

② 目前我国内地仅有浙江省初中设置综合科学课程。

4. 这种问题表征的沉默在哪里？可否换角度思考？

根据教育部办公厅 2021 年印发的《小学教育专业师范生教师职业能力标准（试行）》，小学教育专业师范生应该具备师德践行、教学实践、综合育人和自主发展四个方面的综合能力，其中教学实践能力涉及掌握教育基础，具备学科素养、信息素养和知识整合能力等；综合育人能力涉及开展班级指导、实施课程育人和组织活动育人。但《通知》仅关注学科素养和科学教育领域的知识整合，对教育基础和综合育人能力关注不足甚至未提及。《意见》同样只关注了实验能力、科学素养等学科素养和专职岗位。根据 WPR 理论，这正是问题表征过程中政策制定者"沉默"的内容。根据问题 3 的分析，这种"沉默"源于"专职"和"专业培养"观念的根深蒂固以及这种观念下对大规模调查证据的选择性关注。

首先，虽然主修理工科的小学教育专业出现在《通知》文件中，但建强科学教育专业和扩大数学与应用数学、物理学等相关专业招生规模的措施清晰反映了通过"专业化"解决问题的思路，关注培养专业的"理科教师"而不是专业的"小学教师"，限制了在儿童整体发展视角下通过培养全科教师来解决问题的思路。

其次，根据 2021 年小学科学教师队伍现状调查结果，小学科学教师职业素养最为薄弱的是学科知识、师生关系、教学认识、学生评价、信息技术应用和跨学科与问题解决式教学[30]。但《通知》和《意见》更多关注了学科知识和科学教育领域的跨学科与问题解决式教学，限制了在小学教师职业能力视角下通过全科培养和教师培训来解决问题的思路。

最后，从影响小学科学教师专业发展的前三位因素来看，专兼任、学校类型和地理区域[31]基本反映了我国小学科学教师队伍的城乡差异，即专职教师多存在于城区重点小学，参与教研、培训的机会多，教学资源比较丰富；而农村和欠发达地区以兼职为主，缺少资源支持和专业发展机会。《通知》和《意见》更多关注了兼职教师的职业素养低，却忽视了《教师教育振兴行动计划（2018—2022 年）》"为乡村小学培养补充全科教师"的政策结果和乡村地区大量全科教师存在的事实，限制了在城乡差异视角下通过加强全科教师科学教学能力培训和增加专业发展机会来解决问题的思路。

5. 这种问题表征产生了什么影响？

根据 WPR 理论，问题表征产生的影响表现在话语效应、主体化效应和生活效应三个方面。首先，话语效应表现在：缺乏专业化的问题表征将使"小学科学教师""小学分科教学""小学教师分科培养""科学教育专业"成为主导话语，限制了对小学全科教师培养和小学教师综合教学的讨论。其次，主体化效应表现在：科学教育专业或具有理科背景的毕业生将被定义为"高素质专业化"，小学教育全科专业或非理科背景的毕业生可能被定义为"不专业"；小学教师可能基于专业背景将自己定位为某方面的"学科专家"，对超出专业背景的科目教学产生抗拒或表现出低效能感；全科教师将因为学科分工加强而遭遇身份迷失。最后，生活效应表现在：小学将追求科学教师岗位专职化，学科分工教学将在小学得到加强；非理科背景或全科培养的在职教师将可能面临科学教学的低参与度；高校理工科背景或科学教育专业的大学生将在就业中受到小学青睐，小学教育专业将面临全科培养困境或走向分方向设置课程的局面。

6. 这种问题表征是如何/在哪里产生、传播和辩护的？如何（或可能）被质疑、干扰和取代？

21 世纪初的基础教育课程改革启动以来，国内关于"科学教育专业建设"和"小学科学教师"的文献数量明显增多。自 2003 年开始举办的全国科学教育学科与专业建设研讨会大大推进了专业人才培养交流[32]，设置科学教育专业的高校数量在 2009 年就已达到 60 所[33]。相关研究通过介绍国外经验、调查国内现状、分享实践经验等途径使小学科学教师专业化培养的观念深入人心。与此同时，我国多个省市通过开展科学教师进修项目，组织研讨会和观摩课，开发网络平台，开展区县教研活动等[34]，在提升科学教师能力的同时也使小学科学教师队伍专业化的思想得到广泛传播。小学教师招聘、职称评审、教师资格证考取等设置有"小学科学"通道，进一步通过现实的教师管理制度强化了学科分工教学的观念。《通知》和《意见》两项政策颁布后，高素质专业化小学科学教师被与青少年科学素养行动、拔尖创新人才培养和服务科技强国战略等联系起来，成为毋庸置疑的主导话语。然而，在为专业化小学科学教师"辩护"的过程中，出现了"误读"国外科学教师教育政策与培养方案，"淡化"中小学科学教师育人角色差异和"忽视"小学教育的儿童性等现象，这可能成为质疑小学科学教师专业化和主张全科培养的证据。

首先，国际比较是我国科学教育研究的重要方法，但在研究文献中存在"误读"国外科学教师教育政策与培养方案的现象，比如，从国外小学教师培养方案中摘出与科学教学相关的课程，作为科学教育专业建设或小学科学教师培养的证据，造成西方国家小学科学教师"专业"培养的印象；介绍国外科学教师专业标准或培训政策时，无意间造成了国外小学科学教师"专职"或"专业培养"的印象。

其次，我国科学教育研究文献和高校科学教育专业人才培养方案存在"淡化"中学和小学科学教师育人角色差异的现象。具体表现在：① 研究者习惯使用"中小学科学教师"作为中学理科教师和小学科学教师的统一称呼，无意间加深了"中小学科学教师一体化"的印象，也使一些研究成果理所当然地将两者的培养和培训同等对待；② 无视西方国家中学教师和小学教师培养体系的差异，科学教师教育国际比较将中学理科教师和小学教师培养混为一谈；③ 高校科学教育专业人才培养方案将培养目标同时定位为"中学教师"和"小学教师"，课程设置带有物理、化学等学科本位和分科专业色彩[35],培养小学科学教师的针对性不强。

最后,我国科学教育政策与社会宣传和高校科学教育专业人才培养方案存在"忽视"小学教育儿童性的现象。具体表现在:① 政策与社会宣传片面强调小学科学教育和科学教师对拔尖创新人才培养的支撑作用,忽视小学教育和儿童成长的整体环境作用;② 政策与社会宣传过度追求小学阶段科学教育服务强国战略的功利性目标,忽视儿童的整体健康发展和小学阶段科学教育的启蒙价值;③ 高校科学教育专业人才培养方案中有关学科和学科教学的课程很多,但有关儿童的课程很少。

三、高素质专业化小学科学教师队伍建设政策的推进策略

基于WPR的政策分析表明,在我国小学学科分工教学传统和小学科学教师专业化培养的观念影响下,《通知》和《意见》试图通过"专业化"思路解决我国小学教师科学教学水平不高的问题,限制了通过培养全科教师或分类培养与培训来解决问题的思路。这一政策可能进一步强化小学学科分工教学,导致全科教师的身份迷失,引发学术界对小学教师培养主导话语的争夺以及高校小学教育与科学教育专业的不良竞争,甚至遭到县域地方政府和学校对相关措施的抵触,影响政策落实效果。在国际上,世界主要发达国家小学教师培养和小学教学普遍采用"全科培养、综合教学"的方式,但面临着小学教师科学教学效能感不足,科学教学时间偏少等突出问题[36][37]。鉴于STEM教育的重要性以及对教学质量的担忧,一些国家的教育和行业协会不断呼吁在小学培养学科专家型的科学教师[38]。比如,美国科学教学协会(National Science Teaching Association)建议未来的小学教师学习物质科学、生命科学和地球科学领域的具体课程,并倡导在年级内和年级间与经验丰富的科学导师(mentors)定期举行会议,以提高教师为所有儿童提供科学指导的信心[39];澳大利亚政府自2015年开始要求大学确保培养的小学教师具有科学、数学或语言某一学科的专业知识[40],这说明"全科培养、综合教学"的方式也存在自身局限。由于我国科学课程改革所倡导的理念部分参考自西方,教师缺少相应的先备知识与理性文化熏陶[41],科学素养观念还有待深化[42],探究实践能力还有待提升[43],加之我国深厚的考试文化所引起的科学课"边缘化"现象严重,小学教师"全科培养、综合教学"的方式在我国可能会面临更多问题。那么,加强中小学科学教育背景下,我国如何推进小学"科学课"教师队伍建设呢?本研究认为,"高素质"是我国小学"科学课"教师队伍建设的必然目标,但"专业化"作为目标的必然性有待商榷,我国应立足城乡差异和文化传统,充分发挥区域教研制度优势,采取"结合型"建设思路,即将专业培养与全科培养、分科教学与综合教学结合,探索具有中国特色"全专结合"的小学科学教师教育体系。

1. 职前培养：统筹专业培养和全科培养，合理布局定向师范生，构建"全专结合"的小学科学教师培养体系

基于 WPR 的政策分析表明，与西方国家小学教师全科培养的传统不同，我国小学"科学课"教师培养已形成专业培养和全科培养并存的基本格局，但实践中存在专业培养忽视儿童性、全科培养忽视科学教学等问题。目前，我国专业科学教师培养已形成专、本、硕三层次多专业培养格局，少量高校实行定向培养。全科教师培养已形成高校—政府—学校联动的人才培养模式，主要定向乡村小学。在加强中小学科学教育背景下，考虑到我国小学科学教师需求和结构的城乡差异，仅依靠专业培养或全科培养都无法满足当前需求。因此，应充分发挥我国多专业培养小学"科学课"教师的优势，在国家和地方层面统筹专业培养和全科培养，合理布局专业和全科定向师范生的培养规模，构建"全专结合"的小学科学教师培养体系。为解决专业培养忽视儿童性、全科培养忽视科学教学的问题，建议高校以专业认证为契机，优化相关专业人才培养方案。定位为小学科学教师的高校科学教育专业可适当增加儿童教育、跨学科教育以及小学科技活动相关课程，小学教育（科学方向）专业可适当增加自然科学类、科学人文类和科技活动类课程，最终实现两个专业的课程设置趋同；小学教育（全科教师）应加强小学科学教学实践能力培养，可适当增加科学人文类和科技活动类课程。

2. 在职发展：以分类教研和"在地化"培训驱动教师专业发展和领导力提升，构建"全专结合"的小学科学教研共同体

基于 WPR 的政策分析表明，与西方国家小学综合教学的传统不同，我国具有学科教学分工的传统，但实践中存在明显的城乡和学校差异。目前，城区和重点小学专职科学教师相对较多，乡村和偏远地区小学全科教师相对较多。在加强中小学科学教育背景下，小学"科学课"教师队伍建设应立足科学教育和师资水平的区域差异、城乡差异和学校差异这一基本现实，充分发挥我国区域教研制度和"国培计划"项目优势，采用分类发展的思路在学校和区域内构建"全专结合"的小学科学教研共同体，避免"一刀切"。在发达地区或城区学校，区域层面的小学科学教研机制相对较为完善，应在专职科学教研员和科学名师的引领下，构建专职教师为主、兼任或全科教师参与的区域小学科学教研共同体，同时在学校层面，发挥科学副校长或学科组长的引领组织作用，开展学科教研和跨学科教研，促进学科融合。在偏远地区或乡村学校，区域和学校层面的小学科学教研机制尚不健全或未建立，应构建以专职教研员或科学名师领衔，"全专结合"的区域小学科学教学共同体，定期组织小学科学教研活动。另外，鉴于乡村教师专业发展机会偏少，应继续加大县域"国培计划"的倾斜力度，聚焦乡村教师的"地方性知识"[44]，构建"在地化"培训体系，着力提升县域专职或全科骨干教师的科学教学领导力，引领区域或学校科学教学改革。

3. 教师管理：明确科学教师任职资格，统筹分科与全科教师管理，构建"人才培养—资格认定—学校聘用—在职发展"一体化的小学教师规范管理体系

基于 WPR 的政策分析表明，与西方国家规范的小学全科教师管理体系不同，我国已形成小学教师分科管理体系，但尚不健全，小学科学教师的任职资格有待明确。目前，我国已形成包括小学科学和小学全科在内的小学教师资格认定制度，小学科学教师招聘、职称评审、教师培训等均设置有相应通道，但小学科学教师任职资格要求的缺失使小学科学课成为人人都能兼教的科目，仅有不足三成的小学"科学课"教师具有理科背景[45]，甚至出现教师身份认同危机。全科教师虽然具有科学教学资格，但职称评审和培训通常以语文和数学为主，参与科学教研和培训的机会很少，科学教学效能感不高。在加强中小学科学教育背景下，我国应明确小学科学教师任职资格，将专业培养和全科培养的师范生同时纳入任职资格范围，引导高校和地方政府合理布局科学教育和小学教育（全科教师）等相关专业，统筹考虑小学全科和分科教师的资格认定、聘用、职称评审和培训，引导学校选聘合格的科学教师，形成"人才培养—资格认定—学校聘用—在职发展"一体化的小学教师规范管理体系，以规范管理推动高素质小学科学教师队伍建设。

参考文献

[1] 赵明仁,陆春萍.新时代我国高素质专业化创新型教师队伍建设论纲[J].教育科学,2021,37(1)：9-16.

[2][16][22] 王强.不同国家小学全科教学或学科分工教学的时代成因分析[J].教育科学,2023,39(1)：56-61.

[3][9][14] Bourke T, Mills R, Siostrom E. Origins of Primary Specialisation in Australian Education Policy：What's the Problem Represented to be？[J]. The Australian Educational Researcher, 2020, 47(5)：725-740.

[4] 王强.我国卓越小学教师培养中的"全科"定位研究[J].教师教育研究,2022,34(2)：96-104.

[5] 潘健.试论小学教师专业特性及其培养体系的构建[J].河北师范大学学报（教育科学版）,2010,12(12)：103-108.

[6] 蒋蓉,李金国."卓越小学教师"培养目标、模式与课程设置[J].课程·教材·教法,2017,37(4)：113-118.

[7] 李俊义.全科与分科：小学教师职前培养模式的二元相持及并存之道[J].教师教育学报,2020,7(2)：52-60.

［8］Bacchi C. Why Study Problematizations? Making Politics Visible［J］. Open Journal of Political Science，2012，2(1)：1－8.

［10］Bletsas A，Beasley C. Engaging with Carol Bacchi. Strategic Interventions and Exchanges［M］. Adelaide：University of Adelaide Press，2012：21，33.

［11］Bacchi C. Foucault，Policy and Rule：Challenging the Problem-solving Paradigm［J］. FREIA，2010：1－15.

［12］Tawell A，McCluskey G. Utilising Bacchi's What's the Problem Represented to be?（WPR）Approach to Analyse National School Exclusion Policy in England and Scotland：A Worked Example［J］. International Journal of Research & Method in Education，2022，45(2)：137－149.

［13］Mutton T，Burn K，Thompson I，et al. The Complex Policy Landscape of Initial Teacher Education in England：What's the Problem Represented to be? ［M］//Teacher Education Policy and Research：Global Perspectives. Singapore：Springer Nature Singapore，2021：57－71.

［15］［30］［31］［45］郑永和，杨宣洋，王晶莹，等.我国小学科学教师队伍现状、影响与建议：基于 31 个省份的大规模调研［J］.华东师范大学学报(教育科学版)，2023，41(4)：1－21.

［17］汪潮，吴奋奋.“双基论”的回顾和反思［J］.中国教育学刊，1996，(1)：25－29.

［18］李培实.小学自然教学改革的回顾与展望［J］.中国教育学刊，1989，(5)：24－27.

［19］叶立群，刘默耕.小学自然课的教材教法必须逐步改革［J］.课程·教材·教法，1982，(1)：23－24.

［20］武永兴.近年来我国小学科学教育的改革［J］.课程·教材·教法，1986，(1)：26－29.

［21］［25］白雪光.小学自然教学改革初探［J］.课程·教材·教法，1985，(1)：6－9.

［23］唐汉琦，欧飞飞.回顾与反思：新中国小学教师培养模式的发展变迁与改革趋向［J］.当代教育论坛，2021，(5)：48－56.

［24］刘慧.中国小学教师培养模式：探析与展望［J］.中国教育科学(中英文)，2022，5(1)：89－98.

［26］卢正芝.小学教师培养模式探析［J］.教育发展研究，2002，(5)：27－29.

［27］邓磊.我国高师综合科学教育专业课程设置框架的建构研究［D］.重庆：西南大学，2011.

［28］林长春，陈文平，曹静，等.科学教育本科专业建设现状的调查研究［J］.课程·教材·教法，2012，32(1)：82－88.

［29］张松祥.老中师综合培养模式对乡村全科小学教师培养的启示［J］.教育发展研究，

2016,36(10):53-60.

[32] 林长春,钟绍波.勇于探索培养高素质综合科学教师[N].中国教育报,2021-09-07(8).

[33][35] 林长春.科学教育本科专业建设亟待研究的若干问题[J].高等理科教育,2009(5):12-14.

[34] 丁邦平.我国小学科学教师教育:现状、问题与思考[J].当代教师教育,2011,4(2):1-7.

[36] Herber S, Hobbs L. Pre-service Teachers' Views of School-based Approaches to Pre-service Primary Science Teacher Education[J]. Research in Science Education, 2018, 48: 777-809.

[37][39] National Science Teaching Association. Position Statement: Elementary School Science[EB/OL]. (2018-10-01)[2024-07-17] https://www.nsta.org/nstas-official-positions/elementary-school-science.

[38][40] Mills R, Bourke T, Siostrom E. Complexity and Contradiction: Disciplinary Expert Teachers in Primary Science and Mathematics Education[J]. Teaching and Teacher Education, 2020, 89: 103010.

[41] 万东升,魏冰.我国科学教师教育:问题、挑战与路径选择[J].高等理科教育,2017(1):28-33.

[42] 林静.小学科学教师知识观的调查与分析[J].课程·教材·教法,2013,33(8):95-100.

[43] 孙慧芳,王钦忠,黄瑄,等.小学科学教师队伍专业发展现状及提升策略——基于对北京市2222名小学科学教师的调研分析[J].中小学管理,2023(6):34-37.

[44] 国建文,赵瞳瞳.农村教师参与"国培计划"低效化的内在成因及其应对策略——地方性知识的视角[J].教育学报,2023,19(1):138-148.

作者简介

王俊民　重庆师范大学初等教育学院副教授,硕士生导师,研究方向为科学教育和教师教育

电子邮箱

wjmin2011@sina.com

科学教育纳入课后服务的现实困境与合作治理路径[*]

摘　要：课后服务是在教育"双减"中做好科学教育加法的有力途径之一。相较于学校科学课程，课后服务中纳入科学教育更强调满足学生多样化学习需求，可通过第三方机构吸纳社会科学教育资源，教学内容和方式更加灵活多样。在实践中，存在科学教育课后服务校内科学教师师资数量有限、校外第三方机构分布不均、经费支持力度不足等困境，这制约了学校科学教育课后服务供给的数量和质量。结合现实困境和案例分析，未来科学教育课后服务的高质量运行需重塑科学教育课后服务价值共识以培育各方合作凝聚力，创新科学教育课后服务合作形式以提高多元主体行动能力，优化科学教育课后服务政策供给以释放各主体行动活力。

关键词：科学教育；课后服务；困境；合作治理

习近平总书记反复强调："要在教育'双减'中做好科学教育加法。"2023年，教育部等十八部门颁布《关于加强新时代中小学科学教育工作的意见》（以下简称《意见》），全面布局做好科学教育加法的各项措施，明确要求"将科学教育作为课后服务最基本的、必备的项目"，表明课后服务在做好科学教育加法中大有作为。科学教育纳入学校课后服务，有利于课后服务"提档升级"，进而减轻学生负担、满足学生多样化需求；以义务教育学校作为科学教育课后服务主渠道，有利于减轻家长负担、促进社会公平。但目前，科学教育等拓展类课后服务的专业性、稳定性欠缺，教育价值受遮蔽，薄弱学校课后服务沦为形式[1]，上述问题与社会的热烈期盼不匹配，存在消弭其功能发挥的风险。在国际上，科学教育的战略重要性已经在正式和非正式学习中彰显，学界关于科学教育课后服务已形成较为丰富的知识成果。在国

---

* 本文系2024年度浙江省哲学社会科学规划青年重点课题"义务教育学校课后服务质量评价研究：以浙江省为例"（24NDQN25Z）的阶段性成果。

内,研究者仍重视从课后服务整体展开研究,但从国际研究经验看,应当关注不同类型课后服务发展的特殊性,以切实推进课后服务高质量发展。

已有研究指出,增进学生从事科学事业兴趣的关键是在八年级前提高其兴趣和动机[2]。因此本研究将重点关注小学阶段的科学教育课后服务实施情况。具体而言,本研究首先通过文献梳理科学教育课后服务与学校科学课的关系,随后通过对 Z 省小学阶段 17 位学校管理者、教师以及科技类公益组织管理者的访谈调研及区域文本资料,从行动主体视角分析科学教育纳入课后服务的现实困境,并围绕科学教育课后服务的政策要求和现实困境,通过案例呈现纾解科学教育课后服务困境的多主体协同供给模式,最后讨论如何加强科学教育课后服务合作治理。

一、科学教育课后服务与学校科学课的关系

国际语境下的课后服务又被称为放学后项目(After School Programs,ASP)、课后托管(After School Care,ASC)、学龄儿童托管(School-age Child Care,SACC)、校外服务(Out-of-school Service,OSS)等,以上概念在使用时存在差异,但均指向在非正式学校时间段为有需要的儿童提供保护照顾、作业指导或文体活动等服务。在我国,2017 年教育部办公厅出台《关于做好中小学生课后服务工作的指导意见》,第一次以国家政策文件的方式明确课后服务的要求。我国的课后服务是在基础课程之外进行的学校教育课程,即利用基础课程时间之余,在学校场域和学校组织下开展的特长、兴趣课程。2021 年,中共中央办公厅、国务院办公厅印发《关于进一步减轻义务教育阶段学生作业负担和校外培训负担的意见》(以下简称"双减"政策),赋予课后服务新的时代使命,在坚持学校作为课后服务主渠道基础上,要求课后服务保证时间、提高质量、拓展渠道。整体而言,我国课后服务具有明显的公益性特征,承担了学校正式教育的补充和延伸等功能。在科学教育纳入课后服务的政策要求下,首先需厘清科学教育课后服务与学校科学课程间的异同。

1. 科学教育课后服务更强调满足学生多样化学习需求

无论是纳入学校正式课程的科学课,抑或科学教育课后服务,均强调育人功能。《义务教育科学课程标准(2022 版)》指出,科学课程面向全体学生,培养学生科学核心素养,在课程设置过程中,遵循学生认知规律进行进阶式的科学知识编排,以适应不同年龄特征学生的普遍知识经验水平。课后服务相关政策同样强调活动的育人功能,"双减"政策要求在课后服务时间段关注薄弱学生,为其"补差",同时关注学有余力学生,为其"促优",从而满足学生个性化需要。这意味着课后服务时段的科学教育可根据不同学生的需求进一步帮助其了解科

学、认识科学,既为薄弱学生掌握科学基础知识提供机会,更为具有探究志趣的学生拓展好奇心、想象力提供机会。在此过程中,应避免刷题、补课、讲新课等潜在增加学生负担的"走样"行为。国际上,部分学校在实施了设计良好的科学教育课后服务后,学生在科学素养等方面产生了积极影响:一是提高了学生的科学知识水平,培养了学生在科学价值观、科学能力、科学职业认同等方面的科学素养[3];二是有利于促进学生科学素养外的其他技能提升,通过组织师生互动、生生互动及小组合作活动,能有效培养学生21世纪技能中的复杂沟通技能和合作能力[4]。针对薄弱学生,部分课后服务机构专门设计了课程以保障处境不利群体的科学素养,如在认识到少数族裔女性科学教育机会较少时,设计面向该群体的专门课后服务课程并予以追踪[5],专门资助、开设面向女性的科学教育课后服务课程[6]等。

2. 科学教育课后服务可通过第三方机构吸纳社会资源

校内教师是学校科学教育与科学教育课后服务的重要参与者,但科学教育课后服务的参与人员不仅限于校内教师。纳入学校正式教学计划的科学课程毋庸置疑由校内教师授课。但当前我国在义务教育阶段,尤其是小学阶段科学教师资源配置仍普遍面临紧缺问题,根据2021年基础教育教学指导委员会科学专委会对我国小学科学教师队伍现状的调查显示,我国小学科学教师中兼任教师和文科背景者占比较大,专任教师占比偏低,上述现象会进一步削弱专兼任科学教师队伍整体的科学知识和科学信念[7]。而按政策规定,科学教育课后服务在实施过程中,一般由校内科学教师承担,但《意见》明确,需要健全第三方机构进校园机制,在课后服务提供过程中统筹利用社会优质科学教育资源。由此可见,各学校可在政策规范下通过聘请校外人员或机构提供学校难以供给的科学教育课后服务,以更好服务于学生的个性化科学探究需求。在国外,多国政府主张通过高校等科普社会组织与公立学校建立伙伴关系,以补充学校科学教育教学[8],以此建立非正式科学教育组织与学校间的合作关系[9]。

3. 科学教育课后服务教学内容和方式更加灵活多样

由于校内科学教育与科学教育课后服务育人目标存在各自侧重,也由此使得教学内容和方式上存在一定的差异。学校科学课程通常为学龄儿童提供较为体系化的课程内容,而科学教育课后服务的授课内容可打破学生年龄边界,根据学生需求设计更符合其实际水平的项目活动,通过内容上的灵活选取,可以为现实中拔尖人才早期培育提供更多可能。此外,在教学的方法、时空上,科学教育课后服务与正式科学教育也存在诸多差异。正式的科学教育通常按学校的正式教学计划进行编排,小学阶段的科学课程一般每周1—4节,而科学教育课后服务可在学校教学计划外根据学校实际情况和学生选课需求进行设置。相较而言,校内科学课堂学习主要是在固定的课时内进行,学生在课堂上吸收的科学知识在课后缺乏进一步实践的机会,从而导致科学教育在培养学生的科学探究意识和问题解决能力上始终无法达到预期效果[10]。科学教育纳入课后服务后,学生能够在课后参与到科学实验和研究活动中去,这种时间上的延伸能够帮助其深入理解和掌握科学方法,有助于培养学生的科学探索能力。从空间上看,传统的课堂科学教学通常限于教室,学生难以接触到更多的科学资源和实验设备,而在课后服务中,学校能够充分利用科技馆、博物馆、植物园等场馆资源,借助虚拟现实(Virtual Reality,VR)、增强现实(Augmented Reality,AR)等手段让学生真切地融入科学情景之中[11]。在教学方法上,由于科学教师队伍中兼任教师占比较大,且科学课程具有一定的考核评价要求,因此科学教育普遍缺乏利于创新的教学方法。在传统知识观和教学观引导下形成的教师中心的教育教学实践,使得科学教师在正式课堂中通常仍采用传统教学法教授科学知识[12],难以真正运用有利于科学教育学习的探究式等教学法。

二、科学教育纳入课后服务的现实困境

研究通过调研 Z 省部分城乡小学科学教育课后服务发现,城区学校在课后服务时间段开设涵盖科学教育的拓展类课程,以满足学生多样学习需求,而乡村学校则难以保证拓展课程在学校的实施,从而限制了科学教育课后服务的推进。在开设科学教育课后服务的学校中,城乡学校存在不同程度的服务数量和质量难以保证的问题,影响到了学生、家长科学学习的需求满足。研究从学校管理者、教师等群体了解到,制约学校科学教育课后服务供给的主要因素在于校内科学教师师资数量有限、校外第三方机构分布不均、经费支持力度不足等。

1. 科学教师数量不足导致部分学校难以开设科学教育课后服务

师资是科学教育课后服务高质运行的关键要素。当前,我国科学教育师资力量整体上仍然较为薄弱,而政策要求校内教师是课后服务的主力,这在很大程度上影响了课后科学教育的开展及效果。调研中发现,在开设科学教育课后服务过程中,学校科学教师数量不足、工作负荷高、对课后服务的认识不一,使得学校科学教师虽尽力开设课后服务,但仍存在供给数量不足的问题。

其一,小学阶段科学教师数量不足,兼任教师多,影响了学校科学教育课后服务的开设。调研学校中极少有学校的科学教育课程由专职科学教师承担,而是均不同程度地由兼职教师承担部分班级学生的科学课程。在少数专职科学教师相对充裕的学校,由于科学课程每周课时数相对较少,使得每位教师的实际教授班级或年级数较多,意味着每位学生的生均科学教师数较低,由此带来科学教育课后服务的相对不足,科学教师在课后服务时间段进入托

管班级开展设计的拓展课程,而其他非科学教师托管的班级则缺少相应机会。

其二,科学教师工作负荷高,导致难有余力进行课后服务的科学系统设计。参与调研的教师普遍表示,教师工作任务繁重,"科学教师有基础课程、自己的教学工作要完成,还有课后的课程,还有这么多基地和平时活动,对于老师来说,每个都是满工作量超负荷在运行"(XJB-T02-0412)。许多教师表达了希望有更多校外机构或志愿者参与专业授课,而校内教师则可通过维持纪律等方式参与。

其三,科学教师对课后服务的认识不一。在问及"如何选择和设计课后服务课程"的问题时,研究发现多数教师开设科学教育课后服务的目的较为表面,认为是国家和学校等外部行政力量的要求使其选择开设科学教育课后服务,以此填补时间空白,在教师负担较重的现实下未能将科学教育课后服务与立德树人根本任务、学生个性发展联系起来。

2. 校外第三方机构参与科学教育课后服务数量不足,分布不均

第三方机构是科学教育课后服务的重要补充。"双减"政策指出,课后服务一般由本校教师提供,也可以聘请退休教师、志愿者或具备资质的社会专业人士参与课后服务供给,部分地方在实践中形成了通过"白名单"认定的方式规范第三方机构参与课后服务。《意见》也指出,科学教育课后服务需要健全第三方机构进校园机制,并且统筹用好社会科学教育资源。但在实践中,第三方机构参与学校科学教育课后服务的数量总体上仍然不足,机构参与的稳定性有待提高。

一方面,科技类机构的白名单数量明显偏少。在"双减"政策下,增加艺术、体育活动并将其纳入课后服务已经成为各地共识和普遍做法,此类机构在数量上占据大多数。通过收集统计 Z 省下辖区县公开发布的最新课后服务白名单公示名单,在所能收到的 82 个区县名单中,科技类企业占比低于 10% 的占 49%,占(含)10—20% 的地方占比 24%,占比(含)20—30% 的地方占比 10%,超过 30% 的地方占 17%(科技类白名单企业比例的地方数量与占比情况如图 1 所示),其中占比低于 1% 的地方达 17 个,而科技类企业占比较高的地方,其白名单企业总数普遍呈较少态势。

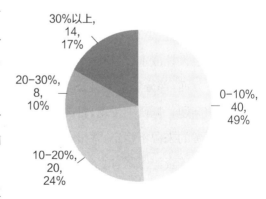

图 1　科技类白名单企业各比例的地方数量与占比情况

另一方面,科技类白名单企业开展课后服务积极性不足致使科学教育课后服务缺乏可持续性。研究在学校调研中了解到,学校通过引进第三方机构开设的科学教育课后服务常因各种原因而难以持续。由于科技类白名单企业地域分布不均,致薄弱学校引进科学教育

课后服务相对缺乏。通过白名单的机构通常分布在城区，在缺乏交通补贴等因素下，该类机构倾向于选择通勤距离较近的学校。对于远离城区的学校，"我们是等着被选的，主动去对接，基本不可能成功"（XHX－A02－1103）。在此情形下，地理位置的劣势使得此类学校即使本学期有科技类机构入驻课后服务，但鉴于体艺类课后服务过程中存在机构主动退出情况，即使参与学校自愿报名的学生有很大热情，学校管理者仍对其能在学校坚持多久抱有不确定性。究其原因，除了不具有区位优势外，学校管理者和教师反复提及，白名单机构参与课后服务依然属于半公益行为，其本质仍是需要生存的企业，当进入学校对其生源增加不具有显著作用时，通常选择中断此类不具有盈利功能的项目。在科技类白名单机构数不足导致"供给不足"的情形下，将进一步减少部分学校引入科学教育课后服务的可能。

3. 科学教育课后服务经费投入不足制约其高质量发展

经费是科学教育课后服务稳定运行的关键资源要素。科学教育课后服务的稳步运行，需要稳定的经费以保障师资、耗材等资源供给。虽然国家和地方要求"加强课后服务经费保障，采取财政补贴、服务性收费或代收费等方式，确保经费筹措到位"，但科学教育课后服务在实际实施过程中较为普遍地面临因经费不稳定而导致项目稳定性不足的困境。调研中发现，制约科学教育课后服务数量和质量的重要因素在于经费保障不到位。

一方面，政府投入不足。政府投入既涉及一般意义的课后服务经费投入，也涉及科学教育课后服务的特殊投入。对于前者，目前大多数地方政府的课后服务财政投入积极性不高，目前财政对于课后服务的投入在每课时 80—100 元，对于第三方机构而言，"请的老师远不止于此"（XJB－A01－0102）。对于后者，科学教育还涉及不同类型的耗材，由于财政对于科学教育耗材缺少专门预算，且生均公用经费在"双减"后提高幅度有限，使得部分学校特别是农村学校难以添置、更新实验器材，也难以为课程开发提供经费支持，科学教育的耗材投入，也提高了项目设计成本。

另一方面，部分学校吸引公益机构捐赠作为科学教育课后服务经费投入，但仍存在稳定性不足的问题。调研中发现，目前投入此类课后服务的公益机构以各地科协为主，但在实践中此类经费的来源不稳定，常出现仅支持一所学校几次或几个班的科学教育课后服务实施，而且因人力等资源限制，项目无法在课后服务时间段长期开展，学校管理者在肯定课程效果的同时也希望这类项目能覆盖更多学生。

课后服务在实施过程中可以在政策规定范围内收费。调研中不少学校管理者提及，目前仅按照政府规定的要求收费，不收取额外的费用，部分学校少量收取材料费，对于科学教育课后服务而言，面向学生、家长的服务性收费仍属于低收费水平，不足以长期支撑高质量的科学教育课后服务所需的经费开支。

三、科学教育课后服务的协同供给案例

整体而言,学校很重视在教育"双减"中如何做好科学教育加法的现实问题。在探索过程中,部分学校为纾解校内教师工作负担重、企业机构盈利属性、财政资源投入不足等难题,建立起由社会组织、高校、中小学参与的协同供给模式,以提高科学教育课后服务供给数量和质量。尽管该模式的实施成效有待实践进一步检验,但从现有师生反响、项目实施过程等方面观之,不失为探索科学教育课后服务高质量发展的有益途径。本文尝试分析Z省J市由"社会组织—高校—中小学"参与的科学教育课后服务协同供给模式,该项目由地方科协牵头,公益性社会组织协调,组织高校师生参与到小学科学教育课后服务中,在其中,公益性社会组织起了关键作用。

1. 目标导向:贯彻在"双减"中做好科学教育加法

在该项目中,公益组织的成立酝酿于"科教兴省"的政治背景、诞生于"双减"的改革浪潮中,由地方科协与师范院校共建,其建基于良好的科普活动基础,聚焦包含公民科学素养提升等科学普及工程。成立迄今两年来,该公益组织定位于服务教育"双减",通过开发各类科普课程,开展面向中小学以及社区的科普活动。由于该公益组织以师范院校科研人员为主力,有大量具有科学背景的高校教师和师范生,通过学校课后服务途径,既可以实现组织科学普及的功能,同时能做好科普人才培养工作。在"双减"背景下,面对小学生"三点半"之后义务教育阶段学校只能做社团课和科技类活动的情况,该公益组织审时度势,决定通过"科学+"辅助"双减"的深入推进。

学校作为"双减"的落地场域,按照政策规划实施各项要求,部分学校探索"基础+拓展"的课后服务模式,在拓展时间段开设丰富课程,以满足学生个性化学习需要,科学教育作为拓展性课程组成进入课后服务时间段。但由于学校在实施过程中面临上文所述师资、课程、经费问题,因此亟须第三方机构参与。

由于双方目标具有一致性,使得公益组织、高校、中小学在科学教育课后服务形成供给共同体。

2. 供需匹配:掌握学校需求设计专业化科学教育课后服务活动

面对学校科学教育课后服务缺乏课程的现实问题,公益组织结合其优势,首先设计能在小学、初中等学段开展的"大科学"系列实验活动。结合其扎根的高校专业基础和学生需求调查,所设计的课程以有较好安全性的物理实验为基础,同时选择适合小学生的拓展性实验,确保有趣、有互动、有一定深度。

面对学校希望扩大受益学生面的需求而师资有限的现实困境,公益组织整合师生资源,组建"教授+师范生"团队,由研究人员设计课后服务课程,并培训师范生进入学校实施课后服务。为确保课程实施质量,采用"1+1"的主讲教师与助教的形式,以做好课后服务实施过程中的班级管理、项目管理等活动。

经过一个周期的实施,学校教师、学生普遍反馈良好,这一模式极大地激发了学生学习科学的兴趣和热情。

3. 协作运行:"社会组织—高校—中小学"科学教育课后服务资源保障

各方在协作过程中,需明确各方责任、各司其职,并通过沟通协调确保项目的稳定运行。在开展科学教育课后服务时,各方属于平等主体,在目标一致前提下共同实施项目,并作适当分工,整体而言,公益组织协同高校设计、实施课程,学校做好学生的组织、管理工作。为确保科学教育课后服务质效,各方着力在以下方面做好协调。

一是需求协商,由于该科学教育课后服务定位为公益性项目,学校希望能有更多的学生受益,公益组织也在有限经费下平衡成本,选择最优方案。在协商过程中,双方达成由公益组织和学校共同提供科学教育课后服务的模式。

二是课程供给主体,考虑各方师资、经费基础,公益组织和学校在供给过程中并非仅依靠公益组织和高校供给。基于各方优势,公益组织依托高校师生、学校分别设计适合在课后时间开展的科学实验,除公益组织基于高校视角选择适合小学生的科学实验外,学校科学教师根据科学课程大纲,将不适宜在科学课堂拓展的科学实验手册各类活动转化为课后服务课程。两种不同的授课教师、授课内容,一定程度上缓解了学校科学教师紧缺、资源不足等问题,同时确保了课程质量。

项目在实施过程中,充分整合公益组织和高校优势,为学校设计并实施专业且吸引学生的科学教育课后服务项目,客观上缓解了受益学校因科学教师数量少、工作量大而难以开设高质量的课后服务的难题,且作为公益项目入驻也一定程度解决了经费投入问题。在未来的推进过程中,还将进一步破解实施阻力:一是公益组织通过"白名单"方式合理合法进入学校课后服务时间段以确保合作有相对更稳定的资金保证;二是公益组织、高校、小学科学专业人员深度合作,合力共同开发适合在学校推广的科学教育课后服务课程。

四、科学教育课后服务合作治理良性运行的政策支持

科学教育课后服务的有效运行,是政府、学校、企业、公益组织等多元主体合作互动的过程。在现有政策的规范引导下,初步形成政府规范、学校主导、企业等第三方机构参与的局

面,但从现实困境看,多方参与仍需破解诸多阻力。总结而言,一是利益相关群体所持理念差异,科学教育课后服务合作尚缺乏共同价值理念,致使各类师资意愿不高、经费投入不足;二是多元主体行动能力欠缺,合作形式单一,多方协同参与科学教育课后服务的伙伴关系尚未建立;三是政府制度供给滞后且工具贫乏,多元主体行动缺乏合理约束、引导和激励,导致科学教育课后服务数量不足、形式单一、效果不明。基于此,为确保科学教育课后服务在运行中不变味、不走样,应建立政府引导、多元主体参与的合作治理机制。

1. 重塑科学教育课后服务价值共识,培育各方合作凝聚力

共识是推进政策实施首要解决的问题,意在寻求互相冲突的各利益群体间的相互协调[13]。当前科学教育课后服务在推进过程中,普遍存在以下现象:学校重外部要求、轻学生教育发展,以企业为主的第三方机构重经济利益、轻公共利益,家长对于科学教育课后服务缺乏理解和重视,地方政府则持观望态度,上述理念差异进一步阻滞了科学教育课后服务的深入推进。由于目前以学校为主渠道开展的科学教育课后服务存在明显的师资素质、能力困境,因此需要整合外部力量参与到学校的科学教育课后服务供给中。

课后服务作为一项公益性服务,对于国家立德树人根本任务的实现具有积极促进作用,应在当前教育改革之势下实现"教育性":与课内科学教育形成有力补充,在促进学生全面发展背景下提升学生科学素养,促进教育公平。为达成多方共识,需转变以往治理方式,通过多种途径提高各方对实施科学教育课后服务的认识。首先,政府、高校专家通过组织政策解读、校际交流等方式,转变部分学校将课后服务作为外部任务的线性观念,引导其理清科学教育课后服务与课内科学教育的关系,明晰其对学生科学兴趣养成的重要意义。其次,政府搭建平台,通过对话与协商了解学校、第三方机构、家长等利益群体在科学教育课后服务中的诉求,以此寻求多方认同,提高价值共赢的效度。最后,学校应建立公开透明渠道,阐释课后服务开设意图,向家长解疑释惑、征求意见,指导家长根据学生和家庭需求,自愿选择与学生发展相适应的科学教育等其他类型课后服务安排,增进家长对学校、政府的信任。

2. 明晰科学教育课后服务各方权责,提高多元主体行动能力

在多元主体合作治理过程中,原则上各主体处于平等地位,通过权责分工建立伙伴关系。而主体间地位平等需要遵循权责对等的基本合作法则,并且在现阶段仍需要在政府主导的合作治理体系中有限地享有平等地位和决策权[14]。在科学教育课后服务中,部分行动主体将课后服务视为上级要求的工作,认为是正常教育教学工作的"嫁接""负担",仅按照上级规定开展工作,缺乏行动创新和行动主体能力的保障,上述问题本质上是未明确各主体的权责。

针对上述问题,应在形成共同理念基础上,明确各主体权责、创新合作形式、加强能力建设。第一,明晰政府、学校、第三方机构等群体的权责。科学教育课后服务作为一项准公共服务,政府应承担需求管理者、资源保障者和行为引导者的角色:在需求管理方面,可运用信息技术辅助收集、识别家长和学生科学教育课后服务需求偏好;在资源保障方面,政府需结合直接供给主体的实际情况并考虑群体、地域差异,提供基本经费保障和向薄弱群体倾斜;在行为引导方面,政府应建制规范不同行为主体的权责、准入条件、监管方式等。学校作为政府提供科学教育课后服务的委托代理的关键主体,应承担与其权力相匹配的责任,但目前的政策文件对其责任规定有余而权力赋予不足,政府应根据学校实际承担能力,有层次地推进其承担课后服务直接或间接供给。企业等社会组织作为科学教育课后服务供给主体之一,也应承担需求识别、资源保障责任,政府应对参与公益性科学教育课后服务的社会组织提供政策倾斜。第二,创新合作形式。目前科学教育课后服务的供给方式主要由学校或社会组织、志愿者单一供给,政府确定的供给形式较为单一,由于课后服务属于社会敏感领域,地方政府可结合各方意愿,为学校与企业、志愿者、高校合作提供更多平台以促进双方合作,如允许合作开发的自主权并赋予资源保障。第三,加强行动主体的能力建设。当前学校、企业等行动主体在参与科学教育课后服务中的能力尚显不足,未来,应通过专门的课后服务专业培训、交流展示等途径,进一步明确课后服务与课内教育存在目标、方法、内容等方面的差异,提高校内科学教育课后服务教师课程开发和实施的能力,规范学校与第三方机构间的权责关系。

3. 优化科学教育课后服务政策供给,释放各主体行动活力

制度供给对于合作治理的稳步运行至关重要。在科学教育课后服务实施过程中,最大的制度缺位是经费,其次是师资,最后是评估。在经费保障方面,政府应建立科学教育课后服务多元分担机制。在明确课后服务属于准公共产品基础上,各级财政应确保课后服务的基本经费投入,参考国外科学教育课后服务的经费来源,政府可设立科学教育课后服务专项经费,确保学校有专门的经费支持。此外,仍需进一步调动企业等社会组织经费投入的积极性,通过为相应企业减免税的方式鼓励企业参与捐赠。通过政府兜底、社会组织捐赠,尽可能确保基本的科学教育课后服务经费来源,在此基础上,对于有条件提供个性化科学教育课后服务的学校,可通过征求家长意愿,综合考量家庭经济水平,采取适当收费的形式作为补充来源。

在师资保障方面,应完善“向内”提升、“向外”引进的制度。目前,城乡校内科学教师在数量、专业上难以独立支撑学校的课后服务开发,因此,区域、学校可通过在科学教师专业培训中增加课后服务课程开设的专项培训,为教师开发科学教育课后服务课程赋能;在第三方

机构引进过程中,目前各区域符合条件的机构积极性不一,为提高机构参与热情,地方政府可根据实际,通过建立不同层次的税收优惠等方式,鼓励合规企业参与到课后服务供给中。在区县、教育集团建立统一课程平台,破解资源壁垒。

在评估方面,应形成第三方监管与学校自我改进相结合的方式。目前,学校对政府监管较为敏感,督导对师资、经费的关注虽有效规范了科学教育课后服务的两大社会关切问题,但因人力、专业限制,以督导为主的评估关注投入要素,但对过程要素较为忽略。政府主导的评估易导致科学教育课后服务方向偏离,因此可考虑通过建立第三方监管制度,由第三方组织吸纳学校、校外机构、家长等群体参与,重点关注科学教育课后服务实施过程的规范性、合教育性以及对学生的效益,以推动科学教育课后服务供给方调整、改进供给内容和教学方法,提高供给效能。此外,可通过督导方式,引导学校建立课后服务自评机制,提高科学教育课后服务质量改进的内生性和可持续性。

参考文献

[1] 邹雪,贾伟,蔡其勇.课后服务多元一体推进的历程、困境与路向——基于委托代理理论视角[J].中国远程教育,2023,43(8):58-68.

[2][3] Chittum J R, Jones B D, Akalin S, et al. The Effects of an Afterschool STEM Program on Students' Motivation and Engagement[J]. International Journal of STEM Education,2017,4:1-16.

[4] Sahin A, Ayar M C, Adiguzel T. STEM Related After-School Program Activities and Associated Outcomes on Student Learning[J]. Educational Sciences:Theory and Practice,2014,14(1):309-322.

[5] Wade-Jaimes K, Cohen J D, Calandra B. Mapping the Evolution of an After-school STEM Club for African American Girls Using Activity Theory[J]. Cultural Studies of Science Education,2019,14:981-1010.

[6] Tyler-Wood T, Ellison A, Lim O, et al. Bringing up Girls in Science(BUGS):The Effectiveness of an Afterschool Environmental Science Program for Increasing Female Students' Interest in Science Careers[J]. Journal of Science Education and Technology,2012,21:46-55.

[7] 郑永和,杨宣洋,王晶莹,等.我国小学科学教师队伍现状、影响与建议:基于31个省份的大规模调研[J].华东师范大学学报(教育科学版),2023,41(4):1-21.

[8] European Commission. High Level Group on Science Education,European Commission.

Science, Economy. Science Education Now: A Renewed Pedagogy for the Future of Europe[M]. Luxembourg: Office for Official Publications of the European Communities, 2007.

[9] Fallik O, Rosenfeld S, Eylon B S. School and Out-of-school Science: A Model for Bridging the Gap[J]. Studies in Science Education, 2013, 49(1): 69-91.

[10] 姚琳,付紫彤.STEM 教育纳入美国"放学后计划":动因、路径与成效[J].全球教育展望, 2023, 52(9): 47-58.

[11] 徐海鹏,赵洋,陈云奔,等.影响 10~19 岁学生塑造科学职业理想的新探索——英国 ASPIRES 2 项目述评[J].科普研究, 2022, 17(4): 40-47,103.

[12] 刘颖.中国式现代化进程中教育、科技、人才"三位一体"的守正创新[J/OL].(2024-01-15)[2024-03-10]. http://kns.cnki.net/kcms/detail/32.1593.C.20231219.1315.002.html.

[13] Payne T. The Role of Consensus[J]. The Western Political Quarterly, 1965, 18(3): 21-31.

[14] 门理想,马亮,骆飞.共识驱动、主体吸纳与开放赋权:合作治理中多元主体关系的再思考[J].治理研究, 2024, 40(1): 109-125,159-160.

作者简介

严凌燕(通信作者)　教育学博士,浙江师范大学教育学院讲师,硕士生导师,浙江师范大学田家炳德育研究中心、教育改革与发展研究院研究员,研究方向为教育政策、教育公平

刘薇　浙江师范大学教育学院硕士研究生

电子邮箱

lingyan.yan@zjnu.edu.cn

我国小学科学教师专业化培养的成效、问题与提升策略*

张平平　李文平

摘　要：在我国建设高质量科学教育体系的背景下，对小学科学教师队伍的素质和能力提升的关注应该重点聚焦职前教育和职前职后一体化问题。本文回顾了我国小学科学教师专业化培养的成效、职前培养的特点与存在的问题，并结合国外相关经验，提出了提升小学科学教师培养质量的策略建议。研究发现，当前我国小学科学教师专业化培养取得了明显成效，但仍然存在规模较小、层次偏低、标准缺乏、各主体间协同度不够、质量保障体系不健全等问题。我国可以从研究引领、提升层次、研制标准、完善机制、加强评估等路径出发，构建科学教育师资培育的生态网络，支撑科学教育高质量发展。

关键词：科学教育体系；小学科学教师；职前培养；高质量发展

党的二十大报告将教育、科技、人才一体规划、统筹部署，对建设高质量科学教育体系提出了迫切需求。作为科学教育体系的核心要素、科技强国的育人根基，小学科学教师的素质和专业水平对我国科学教育的整体发展质量和创新人才队伍建设高度将会产生深刻影响。然而，相关研究显示，当前我国小学科学教师队伍存在数量供给不足、专业化程度低、职业发展缺乏保障的问题[1]；小学科学教师培养面临"规模较小、层次较低、缺乏标准、协同不够、衔接不畅、效果难辨"的困境，无法满足实施新一轮科学课程改革、做好"双减"中科学教育加法以及识别与培育拔尖创新后备人才的现实需要[2][3]。

为此，教育部办公厅 2022 年发布《关于加强小学科学教师培养的通知》，针对职前培养的薄弱环节，提出"建强科学教育专业扩大招生规模、加大相关专业科学教师人才培养力度、优化小学科学教师人才培养方案、创新小学科学教师培养协同机制"。教育部等十八部门 2023

---

* 本文系全国教育科学规划教育部重点课题"家校社协同推进中小学科学教育的优化路径研究"（项目编号：DTA240390）的阶段性成果。

年印发《关于加强新时代中小学科学教育工作的意见》,提出"增加并建强一批培养中小学科学类课程教师的师范类专业""鼓励高水平综合性大学参与教师培养""探索开展科学教育专业水平认证工作"。

区别于已有研究侧重分析我国在职小学科学教师队伍的专业发展,本文聚焦职前培养,从梳理我国小学科学教师专业化培养的成效开始,分析小学科学教师职前培养的特点与存在的具体问题,并结合国外中小学科学教师培养的基本经验提出若干策略,以期为新时代建设高素质、专业化、创新型小学科学教师队伍,支撑科学教育高质量发展提供有效参考。

一、我国小学科学教师专业化培养的成效

2001 年,我国第八次基础教育课程改革提出在小学中高年级和初中设置科学综合课程,中小学对综合性科学教育师资产生了实际需求。参考怀化师范学校 1997 年开始招收综合理科师范生、长春师范学院(2013 年更名为长春师范大学)2000 年开始试点培养综合理科本科师资的做法,重庆师范大学在全国首设科学教育本科专业并于 2002 年开始招生。二十余年来,相关高校通过开设科学教育、小学教育(科学方向)等本专科专业、招收科学与技术教育专业硕士培养专业化小学科学教育师资,在学科与专业建设、科学研究、培训服务等方面取得了明显成效,为提升我国科学教师队伍和科学教育质量奠定了良好的基础。

一方面,培养专业化科学教育师资的学科与专业建设不断得到增强。根据历年的专业设置和备案名单,2001—2008 年间,我国科学教育本科专业数量快速增长,开设高校数量稳定在 66 所左右,2009—2015 年间数量增长减缓,2016 年以后逐渐恢复。截至 2023 年,教育部先后批准 99 所高校设置科学教育本科专业,其中 10 余所高校招收科学教育学术型硕士,30 余所高校招收科学与技术教育专业硕士,5 所高校设置了科学教育博士点。相关高校不断完善综合科学教育专业的课程体系、探索改革培养模式、建设课程资源和搭建协同育人平台,为社会培养输送了大批道德品质高、学科知识扎实和教育能力较强的中小学科学教师、科学教学研究人员等科技教育工作者。中国教育学会科学教育分会(成立于 1989 年)、中国青少年科技教育工作者协会(成立于 1981 年,直属于中国科学技术协会)联合中国科协青少年科技中心和相关高校,以举办骨干教师培训班、科学教育专业师范生教学技能创新大赛、召开科学教育学术年会、学科与专业建设研讨会等方式,汇集全国范围的科学教师教育者、科学教育研究者、中小学科学教师、教研员、青少年科技辅导员等科技教育工作者,增进学术及经验交流合作,促进科学教育专业规范化建设,不断提高人才培养质量。

另一方面,科研平台对科学教师培养的支撑作用不断增大。相关院校通过建设科学教育研究院、研究中心等高水平跨学科科研平台,汇聚科学教育研究力量,为教育和科技部门

提供决策咨询,为相关院校提供技术资源和学科建设的研究支撑,为科学教师和其他科技工作者提供专业培训。比如,首都师范大学、西南大学成立科学教育研究中心(2005),重庆师范大学成立科技教育与传播研究中心(2016),北京师范大学成立科学教育研究院、科学传播与教育研究中心(2019),华南师范大学成立科学技术与社会研究院(2019),浙江师范大学成立科学教育研究中心(2017)、科普教育研究院(2022),华东师范大学成立科学教育研究与教学中心(2022)。这些机构在为中小学和社会教育机构培养输送高质量的校内外科学教育师资、引领全国科学教育学术研究前沿,以及培训科技教育工作者等方面发挥了重要作用。

再一方面,面向职前和在职科学教师的培训广泛开展。相关高校依托自身的学科、研究和师资资源,与教育和科技部门、行业协会、企业等广泛合作,为科学教育师范生提供高质量的、真实的探究活动课程,面向中小学科学教师、科技辅导员、科学教研员开展各类业务培训。如教育部依托北京师范大学、东北师范大学等12所高校和中国科学院地方分院开展"全国科学教育暑期学校"中小学教师培训,帮助在职中小学科学类课程教师提高科学思维和能力;全国省、市级科技馆联合各地相关师范院校,面向全国中小学科学教师和科技辅导员开展"馆校合作中小学教师科学教育实践能力提升"项目,以提升在职科学教师跨学科教学能力。此外,许多高校还通过建设科普教育基地、培训基地等方式参与科学教师培养和科学知识普及。北京师范大学科学教育研究院、浙江师范大学科学教育研究中心等24所高校和其他39个单位被认定为"全国青少年科技教育工作者培训与实践基地(2023—2025年)",陕西师范大学、东南大学等多所高校获批"国培计划"示范性集中培训(小学科学)资质,浙江大学科普教育基地、华东师范大学生命科学学院等110所高校单位获批2021—2025年第一批全国科普教育基地。

二、我国小学科学教师职前培养的特点与问题

经过二十多年的探索,我国小学科学教师专业化培养取得了长足的发展,但在培养层次与规模、培养过程、培养质量保障等方面尚存在若干问题。

1. 主要由地方师范本专科院校培养,规模较小、层次偏低

近年来,随着相关高校为中小学持续输送综合科学教育师资,我国在职小学科学教师数量在持续增长,学历层次在不断提高,结构有了一定的优化[4]。然而,由于存在大量兼职和专业不对口现象,加之2017版《义务教育小学科学课程标准》和《义务教育科学课程标准(2022年版)》将科学课程的开设时间从小学三年级提前至一年级,在一定时期内也扩大了对小学科学教师的需求,我国专业化的小学科学教师仍然严重缺乏[5][6][7][8]。2020年国家义务教育质量监测数据显示,我国四年级科学教师持有相关教师资格的比例仅为16.6%,兼职比例高

达 77.0%[9]；教育部基础教育教学指导委员会科学教学指导专委会 2021 年对全国的调查显示，我国小学科学教师专职化率不足 30%、有理科背景的占比仅为 27.5%[10]；据测算，2017—2023 年间，我国小学科学教师年均师资缺口 12.8 万人，虽然这会随学龄儿童人数的减少而缓解，但是到 2027 年师资缺口仍将有约 3.5 万人[11]；然而 2022 年全国仅有 41 所地方本科高校、37 所高职高专院校招收科学教育专业本专科学生，招生规模分别为 2 600 余人和 2 700 余人[12]。此外，根据全国教育事业统计数据，2009—2022 年我国研究生学历的小学科学教师从 182 人增长为 6 435 人（占小学科学教师总人数的 2.69%），硕士及以上小学科学教师仅为 0.043 人每校，都远低于其他学科。

由此可以看出，我国科学教育师资的培养层次明显偏低，更加缺少高层次科学教育人才（如科学教育研究者、科学教师教育者）的专业化供给，难以满足当前义务教育课程改革和优质均衡发展对本科及以上层次高质量小学科学教师的需求。要从根本上解决小学科学教师队伍数量缺口和专业化水平低的问题，需要增强供给、提升职前培养质量。

2. 尚未制定针对性的专业标准，培养过程缺乏依据

制定专业标准，明确培养方向和能力目标是教师培养质量得以保障的基础。我国已经建立了包括《教师教育课程标准（试行）》（2011 年发布）、《中小学和幼儿园教师资格考试标准（试行）》（2011 年发布）、《小学教师专业标准（试行）》（2012 年发布）、《小学教育专业认证标准》（2017 年发布）、《小学教育专业师范生教师职业能力标准（试行）》（2021 年发布）、《义务教育科学课程标准（2022 年版）》等在内的标准体系，为中小学教师的职前培养、准入和在职培训提供指引。然而，目前我国仅有中国教育科学研究院 2018 年发布的《STEM 教师能力等级标准（试行）》及其 2.0 版本可以为学校 STEM 教育、教师培训与评价提供直接参考，尚未制定专门针对小学科学教师的专业标准，科学教师培养的专业设置、生源选拔、课程开设、实习实践等都缺乏可靠的依据和规范[13]，加之国内参与科学教育师范生培养的各高校在培养目标定位、依托的培养单位、学科平台、培养能力等方面存在较大差异，这导致科学教育师资培养的课程结构缺乏内在一致性、培养过程难以监控、培养效果缺乏有效证据。

当前，我国科学教育专业遍布于相关院校的化学化工、物理、生命科学、材料科学、人工智能、建筑工程、科学技术、初等教育、教育等院系中，以化学化工学院、物理学院、教育学院居多，但许多学校的科学教育专业的培养依托单位几经变化，使得在读学生修读了不同类型和结构的通识教育课程、学科基础课程、学科方向课程、教师教育课程和实践课程，被授予理学或教育学学位[14]。不同于英国、荷兰、澳大利亚等国在科学教师培养过程中采用的修完自然科学课程后再学习教师教育课程的"历时态教师教育模式"，我国科学教育专业采用的是学生在学习各自然科学学科学术性课程的同时学习师范性课程的"共时态教师教育模式"。

受不同院系师资配备和高校内部教学管理体制的限制,科学教育专业的课程设置追求多而全,且课程内容存在学科本位倾向,没有形成清晰的整合培养路径[15]。科学教育师范生培养普遍存在教师教育课程与学科专业课程结构不合理、学科方向课程之间的横向联系弱、跨学科课程和实习实践机会不充分的现象,导致了准科学教师的知识结构不完整、专业基础过于狭窄,实施探究式教学、项目式教学、跨学科教学的能力不足等突出问题[16],很难适应未来从事中小学科学教学与研究、科学传播与普及工作的需要。以同样有着二十余年办学历史的上海师范大学、浙江师范大学和广西师范大学科学教育专业为例,其科学教育本科师范生的最新培养依托单位分别为建筑工程学院、生命科学学院、物理科学与技术学院,其近两年发布的新版科学教育本科专业培养方案对教师教育课程的基本要求分别为 7 学分(占 4.5%)、15 学分(占 9.2%)和 12 学分(占 13.3%),对实践教学课程学分的基本要求分别为 18 学分(占 11.5%)、32.5 学分(占 20.0%)和 14 学分(占 8.5%),差异较大。

3. 已探索多种培养模式,但各主体的协同度普遍较低

在二十余年的实践中,我国探索形成了科学教师培养的多种模式,以 4 年的混合培养模式为主[17],包括大学初等教育学院本科模式、教育学院"大理科"本科模式、大学理科院系科学教育本科模式,高等师范学校专科模式[18],以及科学与技术教育专业硕士模式。相关高校努力践行"大学—政府—中小学"(U-G-S)协同育师、不断优化实践课程方案和创新培养模式[19]。比如,重庆师范大学在初等教育学院的科学教育本科专业中,构建了"校校结合、校研结合、校馆结合、校企结合"的师范生协同培育机制;首都师范大学在初等教育学院小学教育本科专业中成立"伯良书院"科学实验班,以完善的导师制、充足的校内外优质资源和高质量课程来培养卓越小学科学教师;广西师范大学在物理科学与技术学院的科学教育本科专业中,以"兴华科学技术教育协同创新平台"为基础,深化基于项目的科学探究学习和实践育人;浙江师范大学在生命科学学院的科学教育专业本科专业中,依托教育部"基于 UGS 教育共同体的实践创新型中学卓越教师培养项目",采取"见习—研习—实习—本科毕业论文"一体化的实践培养体系,提升了师范生的科学教育教学能力。

然而,科学教育师范生培养过程中普遍存在各主体合作意愿不强、内容狭窄、深度不足的问题。比如,高校内部和高校之间的协作不够,学生跨系、跨校选课机制不畅通,修读综合性科学课程的机会、参与高影响力教育实践的机会都较少;小学更多作为师范生见习和集中实习的场所,没能很好地发挥为大学提供实践型科学师资、参与科学教师教育研究的作用;行业协会没能发挥在参与制定专业标准、推进课程改革方面的功能;虽然我国拥有各类实体科技馆、流动科技馆、农村中学科技馆和数字科技馆等千余个,但科技场馆等科普教育基地和高新技术企业没有能充分发挥自身独特优势,未能深度参与科学教师职前培养和在职培

训活动[20]。

针对上述问题,需要细致诊断小学科学教师培养模式和协同机制的现状、运行成效,并从协同平台建设、协同广度和深度等方面分析小学科学教师培养协同机制存在的问题,结合利益相关者的行为逻辑、评价与激励制度建设,来分析问题成因并探讨解决对策。

4. 人才培养供需存在错位,未能实现职前职后相互衔接

我国科技专业高校毕业生规模庞大,但专业对口的小学科学教师非常缺乏,这说明科学教师的供给和需求之间存在明显错位,未能实现职前职后的良好衔接。在供给端,科学教育专业的课程结构存在偏颇、科学探究实践机会不足,阻碍了师范生的项目式教学、跨学科教学实践能力提升,导致在职科学教师"跨学科知识和技能"表现较弱、"复杂概念探究和跨学科探究"明显滞后[21];小学科学教师教研共同体严重缺失、高层次培训机会匮乏、在职培训的针对性不高,33.7%的小学科学教师未参加过每学期的教研组活动,26.6%未参加过每年教研组以上的科学专业培训[22]。在需求端,有工科背景和科学教育背景的高校毕业生进入小学科学教师队伍的渠道不畅,亟须消除招聘和师资配置中的不合理限制、提供有竞争力的薪资待遇以增强小学科学教师岗位对优秀人才的吸引力[23]。

随着落实"双减"中做好科学教育加法、2022新课标要求增加科学周课时和跨学科课时,预计将对小学科学教师产生更多需求。这些新需求不仅体现在科学教师的数量需要足额补充上,更体现在未来科学教师必备的实施问题式、项目式教学,培育学生核心素养等实践能力和创新能力提升方面,需要相关高校在人才培养中着力关注和提升。

5. 质量保障体系不健全,培养效果难辨

当前我国职前教师教育质量保障更多依赖于行政力量,缺少专业保障和市场保障力量的深度参与,导致科学教育师资的培养成效缺乏有效的证据,培养质量难以辨别和保证[24][25]。当前我国主要通过教育部门主导的普通高等学校师范类专业水平三级监测认证来规范师范生的培养过程、保障培养质量,这对于存在专业化教师教育师资不足、课程体系不成熟、实习实践标准不明晰等明显短板的科学教育专业来说,相应的保障措施远远不够。需要加强对科学教育相关专业培养方案的科学性、课程体系的合理性、课程开发与实施过程、师范生培养总体质量的监测,并督促相关院校优化方案设计,增强培养的适应性。

三、国外小学科学教师培养的基本经验

为了支撑科学教育的高质量发展,主要发达国家建立了科学教育师资的协同培养和多

元立体的支撑保障体系[26]，这些国家科学教师培养的基本经验主要体现在扩大供给、制定标准、协同多元主体、一体化培养和质量评估等方面。

1. 构建科学教师培育的生态系统，扩大师资供给

在 STEM 战略引领下，美国、英国、芬兰等国家建构起集合了大学、中小学、行业协会、科技场馆和企业的科学教育师资培育系统，通过大学教育学院培养、驻校教师培养、替代性教师培养等渠道，培养本科、硕士和博士等高层次，具有科学背景、科学教育理论与实践知识的中小学科学教师、科学教育研究者和科学教师教育者[27]。

芬兰政府资助的 LUMA 网络整合了大学、企业、协会等跨部门、跨区域的教师教育资源，加之大学主导下的"研究驱动、院系协同、校企协同、大中小学合作"的教师教育课程，为培养引领创新、持续发展的 STEM 教师提供了保障[28]。美国针对长期存在的 STEM 师资缺口问题，采用政策和资金激励、培养过程和在职支持等多种措施吸引相关专业高层次人才从教，包括设立专门的计划、鼓励 STEM 专业人士从事中小学教师职业、减免学费、给予特定类型的奖学金、减免从教后的税收、增加培养 STEM 教学能力的课程、开设学年学院支持学位获得，以及设立专业发展交流平台、提供示范性教学资源等。比如，在课程建设方面，哈佛大学开设针对研究生的"跨学科教育：为当代世界做好准备"课程，为职前教师习得跨学科教学的知识、学会跨学科教学设计与评估提供机会；在资金激励方面，2011 年美国出台国家 STEM 教师税收激励法案（National STEM Education Tax Incentive for Teachers Act of 2011），对年度内合格的 STEM 教师允许减免相当于 STEM 相关专业本科生学费 10% 的税款[29]。英国为解决 STEM 教师招聘困难与专业教师短缺的问题，采取拓宽 STEM 教师招聘渠道、广泛开展 STEM 在职教师培训项目和设立奖助学金计划等举措[30]。比如，英国政府投资的未来教学学者计划（Future Teaching Scholars Programme）旨在通过为数学与物理专业学生提供本科学位学习机会和就业培训与早期职业支持，吸引优秀的数学或物理专业学生从事 STEM 教学；英国政府设立了 STEM 学习中心（STEM Learning Center），与各地的合作伙伴一同为全国的教师、技术人员及其他教育工作者提供包括高质量的教学资源、教师共同体支持、特定学科专业发展项目等在内的持续专业发展支持[31]。

2. 制定科学教师专业标准，凝聚培养共识

除了在科学教育标准和科学课程标准中明确对中小学科学教师的教育教学要求以外，美国、英国、澳大利亚等还制定了专门针对科学教师的专业标准，为科学教师的职前培养与持续的专业发展提供参考。比如，美国的科学研究机构、教师教育专业组织联合制定了《科学教师培养标准》（Standards for Science Teacher Preparation，1998 年发布，2003 年、2012

年、2020 年三次修订)、《初任科学教师认证与发展标准》(Model Standards in Science for Beginning Teacher Licensing and Development，2002 年发布)、《优秀科学教师专业标准》(Professional Standards for American Accomplished Science Teachers，2003 年发布)[32][33]。英国制定《小学科学教师职前教育课程》(Initial Teacher Training National Curriculum for Primary Science，1997 年颁布)，从设定教师期望、了解学生学习心理、具备良好的学科和课程知识、设计和实施结构性的课程、开展适应性教学、准确有效地进行评估、进行课堂管理和履行职业责任等方面明确对小学科学教师的职前培养的要求[34]。

3. 发挥专业组织和非正式教育机构的作用，做到优势互补

高校、中小学、社会组织等机构构建教师专业共同体协同培育教师已经成为世界教师教育改革的重要趋势，这一协作机制在科学教师的培养中体现得更为明显。各类主体在科技资源方面的丰富程度不同，在科学教师培养中可以发挥各自独特的功能，实现相互补充。比如，科技馆、博物馆不仅拥有丰富的科普活动和科学教学资源，也拥有联合相关场馆、协(学)会、科普教育基地和高等院校的优势，可以通过多种渠道助力准科学教师的职业素养提升；高新技术企业拥有高水平的工程技术人员、先进的设备和生产线等软硬件资源，可以成为科学教育师范生实习实训的重要基地。

美国、澳大利亚、德国、法国等国的科研院所、科学教育行业协会、科技场馆充分发挥自身的研究、平台和资源优势，广泛参与到科学教师专业标准制定、职前科学教师培养课程开发与实施、在职科学教师培训与专业发展活动中[35]。比如，美国的科学教学协会(National Science Teaching Association，NSTA)、科学促进协会(American Association for the Advancement of Science，AAAS)等组织承担了许多科学课程改革、科学教师专业发展和科学教育推广工作。美国纽约科学中心定期开展面向职前和在职科学教师的展品教育活动教学培训、拓展课程培训，为教师提供接触多元科学课堂的组织形式，帮助其学会利用易得材料组织课堂、提升演示实验、设计科学探究、传播科学知识的能力。此外，科学中心还会邀请中小学科学教师驻馆，讲解传播本校的科学教学经验。澳大利亚科学教师协会(Australian Science Teachers Association，ASTA)联合数学教师协会与信息工业协会，促进 STEM 教师的教学技术提升、推动教师交流合作；科学教师协会与科学教育技术人员协会(Science Education Technicians Australia，SETA)共同管理的 Science ASSIST 项目面向全国的中小学科学教师和技术人员提供在线咨询和资源[36]。德国不莱梅元宇宙科学中心开发了科学教师服务项目，包括设计博物馆教育技术的学分制课程、引导性的在职讲习班、特定专题的教师论坛；法国国家空间研究中心与当地学校合作培训科学教师，自然历史博物馆为 STEM 在职教师提供继续教育课程[37][38]。

4. 精准对接教师需求，实现一体化培养

各国普遍通过提供政策、项目、资金支持，吸纳多元主体为高需求地区和学校培养科学师资，并以职前、入职和在职阶段的持续专业发展支持，助力科学教师在专业态度、知识和教学实践能力等方面的发展[39]。

比如，美国佛罗里达大学设置了五年制 K-5 硕士计划、U-Teach 辅修计划、选择性的小学科学教师培养计划以满足具有不同专业背景和经验的个体从事各学段科学教学的差异化需要；美国自然历史博物馆于 2012 年启动了专门为纽约市 STEM 师资薄弱学校培养地球科学教师的教学硕士项目，为期 15 个月，涵盖科学教学和科学知识课程修读、驻博物馆的暑期学习、驻校教学实习、科学研究实习等培养环节，贯通了正式和非正式教育环境、衔接了职前教育和职后支持[40][41]。英国政府于 2014 年推出"数学与物理教师供应计划"，提供新速成课程、重返教学试点项目和教师专业培训等服务，旨在满足转岗从业者、希望重返岗位的合格教师和在职科学教师的专业发展需求[42]。芬兰 LUMA 网络与大学合作，为职前教师提供真实体验科学活动、与母校和校友建立联系的机会，为在职 STEM 教师提供包括讲习班、在职培训课程、咨询、网络研讨会在内的专业发展活动[43]。澳大利亚政府于 2014 年启动"加强数学与科学教师培训计划"，分为五个培训项目和一个评估项目，包括修读创新型教师教育课程、中小学实习、真实生活情境体验等培养环节，提供优质连贯的师范教育和职后培训[44]。

5. 重视培养质量的循证评估，激励可持续发展

各国对于科学教师培养的质量保障十分重视，比如，美国建立了包括行政、专业和市场力量在内的科学教师培养质量保障体系[45][46]。行政力量体现为美国国家教师质量委员会、美国国家专业教学标准委员会、美国教师培养认证委员会、美国国家教育科学院等相关机构对全美教师培养质量进行的常规性系统调研，联邦和州政府要求高校提交"教师培养质量年度报告"并以此为主要依据给予拨款和项目审批；专业力量体现为美国教育工作者培养认证委员会建立的包括学科知识和教学知识、教学合作和实践、师范生的质量招聘和选拔、项目的影响力、教师培养机构的质量和持续改进等在内的认证标准；市场力量体现为以美国公立大学联合会设立的"美国卓越教师教育奖"、全美教师教育质量委员会发布的教师教育院校排名等。教师教育机构通常会委托第三方对课程质量、师资质量、职后支持和项目影响开展循证评估，并通过毕业生的教师资格证书通过率、就业和留任率，毕业生和用人单位的满意度调查，毕业生所教学生的科学学习进展来检验培养质量、督促项目持续改进。比如，北卡罗来纳大学通过对近 50 万高中生数学及科学成绩的分析，评估参与过其教师培养项目的教师的质量和对 K-12 学生学习表现的影响，并确定需要改进的领域[47]。

四、促进我国小学科学教师培养质量提升的策略

高质量科学教育体系和高水平教师教育体系建设为小学科学教师队伍的高质量发展提供了挑战和契机。为此，我国需要聚焦关键问题、明确核心任务，重构包含治理体系、学术体系、职前培养体系和职后培训体系在内的科学教师教育体系[48]。在细致分析小学科学教师职前培养、在职科学教师队伍现状的基础上，应当充分借鉴国际经验，构建科学教育师资培育的生态网络，从研究引领、提升层次、规范标准、完善机制、强化评估等方面出发，多管齐下，有效提升科学教师培养质量，支撑科学教育高质量发展。

1. 以科学研究为引领，服务政策制定和人才培养

小学科学教师培养的研究对于深化高质量科学教育体系建设、教师教育一体化发展和科教融汇等理论研究具有重要意义。为此，我国不同学科的研究者，可以从宏观、中观、微观等层面，综合运用文献分析、比较研究、调查研究、案例分析、统计分析等多种方法，开展小学科学教师的数量需求预测、专业成长规律、专业素养的国际比较，社会组织参与小学科学教师培养的促进机制、科学教育专业师范生培养质量、职前科学教师培养的有效模式、科学教师培养质量评估的域外经验等研究。

需要强调的是，小学科学教师队伍建设研究不仅要基于政策分析，更要在循证教育的思想下开展。比如，什么样的专业发展项目对小学科学教师的专业素养（包括教学信念、能力和实践）提升最为有效？这不仅可以根据大规模教育质量评价数据来从面上揭示，更可以通过对国内外相关实验研究、准实验研究开展元分析，提炼最佳证据来回答。

2. 鼓励高水平师范院校和综合性大学参与，大力提升培养层次

高校是助力我国科学教育质量和全民科学素质提升的核心力量。《全民科学素质行动规划纲要（2021—2035 年）》《关于加强小学科学教师培养的通知》《关于加强新时代中小学科学教育工作的意见》等文件都对高等师范院校和综合性大学开设科学教育相关专业、扩大招生规模提出了具体要求。

高等师范院校，尤其是高水平师范院校是培养科学教师的主阵地，具有师资队伍素质高、办学历史和经验丰富、校风学风优良等优势，应该积极整合校内外优质资源开设科学教育本科专业、扩大招生规模、提升培养层次，并努力发挥以研究支撑学科建设与人才培养，密切联系中小学和教师发展机构，统领科学教师教育共同体建设的核心功能。

高水平综合大学、理工类高校是我国科技创新的战略力量，在推动科学教育高质量发展、实现高水平科技自立自强中具有重要作用。综合性大学凭借自身的生源、学科、科技资

源优势,已经成为我国教师教育的重要力量,开始参与到科学教育政策制定、科学教育课程改革研究、科学教师培训当中;一些综合性大学还结合地方需求,支持科技高中、综合高中建设。然而,综合性大学参与教师教育还面临若干突出的困境,需要破除组织和管理体制、评价机制、资源保障能力等方面的障碍,积极参与到科学教师培养和科学教育研究中来。

3. 研制培养基本标准,创新培养模式

一方面,我国应加强小学科学教师专业标准建设。借鉴中小学科学教师标准的域外经验,整合研究成果,统筹义务教育科学课程标准、中小学教师专业标准、师范生教育教学能力标准、师范专业水平认证标准的基本要求,研制各学段科学教师培养标准,明确对新手、熟手到卓越教师的进阶要求,为职前培养的课程体系建设、实习实践活动提供有效指引。比如,在科学教师准入标准中应着重强调复合型的知识结构、跨学科课程设计与实施、学生科学素养评价、非正式学习环境中的教学,以体现科学教师必备的独特素质。

另一方面,相关院校应该对科学教育师范生的培养模式进行改革创新、对课程体系进行转型升级。数字化发展、高水平教师教育体系建设对教师教育课程转型、师范生培养模式的开放协同趋势都提出了新的要求。为此,我国应该从优化培养方案、课堂教学、实习实践等方面着手,加强科学教育课程体系构建、课程教学资源建设、协同育人平台搭建,不断改革培养模式、提升科学教育师范生职前培养质量。

4. 构建多主体有效合作、职前职后一体化的系统机制

小学科学教师培养系统涉及地方政府、高等院校、小学、专业组织和非正式教育机构等五大类主体,呈现出场域的开放性、培养过程的复杂性和培养体系内部的非线性作用特点,需要各主体在制定合理的规模结构、培养目标,加强课程、资源、团队和实践基地建设等领域的全方位有效协同,以实现职前培养、入职和在职培训的一体化发展。其中,地方政府主要承担搭建合作平台、提供政策支持、监管教师培养实践的大任;高师院校和相关综合性大学主要承担加强科学教师教育研究、改进科学教师培养实践和培训质量的重任;小学主要承担提供补充性的科学教育师资和实践基地、检验反馈师范生培养质量的责任;专业组织(包括科研院所、行业协会、教师发展机构)主要发挥参与研制培养标准与规范、指导并支持科学教师持续专业发展的功能;非正式教育机构(包括各类科技场馆、高新技术企业等科普教育基地)主要发挥协助优化培养培训课程体系、拓展科学实践机会的优势。

当前,我国馆校合作正在蓬勃开展,包括上海自然博物馆、北京索尼探梦科技馆、广东科学中心等场馆与地方教育部门和学校合作开展了在职教师培训与课程开发。未来应将馆校合作的内容拓展至教师职前培养阶段,并通过互相开放课程、互派教师、协同教研、共建稳定

的教学实践基地等方式强化科学教育师范生培养中的校校合作、校企合作。

5. 建立以第三方评估为主导的质量保障机制

为保证培养质量,应完善科学教师职前培养的质量保障体系,探索开展科学教育专业水平认证,组织多主体开展循证取向的科学教师培养质量评估,激励教育机构创新培养实践、提升培养质量。首先,细化专业水平认证标准。在普通高校师范专业水平认证实施办法和认证标准的基础上,考虑科学教育专业的特殊性,重点考察培养共同体的构建、实践基地的建设、实习的内容与过程、用人单位满意度等指标。其次,建立有效的评估机制。建立以第三方为主,科学、独立、基于证据的评估机制,对各类科学教师培养项目的实施情况进行监控和反馈;开展优秀科学教师培养项目评选,及时宣传优秀经验。

参考文献

[1][4] 王晓生.小学科学教师队伍建设:价值使命、现实羁绊与实践路径[J].中国教育学刊,2023,(6):91-95.

[2] 任友群.持续推进科学教师队伍建设的行动与思考[J].中国基础教育,2023(2):6-8.

[3][10] 郑永和,杨宣洋,王晶莹,等.我国小学科学教师队伍现状,影响与建议:基于31个省份的大规模调研[J].华东师范大学学报(教育科学版),2023,41(4):1-21.

[5] 赵璐,魏秀,周建中.我国中小学科学教师队伍建设的问题与建议[J].中国科技教育,2021(10):6-7.

[6] 李娟,陈玲,李秀菊,等.我国小学科学教师和科学教育基础设施现状分析研究[J].科普研究,2017,12(5):58-62,70.

[7] 黄健毅,廖伯琴.我国2016—2020年义务教育科学教师缺口量预测[J].教师教育研究,2015,27(4):27-30.

[8] 左成光.2018—2030年我国小学科学教师需求预测及对策研究[J].教师教育学报,2019,6(6):78-85.

[9] 田伟,辛涛,胡卫平.义务教育阶段的科学教育:关键问题与对策建议[J].北京师范大学学报(社会科学版),2021(3):82-91.

[11][23] 尚俊杰,石柱.用优秀的科学教师赋能未来[N].光明日报,2022-08-09(15).

[12] 林长春.科学教育本科专业与学科建设:进展、问题、展望——基于重庆师范大学20年的实践探索[EB/OL].(2022-12-24)[2024-04-10].http://www.xttc.edu.cn/col/1565687427101/2022/12/24/1671868518733.html.

[13] 宋萑.提升教师培养质量　奠基科学教育[N].中国教育报,2022-06-02(2).

[14] 王康友,李秀菊.科学教育蓝皮书：中国科学教育发展报告(2017)[M].北京：社会科学文献出版社,2017：230-273.

[15] 邓磊.我国高师综合科学教育专业课程设置框架的建构研究[D].重庆：西南大学,2011.

[16] 解凯彬.我国中小学科学教师职业能力重构与培养路径优化——基于科学教育加法背景的思考[J].中小学科学教育,2024(1)：70-76.

[17] 史秋衡,李维.澳大利亚卓越科学教师职前培养方略[J].江苏高教,2024(3)：25-32.

[18] 林长春.构建"四结合"多元协同育人新机制[N].中国教师报,2022-12-14(13).

[19] 丁邦平.我国小学科学教师教育：现状、问题与思考[J].当代教师教育,2011,4(2)：1-7.

[20] 武向平.切实提升青少年科教工作者综合素质的几点建议[J].中国基础教育,2023(2)：11-13.

[21] 郑永和,周丹华,王晶莹.科学教育的本质内涵、核心问题与路径方法[J].中国远程教育,2023,43(9)：1-9,27.

[22] 王晶莹.强教必先强师：紧抓科学教育的"牛鼻子"[N].中国教师报,2022-06-08(13).

[24] 冯慧,饶从满.美国教师培养外部质量保障体系探究[J].外国教育研究,2017,44(12)：3-15.

[25][28] 朱旭东.加强高质量基础教育教师队伍建设的重大部署[J].人民教育,2022(10)：15-17.

[26] 王素,张永军,方勇,等.科学教育：大国博弈的前沿阵地——国际科学教育战略与发展路径研究[J].中国教育学刊,2022,(10)：25-31.

[27] 沈伟,杨悦宁."合作创造更多"：芬兰STEM教师教育的供给主体与协同机制[J].高等教育研究,2021,42(12)：101-109.

[29] 赵中建.美国中小学STEM教育研究[M].上海：上海科技教育出版社,2017.

[30] 吴慧平,陈怡.英国STEM教师培养的现实困境与应对策略[J].外国中小学教育,2019(2)：42-50.

[31] National College for Teaching and Leadership. A Guide to STEM Continuing Professional Development（CPD）Opportunities for Teachers[EB/OL].（2016-04）[2024-05-10]. https：//assets. publishing. service. gov. uk/government/uploads/system/uploads/attachment_ data/file/537097/A_guide_to_STEM_CPD_opportunities_for_teachers.pdf.

[32] 张一鸣,王健,白欣,等.美国NSTA科学教师培养标准变革及启示[J].课程·教材·教

法,2021,41(12):130-136.

[33] Haverly C, Davis E. Unpacking Readiness for Elementary Science Teaching: What Preservice Teachers Bring and How that Can be Shaped through Teacher Education[J]. Studies in Science Education, 2024, 60(1):75-119.

[34] Department for Education. ITT Core Content Framework[EB/OL]. (2019-11-01)[2024-05-10]. https://assets.publishing.service.gov.uk/media/6061eb9cd3bf7f5cde260984/ITT_core_content_framework_.pdf.

[35] Gilbert A, Hobbs L. Partnerships in K-12 Preservice Science Teacher Education[M]. Handbook of Research on Science Teacher Education (1st ed.). New York: Routledge, 2022: 178-188.

[36] Australian Government, Office of the Chief Scientist. STEM Programme Index 2016[EB/OL]. (2016-01-20)[2024-05-10]. https://www.chiefscientist.gov.au/sites/default/files/SPI2016_release.pdf.

[37] 鲍贤清,汤婉琴.赋能教师:博物馆中的教师专业发展[J].中国科技教育,2021(4):19-21.

[38] 庄瑜.馆校合作中的中小学教师专业发展:价值、现状与展望[J].中国博物馆,2022(1):15-21.

[39] Hernán C, Claudia V, David S, et al. Preservice Science Teachers Education Around the Globe: Trends, Challenges, and Future Directions[M]. Handbook of Research on Science Teacher Education (1st ed.). New York: Routledge, 2022:163-177.

[40] 陈舒,裴新宁.正式与非正式科学教育组织的协作——美国K-12科学教育的经验与启示[J].全球教育展望,2016,45(1):84-93.

[41] 付积,王牧华.基于馆校合作的美国教师教育课程探索及挑战[J].外国教育研究,2021,48(2):88-102.

[42] Foster D. Teacher Recruitment and Retention in England[R/OL]. (2018-12-10). https://dera.ioe.ac.uk/id/eprint/32668/1/CBP-7222%20(1).pdf.

[43] Vihma L, Aksela M. Inspiration, Joy, and Support of STEM for Children, Youth, and Teachers Through the Innovative LUMA Collaboration [M]//Finnish Innovations and Technologies in Schools. Rotterdam: Sense Publishers, 2014:129-144.

[44] Deehan J. Primary Science Education in Australian Universities: An Overview of Context and Practice[J]. Research in Science Education, 2022, 52:1735-1759.

[45] 祝刚,荀渊.美国教师教育体系迈向3.0[N].中国教育报,2022-09-08(9).

[46] 付淑琼.美国卓越教师教育奖研究[J].比较教育研究,2016,38(8):50-56.

[47] Thomasian J. B. Building a Science,Technology,Engineering,and Math Agenda:An Update of State Actions [EB/OL]. (2011-12)[2024-04-10]. https://files.eric.ed.gov/fulltext/ED532528.pdf

[48] 张军,朱旭东.重构科学教师教育体系[J].教育研究,2023,44(6):27-35.

作者简介

张平平　郑州大学教育学院副教授、教育学博士,研究方向为教育测量与评价

李文平(通信作者)　郑州大学教育学院副教授、教育学博士,研究方向为教育测量与评价、教育政策评估

电子邮箱

liwp@zzu.edu.cn

zhangpingping@zzu.edu.cn

Part

3

科学教育的实践探索

科学教师跨学科教学能力现状及提升策略

——基于浙江省与湖北省的实证调查*

王梦倩　杨　梅　崔　鸿

摘　要：跨学科教学能力是科学教师在实施科学课程时所展现出的促进学生跨学科学习的综合能力。本研究以浙江省和湖北省的 1270 名中小学科学教师为对象进行问卷调查。结果表明，科学教师的跨学科教学能力整体表现较好，但专业要素尚存不足，尤其是工程实践能力。背景变量如性别、年龄、职称对科学教师跨学科教学能力的影响较小，而地区和学段的差异对其影响显著。为此，应将跨学科教学能力纳入科学教师的培养与评价体系，精准对接教师发展需求，优化工作环境与管理，关注并缩小地区差距，以提升科学教师的跨学科教学能力，促进科学教育高质量发展。

关键词：科学教师；跨学科教学能力；现状调查

一、问题提出

教师是立教之本、兴教之源。在科学教育领域，教师的科学素养和专业能力对于学生科学知识的学习至关重要。科学教师不仅要理解科学知识，还要掌握教育方法，深刻理解科学教育的目的、学生的学习方式以及教师的教学策略。这要求科学教师对科学的本质、方法、精神以及科学与社会的关系有充分的认识，并且具备科学探究和工程实践的经验，对科学教学和人才成长的规律有科学的把握，从而具备良好的科学教学能力，引导学生走进科学世界[1]。

我国政府已经意识到建设高素质、专业化、创新型的科学教师队伍的重要性，并出

＊　本文系 2023 年度教育部人文社会科学研究一般项目"科学教师跨学科教学能力评价框架构建与应用研究"（项目编号：23YJA880006）、2020 年度湖北省教育科学规划一般课题"湖北省中小学教师 STEM 教育培训课程体系构建研究"（课题编号：2020GB194）的阶段性成果。

台了一系列政策文件。2022年5月,《教育部办公厅关于加强小学科学教师培养的通知》提出了加强科学教师培养的多项措施,旨在提高科学教育水平,夯实创新人才培养的基础。同年6月,教育部党组在《人民日报》发表的文章中强调了教师在培养创新人才、建设教育强国中的关键作用。2023年5月,教育部联合其他部门发布了《关于加强新时代中小学科学教育工作的意见》,将科学教师专业化建设视为科学教育高质量发展的核心动力。

然而,当前科学教师在跨学科教学方面面临挑战,这主要源于中小学教师往往只具备单一学科的知识背景,缺乏对交叉学科核心概念和结构的深入理解[2]。即使在全科小学教师培养和在职培训过程中,对跨学科视野和教学能力的重视程度也显得不足。这种现状导致在实际教学中,各学科知识往往以"拼盘式"混合,缺乏真正的融合与整合[3]。因此,提升教师的跨学科教学能力和知识背景对于推动科学教育的跨学科发展至关重要。然而,当前在教师培养和相关研究中,科学教师跨学科教学能力的发展并未得到充分重视。

为了解决这一问题,本研究将基于前期开发的科学教师跨学科教学能力评价量表,客观、准确地评估科学教师的跨学科教学能力。通过评估了解科学教师跨学科教学能力的现状,识别出他们在能力发展上的表现差异及其影响因素,进而为制定针对性的改进策略提供科学依据。

二、相关研究综述

在当前教育领域,跨学科教学能力的培养对于科学教师而言至关重要。尽管相关研究相对较少,但已有研究为我们提供了一定的视角和模型。赵虹云[4]通过访谈和文本分析,构建了小学科学教师跨学科教学能力的伞状模型,涉及思维、知识整合等多个方面。孙荣[5]则通过文献回顾,明确了小学科学教师跨学科教学素养的内涵,包括环境场、教学素养等要素。

与跨学科教学能力相比,科学教师的教学能力、专业素养以及特定教学能力的研究更为丰富。王碧梅[6]提出的科学教师教学能力评价指标体系,为教师的教学能力提供了全面的评价框架。张彩琴[7]聚焦于STEM教育理念下的教学素养,强调了教学策略和合作能力的重要性。刘东方[8]和蒋永贵等人[9]的研究则分别针对理科教师和综合科学教师的专业发展提供了模型和框架。

在国际研究领域,虽然直接聚焦于科学教师跨学科教学能力的研究不多,但许多研究在探讨科学教师的教学能力时,已间接强调了跨学科教学的必要性。例如,马格努森(Magnusson)等人[10]提出的学科教学知识(Pedagogical Content Knowledge,PCK)模型,强调了教师对学科课程的深入理解,为跨学科教学提供了知识基础。卢赛罗(Lucero)等人[11]的研究则指出了学科内容知识(Subject Matter Knowledge,SMK)的重要性,这为科学教师跨学科知识整合提供了支撑。在教学实践中,跨学科教学能力的需求日益凸显。科洛瑟(Kloser)[12]基于"基于实践"的教学理论,主张将科学知识与学生的日常经验相结合,这种实践导向的教学方法正是跨学科教学能力的具体应用。

基于上述分析,关于科学教师跨学科教学能力与其整体教学能力之间的关系,目前学术界存在两种主流观点:一种认为科学教师的跨学科教学能力应融入整体教学能力之中;另一种则认为教学能力应细分为一般教学能力、学科教学能力和跨学科教学能力三个并列的部分。本研究持第三种观点,即认为科学教师的跨学科教学能力应是其教学能力的核心部分,跨学科教学能力不仅仅是其他能力的补充,更是其整体教学能力的核心要素。具备跨学科教学能力的科学教师能够更好地整合多学科知识,设计综合性的教学活动,从而培养学生的综合素养。因此,本研究将科学教师跨学科教学能力定义为:在科学课程实施过程中,教师为达到整合多学科知识、促进学生跨学科学习、提升学生综合素养的教学目标所展现出的综合能力。

三、研究设计

1. 调查对象

为了保证科学教师跨学科教学能力调查的有效性和广泛性,本研究选择了浙江省和湖北省作为抽样省份,具体原因如下:一是浙江省和湖北省分别位于中国的东部和中部,在地理位置、经济发展水平、教育资源分配和文化背景方面存在较大差异,可以反映出科学教师跨学科教学能力的区域差异和影响因素。二是浙江省和湖北省都是科学教育的重点省份,浙江省是综合科学教育试验区,湖北省武汉市曾是初中科学的试点城市,两个省份在科学教育上具有代表性和先进性。因此,浙江省和湖北省作为抽样省份,可以充分体现科学教师跨学科教学能力的多样性和复杂性,为本研究提供有力的数据支持。

科学教师是本研究的核心研究对象,包括浙江省和湖北省的小学科学教师,以及浙江省的初中科学教师。正式问卷通过问卷星进行发放。为保证问卷填答质量,除在问卷指导语部分进行相关说明外,部分地区首先与教研员进行沟通,由教研员在协助进行问卷发放时对教师给予说明与指导。正式测试共回收问卷 1 373 份,经过严格的逻辑与测谎验证后,得到有效问卷 1 270 份,有效率为 92.50%,其中小学科学教师 1 000 份,初中科学教师 270 份。基本信息分布情况如表 1 所示。

表1　科学教师个人基本信息

变　量	类　别	频　次	百　分　比
性别	男	412	32.4
	女	858	67.5
学校所在省份	湖北省	401	31.6
	浙江省	869	68.4
年龄	25 岁以下	65	5.1
	26~35 岁	601	47.3
	36~45 岁	362	28.5
	46~55 岁	216	17.0
	56 岁以上	26	2.0
最高学历	博士研究生	0	0.0
	硕士研究生	107	8.4
	本科	1 087	85.6
	大专及以下	76	6.0
学校类型	市区学校	477	37.6
	县城学校	292	23.0
	乡镇学校	501	39.4
所授学段	小学	1 000	78.7
	初中	270	21.3

注：因对各分项数据进行了四舍五入处理,所以部分数据相加结果可能与预期总数略有差异。

从性别分布来看,女性教师在科学教师队伍中占据显著优势,占比高达 67.5%,相较之下,男性教师仅占 32.4%。在年龄结构上,科学教师队伍主要由年轻和中年教师构成。具体而言,26~35 岁年龄段的教师占比最高,达到 47.3%,紧随其后的是 36~45 岁的教师,占28.5%。这一年龄分布体现了科学教师队伍的活力和中坚力量的稳固。在学历层次上,具备大学本科学历的教师占据绝大多数,高达 85.6%,这充分展示了科学教师队伍较高的专业素养和教育背景。值得注意的是,本研究样本中并未出现博士研究生,这可能与研究范围和样本选择有关。上述样本结构与 2021 年下半年教育部组织的小学科学教师队伍调查数据[13]相吻合,进一步证明了本研究样本的代表性,能够较为准确地反映所研究群体的整体状况。此外,从学校类型和所授学段来看,科学教师队伍的分布呈现相对均衡的态势。市区学校、县城学校和乡镇学校的教师占比分别为 37.6%、23.0% 和 39.4%。在学段方面,由于初中科学课程主要在浙江省开设,因此初中科学教师在样本中的占比相对较低,但这一样本量能够在一定程度上反映初中科学教师的实际情况,为相关研究提供有价值的参考。

2. 研究工具

本研究旨在深入探究科学教师的跨学科教学能力,采用自行研发的"科学教师跨学科教学能力评价量表"进行调查。该量表涵盖了五个关键维度:专业要素、理念要素、实践要素、情意要素和发展要素,每个维度进一步细化为 2 至 3 个二级指标。研制过程如下图所示。

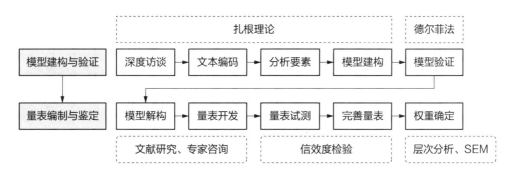

图 1　评价量表编制思路

首先,本研究采用扎根理论的方法,对一线科学教师和高校科学教育专家进行了深入访谈,揭示那些能够适应未来趋势并实施跨学科科学课程的教师特质,并构建了一个初步的科学教师跨学科教学能力模型。随后,通过德尔菲专家问询法,以匿名方式向领域专家征求意见,对模型内容进行了修正,并开发了评价量表,通过文献资料和专家咨询,初步形成了包含 85 个题项的初始量表。接下来,本研究在山东省和广西壮族自治区的科学教师开展了评价量表的试测,并运用了验证性因子分析、信度分析和效度分析等统计方法,以检验科学教师跨学科教学能力模型的效度。验证性因子分析结果显示,拟合指数 CMIN/DFF 为 2.530(小于 3),RMSEA 为 0.072(小于 0.08),表明模型的拟合情况较为理想,从而验证了科学教师跨学科教学能力模型的合理性。进一步分析量表的聚敛效度和区分效度,结果表明该量表具有一定的内部一致性,并且不同潜在变量之间能够有效被区分。信度分析结果如下表 2 所示,整体来看,该量表的各个部分都显示出非常高的内部一致性和良好的分半信度,表明该量表的有效性和适用性。

最后,本研究通过层次分析法和结构方程模型的结合应用,确定了各指标在科学教师跨学科教学能力评价中的权重,形成了以下表达式:

$$Y = 0.224A_1 + 0.182A_2 + 0.240A_3 + 0.178A_4 + 0.156A_5$$

表 2 量表信度估计

	总体量表	专业要素	理念要素	实践要素	情意要素	发展要素
项目数	69	14	15	24	9	7
内部一致性信度系数	0.991	0.971	0.972	0.987	0.967	0.953
分半信度系数	0.933	0.902	0.891	0.963	0.902	0.928

其中,Y 代表科学教师的跨学科教学能力,A_1 至 A_5 分别代表专业要素、理念要素、实践要素、情意要素和发展要素。

专业要素是科学教师跨学科教学的基础,包括跨学科知识、思维和能力三个关键方面,是教师进行有效跨学科教学的必备条件。

理念要素对科学教师的跨学科教学起着指导作用,涉及教师对教学目标、内容和过程的理解和认识,影响教学设计和实施,反映教学风格和水平。理念要素细分为目标理解、内容理解和过程理解三个部分。

实践要素能体现教师在跨学科教学中的实际操作能力,包括教学规划、组织、资源和评价四个方面,展现教师教学的综合性、创新性、实践性和评价性。

情意要素作为科学教师教学的内在驱动力,可以反映教师对科学教育的情感态度和价值取向,涉及价值认同、情感态度和专业信心三个要素,对教学兴趣和效果有着重要影响。

发展要素是教师持续提升教学能力的动力,包括学习能力和反思能力,是推动教师专业发展的关键。

此外,教师的个人背景,如性别、年龄、地理位置、学历和学校类型等,对教学实践同样具有显著影响。先前研究已指出这些因素与小学科学教师的教学实践密切相关,本研究也将考察这些背景变量对跨学科教学能力的影响。

3. 数据分析

本研究的数据分析过程分为两个主要步骤:

第一步是对科学教师跨学科教学能力的量表数据进行全面的描述性统计分析。通过计算量表中各变量的均值、标准差、最大值和最小值等关键统计指标,深入理解数据的分布特征和基本情况。

第二步为探究影响科学教师跨学科教学能力的多元因素。在这一阶段,研究首先对科学教师队伍的整体状况进行了初步分析,以揭示其内在特质和可能面临的挑战。接着,使用 SPSS 25.0 软件对量表数据进行了一系列深入的差异性分析。根据科学教师的不同分类特征（如性别、年龄、职称等），运用了独立样本 T 检验、方差分析（Analysis of Variance，ANOVA）以及相应的事后检验等统计方法，以精确识别不同类别的科学教师在跨学科教学能力方面是否存在显著差异，并进一步挖掘出影响教师跨学科教学能力的关键因素。

四、调查结果

1. 科学教师跨学科教学能力描述性统计

为全面了解科学教师跨学科教学能力现状，研究对其总体跨学科教学能力和各维度得分进行了描述性统计分析。得分情况如表 3 所示。科学教师的跨学科教学能力和各子维度的均分范围在 3.796 至 4.358 之间。参照相关研究，我们将量表得分按照从高到低的顺序划分为四个等级：优秀（X≥4.5）、良好（4.0≤X＜4.5）、一般（3.5≤X＜4.0）和不足（X＜3.5）[14][15]。据此标准，科学教师在跨学科教学能力方面整体达到"良好"水平，其中专业要素的得分处于"一般"水平，而其他四个要素均达到"良好"水平。

表 3　科学教师跨学科教学能力得分的描述统计（n＝1 270）

名　称	最小值	最大值	平均值	标准差	中位数
跨学科教学能力	1.170	5.000	4.156	0.611	4.210
专业要素	1.000	5.000	3.796	0.718	3.915
理念要素	1.000	5.000	4.322	0.682	4.460
实践要素	1.000	5.000	4.259	0.675	4.265
情意要素	1.000	5.000	4.358	0.664	4.530
发展要素	1.000	5.000	4.139	0.733	4.000

进一步深入分析科学教师在跨学科教学能力各维度的具体表现，结果同样展示在表 4 中。综合来看，在跨学科教学能力的多个指标中，"以学生为中心"的得分最高，而"创新能力"的得分最低。具体到各子维度：在专业要素方面，各指标的均分介于 3.537 至 3.988 之间，其中教师对"跨学科概念"的了解最为深入，而对"创新能力"的掌握相对较弱。对于理念要素，各指标的平均得分在 4.103 至 4.561 之间，其中对"以学生为中心"的教学过程理念认同度最高，而对"创新素养"这一教育目标的认识则相对欠缺。在实践要素维度，各指标的平均得分范围为 4.152 至 4.345，其中"评价方式"的实践得分最低，而"组织学生探究实践"的教学过程得分最高。情意要素中，各指标的均分在 4.201 至 4.516 之间，教师对科学教育价

值的认识得分最高,而对个人教学能力的自我效能感得分最低。最后,在发展要素方面,各指标的均分介于4.055至4.306之间,其中与同事合作的能力得分最高,而对教学实践的反思能力得分最低。

表4　科学教师跨学科教学能力各指标得分情况

一级指标	二级指标	三级指标	平均值	一级指标	二级指标	三级指标	平均值
专业要素	跨学科知识	科学知识	3.916	实践要素	教学组织	营造积极的课堂氛围	4.308
		跨学科概念	3.988			组织学生探究实践	4.345
		多学科知识	3.651			激发学生积极思维	4.334
	跨学科思维	科学思维能力	3.954		教学支持	资源利用	4.289
	跨学科能力	工程实践能力	3.569			资源开发	4.230
		科学探究能力	3.645			评价内容	4.196
		创新能力	3.537			评价标准	4.155
理念要素	目标理解	科学素养	4.157			评价方式	4.152
		人文素养	4.106	情意要素	价值认同	价值信念	4.516
		创新素养	4.103			发展信念	4.507
	内容理解	以核心概念为中介	4.347		情感态度	热爱信念	4.368
		以学生身心发展为起点	4.451		专业信心	教学效果信念	4.242
		以社会需要为方向	4.386			教学能力信念	4.201
		以学生为中心	4.561	发展要素	学习能力	科学知识学习能力	4.207
	过程理解	注重探究实践	4.441			科学教学知识学习能力	4.155
		注重合作学习	4.506			合作能力	4.306
实践要素	教学规划	教学目标设计	4.286		反思能力	对教学实践进行反思	4.055
		教学内容挖掘与跨学科整合	4.212				
		教学情境创设	4.184				
		教学策略设计	4.181				

2. 不同群体科学教师跨学科教学能力的差异分析

为更深入分析科学教师跨学科教学能力现状,本研究使用了独立样本 t 检验和单因素方差分析,对不同特征的科学教师跨学科教学能力进行差异检验。其中不同性别、年龄、学历、学段以及学校区域的科学教师在跨学科教学能力上有显著差异。不同职称的科学教师在跨学科教学能力上无显著差异。

(1) 不同性别在科学教师跨学科教学能力上的差异

研究对不同性别的科学教师进行了独立样本 t 检验,结果如表5所示。专业要素在性别上有显著差异,男性显著高于女性,而跨学科教学能力、理念要素、实践要素、情意要素和发展要素在性别上无显著差异。

表5 不同性别科学教师跨学科教学能力差异分析比较

	性别(平均值 ± 标准差)		t	p
	男($n=412$)	女($n=858$)		
跨学科教学能力	4.15 ± 0.65	4.16 ± 0.59	-0.236	0.814
专业要素	3.88 ± 0.72	3.75 ± 0.72	2.995	0.003^{**}
理念要素	4.27 ± 0.70	4.35 ± 0.67	-1.782	0.075
实践要素	4.22 ± 0.69	4.28 ± 0.67	-1.358	0.175
情意要素	4.34 ± 0.69	4.37 ± 0.65	-0.707	0.480
发展要素	4.10 ± 0.76	4.16 ± 0.72	-1.262	0.207

* $p<0.05$ ** $p<0.01$

(2) 不同年龄在科学教师跨学科教学能力上的差异

研究对不同年龄段的科学教师进行单因素方差分析后发现,只有理念要素这一维度上不同年龄段的教师存在显著差异($t=3.096$, $p=0.015$)。中年教师(26—45岁)在理念要素上的评分显著高于较年轻(25岁以下)和较年长(56岁以上)的教师。在其他五个维度上,不同年龄段的教师之间没有显著差异。各方面得分趋势如图2所示。除更年轻的科学教师具有更强的专业要素外,其他维度均为26—35岁年龄段的教师得分较高。

(3) 不同学历在科学教师跨学科教学能力上的差异

研究对不同学历的科学教师进行了独立样本 t 检验,结果如表6所示。除了专业要素外,其他五个维度(跨学科教学能力、理念要素、实践要素、情意要素和发展要素)上不同学历组都存在显著差异。事后比较显示,在存在显著差异的五个维度上,硕士研究生组和本科组的评分都显著高于大专及以下组。

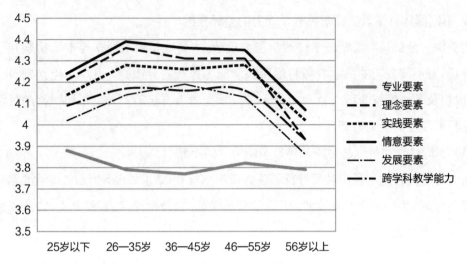

图 2　不同年龄在科学教师跨学科教学能力上的差异折线图

表 6　不同学历科学教师跨学科教学能力差异分析比较

	最高学历（平均值±标准差）			*F*	*p*	事后比较
	硕士研究生 （A） （$n = 107$）	本科 （B） （$n = 1\,087$）	大专及以下 （C） （$n = 76$）			
跨学科教学能力	4.21±0.54	4.16±0.61	3.97±0.74	4.223	0.015*	A＞C,B＞C
专业要素	3.80±0.69	3.80±0.72	3.74±0.71	0.206	0.814	/
理念要素	4.39±0.57	4.34±0.68	4.04±0.81	7.156	0.001**	A＞C,B＞C
实践要素	4.31±0.61	4.27±0.67	4.07±0.77	3.559	0.029*	A＞C,B＞C
情意要素	4.43±0.58	4.37±0.66	4.14±0.83	4.772	0.009**	A＞C,B＞C
发展要素	4.22±0.61	4.15±0.73	3.87±0.88	6.108	0.002**	A＞C,B＞C

*$p < 0.05$ **$p < 0.01$

（4）不同职称在科学教师跨学科教学能力上的差异

研究对不同职称的科学教师进行了单因素方差分析。结果显示，所有维度在跨学科教学能力上无显著差异。但正高级教师的跨学科教学能力显著高于拥有其他职称的教师，如图 3 所示。

（5）不同学段在科学教师跨学科教学能力上的差异

研究对不同学段的科学教师进行了独立样本 *t* 检验，结果如表 7 所示。跨学科教学能力、专业要素、实践要素和发展要素在学段上有显著差异，小学教师显著高于初中教师，而在理念要素上和情意要素上，不同学段无显著差异。

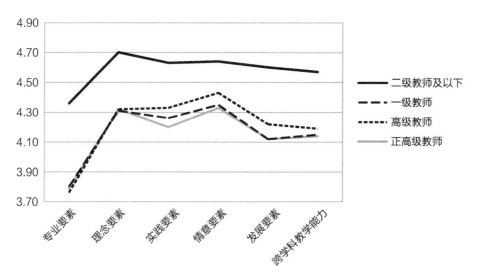

图 3　不同职称在科学教师跨学科教学能力上的差异折线图

表 7　不同学段科学教师跨学科教学能力差异分析比较

	学段（平均值 ± 标准差）		t	p
	小学（$n = 1\,000$）	初中（$n = 270$）		
跨学科教学能力	4.18 ± 0.60	4.07 ± 0.63	2.692	0.007^{**}
专业要素	3.83 ± 0.72	3.67 ± 0.70	3.266	0.001^{**}
理念要素	4.33 ± 0.67	4.29 ± 0.74	1.015	0.310
实践要素	4.29 ± 0.66	4.16 ± 0.73	2.679	0.007^{**}
情意要素	4.37 ± 0.65	4.30 ± 0.71	1.655	0.098
发展要素	4.17 ± 0.74	4.03 ± 0.68	2.916	0.004^{**}

* $p < 0.05$ ** $p < 0.01$

　　由于浙江省科学教师兼具小学和初中，研究进一步对浙江省内的不同学段进行了独立样本 t 检验。各指标的平均值 ± 标准差和差异分析的结果如表 8 所示。

表 8　浙江省不同学段科学教师跨学科教学能力差异分析比较

	学段（平均值 ± 标准差）		t	p
	小学（$n = 605$）	初中（$n = 263$）		
跨学科教学能力	4.25 ± 0.57	4.09 ± 0.60	3.893	0.000^{**}
专业要素	3.91 ± 0.67	3.69 ± 0.69	4.468	0.000^{**}
理念要素	4.41 ± 0.62	4.31 ± 0.72	2.184	0.029^{*}

	学段（平均值±标准差）		t	p
	小学（$n=605$）	初中（$n=263$）		
实践要素	4.36 ± 0.62	4.18 ± 0.70	3.558	0.000^{**}
情意要素	4.43 ± 0.61	4.33 ± 0.68	2.238	0.025^{*}
发展要素	4.25 ± 0.69	4.05 ± 0.66	3.919	0.000^{**}

$^{*}\ p<0.05$ $^{**}\ p<0.01$

从表格中可以看出，当浙江省不同学段科学教师进行比较时，理念要素（$t=2.184$，$p=0.029$）和情意要素（$t=2.238$，$p=0.025$）差异在统计学上达到显著水平，小学教师得分略高于初中教师。

（6）不同学校区域在科学教师跨学科教学能力上的差异

研究对不同学校区域的科学教师进行了单因素方差分析，结果如表9所示。除专业要素外，跨学科教学能力、理念要素、实践要素、情意要素和发展要素在不同区域学校都存在显著差异。事后比较显示，在存在显著差异的五个维度上，市区学校和县城学校的评分往往都高于乡镇学校，在某些维度上（如实践要素和情意要素），县城学校和乡镇学校之间的差异并不显著。

表9 不同学校类型的科学教师跨学科教学能力差异分析比较

	学校所属类型（平均值±标准差）			F	p	事后比较
	市区学校（A）（$n=477$）	县城学校（B）（$n=292$）	乡镇学校（C）（$n=501$）			
跨学科教学能力	4.20 ± 0.59	4.19 ± 0.61	4.10 ± 0.63	3.873	0.021^{*}	A>C，B>C
专业要素	3.81 ± 0.72	3.83 ± 0.74	3.76 ± 0.71	1.285	0.277	/
理念要素	4.37 ± 0.66	4.36 ± 0.67	4.26 ± 0.70	3.994	0.019^{*}	A>C，B>C
实践要素	4.30 ± 0.67	4.29 ± 0.68	4.20 ± 0.67	3.151	0.043^{*}	A>C
情意要素	4.41 ± 0.65	4.39 ± 0.65	4.29 ± 0.69	3.992	0.019^{*}	A>C
发展要素	4.19 ± 0.72	4.18 ± 0.71	4.07 ± 0.76	4.168	0.016^{*}	A>C，B>C

$^{*}\ p<0.05$ $^{**}\ p<0.01$

（7）不同省份在科学教师跨学科教学能力上的差异

研究对不同省份科学教师跨学科教学能力进行了独立样本 t 检验，结果如表10所示。科学教师跨学科教学能力和五个维度在省份上均有显著差异。浙江省科学教师的评分显著高于湖北省。

表 10　不同省份科学教师跨学科教学能力差异分析比较

	省份（平均值 ± 标准差）		t	p
	湖北省（$n = 402$）	浙江省（$n = 868$）		
跨学科教学能力	4.05 ± 0.66	4.20 ± 0.58	-3.914	0.000^{**}
专业要素	3.70 ± 0.77	3.84 ± 0.69	-3.259	0.001^{**}
理念要素	4.20 ± 0.73	4.38 ± 0.65	-4.150	0.000^{**}
实践要素	4.16 ± 0.72	4.31 ± 0.65	-3.686	0.000^{**}
情意要素	4.27 ± 0.72	4.40 ± 0.63	-3.116	0.002^{**}
发展要素	4.04 ± 0.81	4.19 ± 0.69	-3.182	0.002^{**}

* $p < 0.05$　** $p < 0.01$

五、分析与讨论

1. 科学教师在跨学科教学能力上总体表现良好，但专业要素上有所欠缺

在本研究中，科学教师的跨学科教学能力整体评估为"良好"，平均得分达到 4.156 分。这一结果反映出科学教师在整合不同学科知识、思维方式和教学能力方面已经具备了较为扎实的专业素养。特别是在情意要素和理念要素方面，教师们普遍认识到跨学科教学在科学教育中的重要性，表现出较高的认同度和积极态度，这与李（Lee）等人[16]的研究结果相呼应。

然而，在专业要素方面，科学教师的得分处于"一般"水平，这表明在专业知识和技能方面还有待加强。这一发现与郑永和等人[13]的研究相近，他们指出小学科学教师在专业知识和信念方面存在不足。本研究进一步观察到，尽管科学教师对"跨学科概念"的理解较好（$M = 3.988$），接近良好水平，但仍有提升空间。与高潇怡等人[17]在 2020 年的研究相比，当时发现 43% 的教师对跨学科概念的理解处于较差或很差的水平，当前情况已有显著改善。这种进步可能与《义务教育科学课程标准（2022 年版）》的推出有关，该标准对跨学科概念给予了高度重视，从而促进了教师对这一新理念的认识和理解。

此外，数据还揭示了科学教师在创新能力和工程实践能力方面的不足。尽管教师们普遍认同科学探究和工程实践在学生科学教育中的重要性，但在实际操作中，他们对工程实践和科学创新的具体内容和方法较为生疏[18]。凯特（Kite）等人[19]的研究也指出，科学教师在探究实践方面的理解尚显不足。特别是在科学探究的起点、方法差异以及计算思维等核心要素上，教师们缺乏深入的认识和掌握。这可能导致科学探究和工程实践难以在课堂教学

中得到有效实施,从而影响了教学效果。

2. 性别、年龄、职称、学历等背景变量对科学教师跨学科教学能力影响较小

研究结果揭示了性别、年龄、职称、教育背景和学校阶段等变量对科学教师跨学科教学能力的影响。尽管在某些维度上可观察到统计学上的显著差异,但总体而言,这些变量对跨学科教学能力的影响相对有限。

从性别角度分析,男性科学教师在专业要素方面的平均得分高于女性,但在整体跨学科教学能力上,性别差异并不显著。这种在专业要素上的性别差异可能与社会文化背景、性别角色期望以及个人职业发展路径有关。然而,跨学科教学能力更多依赖于教师的教学方法、创新思维和学科整合能力,这些能力与性别的关联可能不大。现有研究也表明,性别可能会影响教师的教学风格和方法,但对教学能力的影响较小[20],这与本研究的发现相吻合。

在年龄方面,不同年龄段的教师在理念要素上存在显著差异,其中中年教师的评分高于年轻和年长教师。这可能是因为中年教师拥有更丰富的教学经验和成熟的教育理念。相比之下,年轻教师可能仍在积累经验,而年长教师可能面临职业发展的瓶颈。尽管如此,在其他维度上,年龄对跨学科教学能力的影响并不显著,这表明跨学科教学理念与实践之间存在复杂的关系,需要通过其他因素来促进教学实践的发展。

职称方面,虽然正高级教师可能在教学方法创新和学科知识综合应用上具有更丰富的实践经验,但数据分析结果显示,拥有不同职称的教师在跨学科教学能力上的表现并没有显著差异。这可能反映出当前的职称评定体系尚未充分考虑跨学科教学能力的重要性,从而影响了对教师综合能力评价的全面性。

在教育背景与跨学科教学能力的关系上,硕士研究生和本科学历的教师在五个维度上的评分均显著高于大专及以下学历的教师,这表明学历层次的提升与跨学科教学能力的提高存在正相关关系。然而,当比较硕士研究生与本科学历的教师时,尽管前者在各维度上的平均得分略高,但差异并未达到统计学上的显著水平。这表明,尽管更高的学历可能意味着接受了更系统的教育学和心理学培训以及更深入的学科知识学习,从而有助于提高跨学科教学能力,但实际教学经验的积累可能更为关键。不同学历的教师在接受相似培训后,他们的跨学科教学能力可能会趋于一致。

3. 地区差异对科学教师跨学科教学能力的影响显著

本次调查通过数据分析明确指出了地区差异对科学教师跨学科教学能力的显著影响。与郑永和等人[21]的研究结果相呼应,地理区域被认为是影响教师知识、信念和专业发展的关键因素。具体来看,市区和县城学校的科学教师在跨学科教学能力的各个维度——包括理

念要素、实践要素、情意要素和发展要素——的评分普遍高于乡镇学校的教师。这一现象反映出城市化水平较高的地区科学教师的跨学科教学能力相对更强。

从省份的比较角度分析,浙江省的科学教师在跨学科教学能力的所有考察维度上均显著优于湖北省的教师。进一步对比两省教师的背景信息,可以发现几个关键的差异:其一,浙江省专职科学教师的比例高达 93.9%,这一数字远超过湖北省的 52.4%,而兼职教师的比例则相对较低。这表明浙江省在学校科学教师队伍配置上更为专业和稳定,这可能是其跨学科教学能力较强的一个关键因素。其二,在课堂教学资源、学科组教研活动、教学评估与反馈、教学管理支持以及教学绩效奖励等方面,浙江省的学校提供的支持度普遍高于湖北省,为科学教师营造了更有利的教学环境和更完善的激励机制。其三,关于教师培训,浙江省有较高比例(10.4%)的科学教师参与了"较多"培训,而湖北省这一比例为 6.1%。这种培训参与度的差异可能对提升教师的跨学科教学能力起到了积极作用。

4. 学段对科学教师跨学科教学能力存在显著差异

调查结果揭示了小学与初中科学教师在跨学科教学能力上的显著差异,其中小学科学教师的跨学科教学能力整体上更为突出。这种差异的形成是多方面因素共同作用的结果,而教学方法和教学重点的不同是其中的关键因素。

根据毛刚等人[22]的研究,小学科学教育更侧重于通过直观和生动的教学方法,激发学生的观察力、探究精神以及跨学科的思考和问题解决能力。相对而言,初中科学教育则更强调引导学生综合运用科学、技术、工程、艺术、数学乃至社会科学等多个学科的知识和技能,以促进学生系统性和深入性学习,这与初中生已具备一定学科基础的学习需求相适应。

此外,教学支持现状也在一定程度上解释了小学和初中科学教师跨学科教学能力的差异。观察发现,小学在多学科合作的组织与实施上获得的支持普遍高于初中。这种支持不仅体现在学校管理层的重视,还反映在教学资源的分配、教师团队的协作氛围等方面。这些因素共同为小学科学教师提供了更多整合不同学科知识的机会和条件,从而有助于提高他们的跨学科教学能力。

六、对策与建议

根据调查结果可以看出,科学教师跨学科教学能力水平仍有很大的提升空间,且受多方面的影响。为了更有效地促进科学教师跨学科教学能力的提升,本研究提出了以下几条建议以供参考。

1. 政策引导：将跨学科教学能力纳入科学教师培养与评价体系

政策的制定对于教师的专业发展至关重要。特别是针对科学教师的跨学科教学能力专业发展，明确的政策支持能够确保其有效性和可持续性。教育部办公厅发布的《关于加强小学科学教师培养的通知》便是一个有力的例证。该文件在招生规模上鼓励扩大科学教育专业的招生，从源头上保证更多有志于科学教育的青年学子能够进入这一领域。其中强调了提升师范生的实践能力，特别是项目式教学和跨学科教学等关键能力。这不仅体现了政策对教师专业技能的高度重视，也反映了跨学科教学在未来科学教育中的核心地位。

在教育部等十八部门《关于加强新时代中小学科学教育工作的意见》中，将小学科学教师专业化建设视作科学教育高质量发展的核心动力，这为科学教师的专业发展提供了实际支持。意见要求通过"国培计划"等示范项目，专门设置中小学科学类课程教师培训项目，以提升教师的专业素养和教学能力。同时，鼓励各地探索开展科学教育专业水平认证工作，通过建立科学的评价体系，激发教师参与科学教育的积极性和创造性。

在实施过程中，科学教师的跨学科教学能力发展仍需要更加明确的政策文件来规范和引导。例如将跨学科教学能力纳入科学课程标准、科学教师专业标准之中，从顶层设计上进一步引领科学教师跨学科教学能力发展。此外，提供必要的资金、人力和教育资源支持，建立跨学科教学资源库，鼓励不同学科教师间的合作，推动学校内外的跨学科交流，都是科学教育政策应重点扶持的方向。

2. 需求导向：精准对接科学教师发展需求，定制跨学科教学能力提升方案

当前的教师培训常陷入一种单纯的知识积累误区，教师在培训后往往"知易行难"，难以将所学融入实际教学设计和情境中。这主要由于培训内容与教师内在专业需求的脱节。为了切实提升科学教师的教学质量并激发科学教育的创新活力，关键在于精准对接教师的发展需求，并为之定制一套系统的跨学科教学能力提升方案。

首先，应当面向科学教师在跨学科教学能力不同方面的薄弱环节，提供针对性培训。例如，针对科学教师在工程实践、科学探究及创新思维能力上的不足，可以提供系统化的科学实验操作和工程技能训练。通过增设实践导向的课程与项目，结合案例分析和模拟实验，帮助教师将理论知识转化为实践操作，提升其实践教学能力。

其次，应当面向不同学段的教学要求和特点进行定制，以满足不同阶段学生的需求。针对小学科学教师，侧重于培养其引导学生激发学习兴趣和自主探究的能力，通过设计富有互动性和趣味性的教学内容，让教师学会如何带领学生在玩中学，在学中玩。对于初中科学教师，培训方案则将更多地强调如何帮助学生提升综合分析和应用能力，通过设计具有挑战性的实践项目和问题解决活动，使教师能够引导学生深入思考，培养其批判性思维和解决问题

的能力。

此外,科学教师的专业成长是一个持续不断的过程,从初入职场的适应期到逐渐形成个人教学特色的成熟期,再到成为教育领域内的卓越引领者,每个阶段都需要有针对性的培训和支持。对于处于专业适应期的科学教师,培训的重点应放在跨学科知识的基础性掌握、教学技能的初步形成以及教育理念的构建上。当科学教师进入特色形成期,培训应更加关注教师个性化教学风格的培养和专业能力的进一步提升。对于卓越引领期的科学教师,培训应侧重于高级教学策略的研究、教育领导力的培养以及对新兴教育理念和技术的掌握。

3. 环境营造:优化工作环境与管理,构建跨学科教学的良好氛围

学校作为教师成长的摇篮,在教师专业发展和教学质量提升方面肩负着重要使命。鉴于大多数教师专业发展的关键环节均在学校环境中进行,优化学校工作环境与管理,构建有利于跨学科教学的生态系统,对于推动教师成长和教学质量提高具有关键意义。

首先,优化学校工作环境是提升跨学科教学质量的基础。完善的教学设施能够为教师提供先进且多样化的教学资源,满足跨学科教学的特殊需求。因此,学校应投入资金更新教学设施,如建设多功能实验室、配备先进的教学软件等,为教师提供必要的教学工具和平台。其次,在学校管理层面应建立科学民主的管理制度。学校应尊重教师的主体地位,赋予他们充分的教学自主权,鼓励他们在教学中发挥个性和创造性。通过完善教学评价机制,将跨学科教学能力纳入评价体系,可以引导教师重视并提升自己的跨学科教学水平。此外,定期举办教学研讨会、经验分享等活动,有助于教师之间的交流与合作,促进教学经验的共享和教学方法的创新。学校还应积极拓宽外部合作与交流渠道,与高校、科研机构等建立紧密的合作关系。通过引进外部优质教育资源,学校可以为教师提供更多学习和发展的机会,帮助他们了解最新的教育理念和教学方法。

4. 地区均衡:关注并缩小科学教师跨学科教学能力的地区差距

尽管我国长期致力于推进基础教育的均衡与优质发展,但城市化进程的加快使得城乡教育差距日益凸显。在科学教育上,主要表现为城乡科学教育机会不均等、科学教育过程有差距、科学教育质量大不同[23]。湖北省与浙江省之间的明显差距可以在一定程度上反映出全国范围内科学教师教学能力水平的高低差异。师资队伍的建设是一个难以单纯依靠资金投入来解决的问题[24],但也是最关键的问题。

为缩减科学教师跨学科教学能力的地区差距,应考虑落实以下举措。首先,教育部门应制定针对性的政策,重点关注教育资源相对匮乏的地区,特别是乡村及落后地区。通过实施政策倾斜和增加资金投入,加强对乡村及落后地区科学教育在科学探究、工程实践上的教学

资源与设备建设,确保教师能够在充足资源的支撑下开展教学活动。其次,加大科学教师培训力度,特别是针对教育薄弱地区的科学教师,设计并实施更加丰富、高质量的教师培训项目,开阔科学教师的视野,转变其教学理念,提升对科学教育工作的认同感与价值感。再次,通过建立区域间的教育合作网络,将浙江省等地区的成功经验推广到其他省份和学校,实现包括物质资源、优秀的教学方法、课程体系和教师培训项目等在内的教育资源的互补与共享,以促进不同地区教育质量的整体提升。最后,利用现代信息技术,如在线教育平台和多媒体工具,为科学教师提供远程培训和教学资源,打破地理位置的限制,缩小因地理位置带来的教育差距,实现教育资源的均衡分配。

七、反思与展望

本研究旨在通过现状调查和影响因素分析,揭示科学教师在跨学科教学能力方面的不足,并为他们的专业发展提供指导。然而,这项研究存在一些局限性。

一方面,量表作为评估教学能力的重要工具,在本研究中发挥了关键作用,但其有效性高度依赖于教师对自身的充分了解和公正评价。对于跨学科教学能力这种高度情境化、复杂多变的能力而言,仅凭量表问卷进行评估显然是不够的,可能无法全面、准确地反映教师的实际教学能力。考虑到当前科学教师队伍的实际情况,我们估计跨学科教学能力的整体水平可能比本研究的评分还要低。这表明,在提升科学教师跨学科教学能力方面,还有大量的工作和挑战等待我们去面对和解决。未来的研究需要探索更多元化、更情境化的评估方法,以更全面、准确地评估教师的跨学科教学能力。

另一方面,在面向一线科学教师的调查时,研究者深刻感受到他们对于研究成果能够直接应用于教学实践的迫切期望,尤其希望获得更为明确和具体的跨学科教学案例来指导他们的教学工作。这一反馈提示我们,未来的研究需要更加紧密地结合教学实践,从教师的实际需求出发,提供更具针对性和可操作性的教学指导,以更好地满足科学教师在跨学科教学方面的需求。

参考文献

[1] 任友群,郑永和.强化小学科学教师专业化建设[EB/OL].(2023-07-11)[2023-09-28].http://www.moe.gov.cn/jyb_xwfb/s5148/202307/t20230711_1068276.html.

[2] 宋怡,祁宇,马宏佳.小学科学教师视角下的STEM教学特征——基于扎根理论的质性研究[J].基础教育,2020,17(5):22-33.

［3］余胜泉，胡翔.STEM 教育理念与跨学科整合模式［J］.开放教育研究,2015, 21(4)：13－22.

［4］赵虹云.小学科学教师跨学科教学能力结构模型研究［D］.杭州：杭州师范大学,2022.

［5］孙荣.小学科学教师跨学科教学素养的构成与培养研究［D］.重庆：西南大学,2020.

［6］王碧梅，曹芳芳.基于 Delphi-AHP 法的科学教师教学能力评价指标体系建构［J］.当代教育与文化,2019,11(3)：45－53.

［7］张彩琴.STEM 理念下科学教师教学素养现状及对策［J］.教育评论,2019(12)：113－117.

［8］刘东方.论理科教师学科教学能力的构成及培养［J］.教师教育研究,2016, 28(1)：37－42.

［9］蒋永贵，郭颖旦，赵博，等.初中综合科学教师专业素养模型的构建研究——基于对 15 位资深教师的深度访谈［J］.教师教育研究,2022,34(2)：69－74.

［10］Magnusson S，Krajcik J，Borko H. Nature，Sources，and Development of Pedagogical Content Knowledge for Science Teaching［M］// Gess-Newsome J，Lederman N G. Examining Pedagogical Content Knowledge：The Construct and its Implications for Science Education. Dordrecht：Springer Netherlands，1999：95－132.

［11］Lucero M M，Petrosino A J，Delgado C. Exploring the Relationship Between Secondary Science Teachers' Subject Matter Knowledge and Knowledge of Student Conceptions While Teaching Evolution by Natural Selection：Science Teachers' SMK and KOSC for Natural Selection［J］. Journal of Research in Science Teaching，2017，54(2)：219－246.

［12］Kloser M. Identifying a Core Set of Science Teaching Practices：A Delphi Expert Panel Approach［J］. Journal of Research in Science Teaching，2014，51(9)：1185－1217.

［13］［21］郑永和，杨宣洋，王晶莹，等.我国小学科学教师队伍现状、影响与建议：基于 31 个省份的大规模调研［J］.华东师范大学学报(教育科学版),2023,41(4)：1－21.

［14］柏宏权，王姣阳.中小学人工智能课程教师胜任力现状与对策研究［J］.课程·教材·教法,2020,40(12)：123－130.

［15］高岩.中小学校长教学领导胜任力提升研究［D］.重庆：西南大学,2015.

［16］Lee H N，Son D I，Kwon H S，et al. Secondary Teachers' Perceptions and Needs Analysis on Integrative STEM Education［J］. Journal of The Korean Association For Science Education，2012，32(1)：30－45.

［17］高潇怡，孙慧芳.小学科学教师的跨学科概念理解：水平、特征与建议［J］.教师教育研究,2020,32(6)：68－75.

[18] Hsu M C, Purzer S, Cardella M. Elementary Teachers' Views about Teaching Design, Engineering, and Technology[J]. Journal of Pre-College Engineering Education Research (J-PEER), 2011, 1(2)：Article 5.

[19] Kite V, Park S, McCance K, et al. Secondary Science Teachers' Understandings of the Epistemic Nature of Science Practices[J]. Journal of Science Teacher Education, 2021, 32(3)：243 - 264.

[20] 王碧梅.小学科学教师课堂教学能力的评价研究[D].西安：陕西师范大学, 2017.

[22] 毛刚, 吴童, 崔子恒.引领型 STEM 教师能力构成、发展路径与影响因素研究[J].电化教育研究, 2021, 42(11)：107 - 113,128.

[23] 袁从领, 母小勇.教育公平下城乡小学科学教育的差异化探讨[J].教育理论与实践, 2018, 38(23)：13 - 16.

[24] 文军, 顾楚丹.基础教育资源分配的城乡差异及其社会后果——基于中国教育统计数据的分析[J].华东师范大学学报(教育科学版), 2017, 35(2)：33 - 42,117.

作者简介

王梦倩　中国科普研究所博士后,研究方向为科学教育、教师教育

杨　梅　武汉城市职业学院,研究方向为小学教育、科学教育

崔　鸿(通信作者)　华中师范大学生命科学学院教授,博士生导师,研究方向为科学教育、教师教育

电子邮箱

mqwang1995@163.com

中小学科学教师数字素养水平及提升策略*

——基于 5 846 名科学教师的实证研究

高慧斌

摘　要：数字时代中小学科学教师①数字素养水平对提高科学教育高质量发展具有重要意义。为了解科学教师数字素养水平，本研究对 11 个省份 44 个区县的中小学科学及相关学科教师进行了问卷调查。研究发现：中小学科学教师数字素养处于中等水平，其中的数字技术知识与能力、数字化应用处于中等偏下水平。科学教师数字素养水平的区域、城乡、群体差异较大，东部好于西部，西部好于中部；城镇差异较小，均明显好于乡村；年龄越低、教龄越短、职称级别越低的科学教师数字素养水平越高；小学科学教师好于初中和高中。教育文化认同、专业发展、职业认同对科学教师数字素养水平有显著影响。学校数字环境对科学教师数字素养水平有影响。因此，在提升中小学科学教师数字素养水平的过程中，应首先明确科学教师数字素养的提升与教师职业素养整体水平密不可分；其次，应加快中小学校数字基础设施的迭代更新、推进科学教育资源数字化，为科学教师提供丰富的数字资源；再次，通过打造智慧科学培训环境、提升科学教师构建科学知识与试验探究学习场景能力、利用数字资源，开展科学教师跨学科培训、加强科学教师数据处理能力等途径，着力提高科学教师数字素养培训质量。

关键词：科学教师；数字素养水平；数字技术知识与能力；数字化应用

---

* 本文为中国教育科学研究院基本科研业务费专项资金一般项目"中小学教师数字赋能效果评价研究"（项目批准号：GYC2024009）阶段性成果。

① 2023 年 5 月，教育部等十八部门出台《关于加强新时代中小学科学教育工作的意见》，提出"加强中小学科学及相关学科（物理、化学、生物、地理、信息科技/信息技术、通用技术等）课程标准及教材修订完善工作。"明确了科学教育包含科学、物理、化学、生物、地理、信息技术、通用技术等课程。因此，本文所指科学教师包含上述学科任课教师。

一、问题提出

中小学科学教育肩负培养青少年科学兴趣、树立科学志向的重要使命,对创新人才成长具有奠基性作用。我国一以贯之重视中小学科学教育,并结合不同时期经济社会发展特征,因循结构逻辑、动力逻辑,实现科学教育政策演进变迁中的优势延续[1]。尤其党的二十大报告首次将教育、科技、人才"三位一体"统筹部署,实施一体化发展,并要求"全面提高人才自主培养质量,着力造就拔尖创新人才"[2]。在教育"双减"的大背景下,习近平总书记强调"要在教育'双减'中做好科学教育加法,激发青少年好奇心、想象力、探求欲,培育具备科学家潜质、愿意献身科学研究事业的青少年群体"[3]。科学教育的战略价值、时代使命愈发凸显。科学教师作为高质量发展科学教育的重要保障,其素养能力是促进科学教育发展的关键动力。

当前,教育数字化已成为我国开辟教育发展新赛道和塑造教育发展新优势的重要突破口,为中国式教育现代化提供有力支撑。数字素养已然是教师素养的核心要素之一。"推进人工智能、大数据、第五代移动通信技术(5G)等新技术与教师队伍建设的融合"[4],为教师赋能。对教师数字素养能力的研究已成为当前教师教育领域研究的重要议题。科学课程跨学科的特征,注重系统与模型、结构与功能等的概念特点,以及强调对知识内容的可视化呈现、多学科教学等教育方法、培养学生在真实情景下的复杂问题解决能力等学习情境的构建,往往更加依赖于技术工具和教学装备支持[5]。这都标示着科学教师的数字素养是培养学生具备科学观念、科学思维、探究实践和态度责任[6]的基本动力,比其他学科教师对数字素养的要求更为突出。因此,对科学教师数字素养水平的深入探讨与研究,对整体教师队伍数字素养水平的把握更具有引领性作用。

2010 年以来,有关组织和国家基于各区域教育发展特色和目标,明确了教师数字素养的内涵,为评价教师数字素养水平提供依据。如:英国未来实验室发布的《课程中的数字素养》(2010)[7]、奥地利《教师数字素养框架》(2016)[8]、欧盟《欧洲教育工作者数字胜任力框架》(2017)[9]、西班牙《教师通用数字能力框架》(2017)[10]、挪威《教师专业数字能力框架》(2017)[11]、英国《数字化教学专业框架》(2018)[12]、立陶宛《教师特定的数字素养框架》(2019)[13]、剑桥大学发布的《剑桥终身胜任力框架》(2022)[14]。上述框架提出的教师数字素养主要包括数字思维、数字技能、数字教学能力、数字伦理与安全等方面,具体解释略有差异[15]。2022 年 11 月,我国发布《教师数字素养》行业标准,提出"教师适当利用数字技术获取、加工、使用、管理和评价数字信息和资源,发现、分析和解决教育教学问题,优化、创新和变革教育教学活动而具有的意识、能力和责任"[16],并建构包含数字化意识、数字技术知识与技能、数字化应用、数字社会责任,以及专业发展五大教师数字素养框架,为评价教师数字素养提供制度依据。

研究梳理相关文献发现,对科学教师数字素养的研究非常薄弱,检索论文中并无涉及。当前对教师数字素养的研究,或能对研究科学教师数字素养有所借鉴,主要体现在三个方面:从研究内容看,更为关注对各国和组织对教师数字素养的内涵与特征的理论阐释[17][18][19][20][21]。从研究对象看,涉及幼儿园教师[22]、中小学教师[23]、职业院校教师[24][25]、高校教师[26]、乡村教师[27]等多学段、多类型。从研究方法看,基于大样本开展分析的实证研究[28][29]、案例研究[30]受到学者关注,内容包括从现状描述、问题发现到提出建议[31]。其中,基于实证研究中的指标建构各有差异,所依托的理论与政策依据更多趋于国际化的教师数字素养框架,对本土化的考察略显不足,在一定程度上没有体现我国教师数字素养目标。在具体指标设置中,影响教师数字素养水平的因素虽部分涉及教师自身背景和学校背景,但对教师发展成长与数字素养的关系关注甚少。在具体分析中,虽开展了一定程度的差异性和相关性分析,但明显不足,且对影响因素的探究很少观照。鉴于此,本研究在前人研究的基础上,结合我国教师数字素养标准,专门开展中小学科学教师数字素养水平的研究,以期对提升科学教师数字素养,进而不断推动科学教育的高质量发展有所进益。

二、研究方法

1. 问卷设计

本研究调查问卷主要包含两大部分:核心部分为教师数字素养变量,该部分变量的设计主要依据我国《教师数字素养》行业标准,并结合在预调查①中发现的问题,进行修订完善,最终包含五个维度:数字化意识、数字技术知识与技能、数字化应用、数字社会责任和专业发展,下设30个具体变量;辅助部分为背景变量,包含教师自身背景、学校背景和教师发展与成长背景,下设22个具体变量。所有测量变量都采用5点计分,分别表示:1非常差,2比较差,3一般,4比较好,5非常好,数值越大表示科学教师数字素养水平越高。

2. 调查对象与抽样方法

调查对象为中小学科学、物理、化学、生物、地理、信息技术、通用技术科学类学科任课教师,旨在全方位呈现中小学科学教育和课程体系下,科学及相关学科教师的数字素养水平。

调查采取分层不等概率抽样方法。省级层面基于经济发展水平、人口特征、方便取样原则,抽取能较好代表所在省份实际情况的2—7个县区,按经济发达、中等和欠发达三个类别,每个区县科学及相关学科教师按照随机抽样抽取。课题组于2023年10月至2024年1月,

---

① 课题组于2023年7月在江苏省淮安市淮阴区开展预调查。

通过问卷星平台分期发放问卷。最终，有广东、河南、云南等11个省份44个区县的5 977名科学教师填写了问卷，其中，有效问卷5 846份[①]，有效率97.8%。样本覆盖不同区域、学段、年龄、教龄、学历、职称、学科的科学教师，样本数据分布良好。具体情况见表1。

表1　样本基本信息($N=5\,846$)

类　别		数量	占比/%	类　别		数量	占比/%
性别	男	2 628	45.0	职称	正高级	14	0.2
	女	3 218	55.0		副高级	1 308	22.4
年龄	35岁以下	2 133	36.5		中级职称	2 397	41.0
	35—50岁	2 613	44.7		初级职称	1 471	25.2
	50岁以上	1 100	18.8		未评职称	656	11.2
任教学科	科学	632	10.8	学历	高中阶段	66	1.1
	物理	1 334	22.8		专科	389	6.7
	化学	1 050	18.0		本科	5 028	86.0
	地理	1 001	17.1		硕士研究生	361	6.2
	生物	1 129	19.3		博士研究生	2	0
	信息技术	648	11.1	区域	东部	2 090	35.8
	通用技术	52	0.9		中部	1 386	23.7
教龄	3年以内	851	14.6		西部	2 370	40.5
	3—10年	1 317	22.5	学校位置	城区	2 381	40.7
	11—20年	1 320	22.6		镇区	2 509	42.9
	21—30年	1 602	27.4		乡村	956	16.4
	30年以上	756	12.9				

3. 信效度检验

研究依据特征值法开展了探索性因子分析，提取5个公因子，因子载荷量均在0.6—0.9之间，大于标准值0.6，表明5个潜变量可以有效地被各测量变量反映。各潜变量的克隆巴赫系数（Cronbach's alpha）值介于0.743—0.967之间，均大于标准值0.7，说明单个潜变量的各变量题目内部一致性较好[32]。检验表明问卷具有良好的结构效度和内部一致性信度。详见表2。

---

① 有效样本分布省份如下：广东116份、贵州143份、北京178份、海南331份、新疆362份、云南535份、河南576份、湖南810份、内蒙古633份、宁夏633份、山东1 529份。

表 2　探索性因子分析

潜变量	变量	因子载荷	Cronbach's α
数字化意识	数字化认知	0.951	
	主动学习	0.905	0.895
	教学实践探索	0.781	
数字技术知识与技能	多媒体、互联网	0.899	
	大数据、人工智能	0.869	
	数字化工具选择	0.835	0.743
	解决实践问题	0.848	
数字化应用	教育资源建构	0.813	
	教学实施	0.759	
	学业评价	0.769	0.967
	协同育人	0.796	
数字社会责任	依法规范上网	0.946	
	网络传播正能量	0.953	0.897
	安全维护和使用数据	0.739	
专业发展	专业学习	0.816	
	实践反思	0.784	
	研修作用	0.754	0.960
	创新改进教学方式	0.674	

三、研究结果与讨论

1. 科学教师数字素养水平现状

（1）科学教师数字素养水平处于一般和较好之间

描述性统计分析结果发现，科学教师数字素养水平均值为3.78，处于一般和比较好之间。这与我国持续推进实施《中小学教师教育技术能力标准（试行）》（2004）、《中小学教师信息技术应用能力标准（试行）》（2014）和《关于实施全国中小学教师信息技术应用能力提升工程2.0的意见》（2019）密不可分，这为数字时代教师的信息素养向数字素养的延伸和转变提供了有力支撑。在五个潜变量中，科学教师的数字社会责任均值最高，达到4.21，处于较好和非常好之间，这说明科学教师对数字时代自身所肩负的培养具有数字素养的时代新人这一任务有高度的使命感和责任感。数字化意识、数字化应用、数字技术知识与技能均值分别为3.95、3.65和3.55,处于一般和较好之间,其中的数字技术知识与技能水平相对偏低,这表明科学教师在数字技术的知识和技能方面仍有较大提升空间,且基本知识和技能水平的提高,也将有利于促进数字化应用能力的提升。详见表3。

表3 科学教师数字素养水平描述性统计

潜 变 量	变 量	均 值	平均值	标准差
数字化意识	数字化认知	3.98		0.789
	主动学习	3.98	3.95	0.774
	教学实践探索	3.89		0.774
数字技术知识与技能	多媒体、互联网	3.50		0.830
	大数据、人工智能	3.34		0.870
	数字化工具选择	3.71	3.55	0.789
	解决实践问题	3.67		0.778
数字化应用	教育资源建构	3.71		0.720
	教学实施	3.67		0.749
	学业评价	3.61	3.65	0.783
	协同育人	3.63		0.765
数字社会责任	依法规范上网	4.28		0.786
	网络传播正能量	4.31	4.21	0.780
	安全维护和使用数据	4.03		0.836
专业发展	专业学习	3.96		0.818
	实践反思	3.89		0.824
	研修作用	3.80	3.86	0.870
	创新改进教学方式	3.81		0.839

(2) 科学教师法治道德规范的数字素养水平最高,数字技术知识素养水平最低

研究比较了18个具体变量的均值,其中教师对自身网络传播正能量,维护网络环境的数字素养的认同度最高,达到4.31;其次是依法规范上网,均值为4.28,处于较好和非常好之间。教师对自身了解大数据、虚拟现实和人工智能的内涵特征及基本原理的数字素养认同度最低,仅为3.34;其次是对自身了解多媒体、互联网的概念和原理,均值为3.50;第三是对自身应用数字技术资源开展学生学业评价的能力素养,均值为3.61。上述科学教师的数字技术知识和数字化应用能力的相对薄弱,正是数字素养区别于信息素养的关键。这说明,在

科学教师教育中尚需在数字技术知识和具体应用上多下功夫,通过精准开展数字技术知识和应用能力的学习和培训,将更加有利于数字素养水平的整体提升。

2. 不同科学教师群体数字素养水平的差异分析

本研究按照年龄、学历、职称、学科、学段、学校位置、区域等变量,对不同群体科学教师的数字素养水平进行了平均数差异显著性检验,以期进一步揭示我国中小学科学教师数字素养水平的特征。详见表4。

(1)年轻科学教师的数字素养好于年龄较大教师

不同年龄段的科学教师在数字素养方面存在显著差异($F = 24.943$,$P < 0.001$),尤其在35岁以下和50岁以上教师之间的差距更为明显,呈现出年龄越小数字素养水平越高的趋势,这表明青年科学教师在数字时代通过数字化育人更有潜力,这需要我们在持续推进教师专业成长以老教师带新教师模式中,探索推动以新教师促进老教师数字技能提升的新模式。在具体潜变量中,数字技术知识与技能、数字化应用和专业发展差异明显,但在数字社会责任方面,不同年龄的科学教师不存在差异。不同教龄与不同年龄的科学教师差异基本一致,不再赘述。

(2)学历层次越高,科学教师数字素养相对略好

具有专科与本科、硕士学历的科学教师数字素养水平之间存在显著差异($F = 4.094$,$P < 0.01$),并呈现出硕士好于本科、本科好于专科的趋势。最低的高中阶段及以下学历和最高的博士学位的科学教师与其他学历教师并不存在差异。在具体潜变量中,不同学历科学教师对数字化意识的认知并不存在差异,数字技术知识与技能的差异最为显著,呈现学历越高,知识与技能素养水平越高的趋势。这表明,学历教育在提升科学教师数字技术知识与能力上起着基础核心作用,将前沿的数字技术知识融入各级学历教育中势在必行。

(3)除正高级职称外,职称低的科学教师数字素养相对好于职称较高教师

不同职称科学教师的数字素养水平存在显著差异($F = 18.253$,$P < 0.001$),呈现出职称越低,数字素养水平越高的趋势,但不包括正高级教师。正高级教师的数字素养水平高于副高级教师[①],与中级教师水平基本相当。在具体潜变量中,不同职称科学教师对数字社会责任的认知不存在差异,其他四项均存在显著差异,差异趋势与整体素养一致。

(4)不同任教学科的科学教师数字素养差异突出,信息技术课教师的数字素养水平相对较高

不同任教学科教师的数字素养水平存在显著差异($F = 15.556$,$P < 0.001$),科学课、信息技术课教师与其他教师存在显著差异,信息技术课教师的数字素养好于其他学科教师。在具体潜变量中,不同任教学科教师均存在显著差异($P < 0.001$)。可见,尽管科学、物理、生

---

① 因本研究中正高级教师的样本仅有14份,这一结论的可靠性还有待后续研究进一步验证。

物、信息技术、化学、地理、通用技术均为科学相关学科，但教师数字素养的差异意味着，在提升上述学科教师数字素养的过程中，应有针对性和适切性。

（5）小学科学教师数字素养好于初中和高中科学教师

从学段来看，小学科学教师与初中、高中阶段科学教师的数字素养存在显著差异（$F = 5.198, P < 0.001$），初中和高中科学教师之间不存在差异。小学科学教师数字素养好于初中和高中教师。小学科学教师数字素养相对较好，这与我国持续专门培养、培训小学科学教师有密切关系。可见，有针对性的教师教育有利于提升数字素养水平。在具体潜变量中，除数字社会责任不存在差异外，其他变量都存在显著差异。

（6）城镇科学教师数字素养明显好于乡村科学教师，城区与镇区之间不存在差异

从学校位置所在的城乡分布看，城镇科学教师的数字素养与乡村教师存在显著差异（$F = 4.819, P < 0.01$），城区与镇区之间不存在差异，城镇好于乡村。从具体潜变量看，城镇与乡村科学教师数字素养除数字技术知识与技能存在一定差异外（$P < 0.05$），其他变量均为显著差异（$P < 0.01$），城镇均好于乡村科学教师。这表明，城乡差距依然不可小觑，提升乡村科学教师数字素养仍然是整体教师队伍建设的重中之重。

（7）东部科学教师数字素养好于中西部，中部相对较低

东部与中西部科学教师数字素养存在显著差异（$F = 31.994, P < 0.001$），东部好于西部，西部好于中部，中部相对较低不容忽视。在具体潜变量中，五个变量均存在显著差异，除在数字化责任上呈现西部好于东部外，其他变量均是东部较好。东中西部区域差异主要在数字技术知识与技能、数字化应用和数字社会责任三个维度，其实质为基本素质与数字环境的差异，因此，提高培养、培训质量和加强数字化基础设施建设是中西部科学教师队伍建设的关键所在。

此外，差异性分析发现，不同性别、所学专业、毕业学校、人才称号的科学教师数字素养不存在差异。

表4　科学教师数字素养水平差异性检验

变量	类　别	数字化意识	数字技术知识与技能	数字化应用	数字社会责任	专业发展	整体素养
年龄	35 岁以下—35至50岁（不包含50岁）	.019	.065*	.089*	.023	.081*	.074*
	35 岁以下—50岁及50岁以上	.088*	.142*	.190*	.064*	.170*	.168*
	F	5.820**	20.039***	26.355***	2.809	18.358***	24.943***

变量	类　　别	数字化意识	数字技术知识与技能	数字化应用	数字社会责任	专业发展	整体素养
学历	专科—本科	−.089*	−.105*	−.097*	−.126*	−.103*	−.107*
	专科—硕士	−.126*	−.174*	−.179*	−.116*	−.187*	−.175*
	F	2.099	5.069***	3.495**	3.386**	3.329*	4.094**
职称	副高级—中级	−.010	.031	−.053*	−.014	−.055*	−.047*
	副高级—初级	−.064*	−0.039	−.159*	−.060*	−.151*	−.139*
	副高级—未评	−.128*	−.200*	−.271*	−.060	−.228*	−.229*
	中级—初级	−.055*	−.070*	−.106*	−.046	−.096*	−.092*
	中级—未评	−.118*	−.231*	−.218*	−.046	−.173*	−.182*
	初级—未评	−.063	.161*	−.112*	.000	−.076*	−.090*
	F	5.108***	19.231***	20.675***	1.738	13.301***	18.253***
学科	科学—物理	.106*	.092*	.088*	.070*	.100*	.088*
	科学—生物	.070*	.064*	.071*	.008	.083*	.063*
	科学—信息技术	−.112*	−.123*	−.220*	−.099*	−.153*	−.191*
	物理—地理	−.072*	−.049	−.078*	−.098*	−.094*	−.080*
	信息技术—物理	.218*	.214*	.308*	.218*	.253*	.279*
	信息技术—化学	.208*	.209*	.261*	.208*	.202*	.242*
	信息技术—地理	.146*	.165*	.231*	.146*	.159*	.199*
	信息技术—生物	.181*	.187*	.291*	.181*	.236*	.254*
	F	8.597***	11.526***	15.643***	4.577***	9.541***	15.556***
学段	小学—初中	.104*	.092*	.254*	.040	.082*	.100*
	小学—高中	.126*	.096*	.242*	.044	.088*	.097*
	F	4.918***	5.433***	5.205***	1.516	4.358***	5.198***
学校位置	城区—镇区	.023	.002	.001	.011	.002	.005
	城区—乡村	.078*	.073*	.079*	.084*	.086*	.079*
	镇区—乡村	.055*	.071*	.078*	.073*	.083*	.074*
	F	5.587**	4.131*	5.559**	4.741**	4.801**	4.819**
区域	东—中	.101*	.158*	.178*	.122*	.176*	.161*
	东—西	.079*	.102*	.121*	.189*	.156*	.126*
	中—西	−.022	−.056*	−.057*	.067*	−.021	−.035
	F	10.626***	30.844***	29.156***	37.765***	30.522***	31.994***

注：* 表示 $p<0.05$，** 表示 $p<0.01$，*** 表示 $p<0.001$。

3. 不同背景对科学教师数字素养水平的影响分析

由于不同背景下的科学教师数字素养水平有显著差异，因此，本研究进一步采用分层回归，在控制教师基本背景变量的条件下，分析不同学校变量和教师成长与发展变量对科学教师数字素养水平的影响。首先，以科学教师数字素养水平为因变量（通过5个潜变量的平均分组合），在回归方程里加入学历、教龄、职称、学段和任教学科5个自变量，形成模型1。第二，在模型1的基础上，加入学校位置、学校所在区域、学校数字环境3个学校背景自变量，形成模型2。第三，在模型1和模型2的基础上，加入职业认同、专业发展和文化认同3个教师成长与发展自变量。表5呈现了三个模型中各变量的标准化回归系数及显著性水平，以及模型总体显著性水平及模型解释度。

表5　不同背景对中小学科学教师数字素养水平的影响分析

变　量	模型1	模型2	模型3
教师背景变量			
学历	0.045^{*}	0.022	0.013
教龄	-0.015	-0.049^{***}	-0.050^{**}
职称	0.055^{***}	0.033^{*}	0.072^{***}
学段	-0.055^{***}	-0.043^{***}	-0.024^{**}
任教学科	0.022^{***}	0.019^{***}	0.065^{***}
学校变量			
学校位置		-0.016	-0.041^{***}
区域		-0.052^{***}	-0.032^{**}
数字环境		0.255^{***}	0.072^{***}
教师成长与发展变量			
职业认同			0.235^{***}
专业发展			0.267^{***}
文化认同			0.329^{***}
F	23.463^{***}	130.841^{***}	461.843^{***}
Adjusted R^2	0.019	0.152	0.479

注：*表示 $p<0.05$，**表示 $p<0.01$，***表示 $p<0.001$。

如表5所示，模型1、模型2和模型3均总体显著（$F_{模型1}=23.463$，$P<0.001$；$F_{模型2}=130.841$，$P<0.001$；$F_{模型3}=461.843$，$P<0.001$）。模型1、模型2和模型3的 Adjusted R^2 分别为0.019、0.152、0.479，说明三个模型分别解释了科学教师数字素养水平变异的1.9%、

15.2%和47.9%。与模型1相比,模型2的Adjusted R^2增加了0.133,说明模型2中加入3个学校变量(学校位置、区域和数字硬件环境)解释了科学教师数字素养水平的13.3%。这一结果说明,与教师自身基本背景相比,学校因素对科学教师数字素养水平影响更大。与模型2相比,模型3的Adjusted R^2增加了0.327,说明模型3中加入3个教师专业成长与发展变量(职业认同、专业发展和文化认同)解释了科学教师数字素养水平的32.7%。这一结果表明,与学校背景相比,教师专业成长与发展的外在激励对科学教师数字素养水平的影响更大。

模型2结果显示,学校背景变量中的学校数字环境对科学教师数字素养水平的影响最大($\beta = 0.255$, $p < 0.001$)。这说明,在当前办学条件下,数字的硬件和软件环境是影响科学教师数字素养水平的重要因素。数字化的基础设施配置、数字资源充足、信息平台稳定等建设水平,都决定着科学教师数字素养水平的提升程度。

模型3结果说明,3个教师专业成长与发展变量均对科学教师的数字素养水平有显著影响。其中,文化认同对科学教师数字素养水平的影响最大($\beta = 0.329$, $p < 0.001$),其次是专业发展($\beta = 0.267$, $p < 0.001$),再次是职业认同($\beta = 0.235$, $p < 0.001$)。这说明上述三者均是影响科学教师数字素养水平的重要因素,这也表明影响科学教师数字素养水平的重要因素是多方面和复杂的。文化认同不仅包含教师对学校内部健康文化的向往,也涵盖着对学校所在社区文化的了解、学校课程教学与社区文化之间的关系、与学生家长联络沟通的形式等。这意味着学校自身的文化建设和校家社之间的良好协同关系,在影响科学教师数字素养水平中都发挥着重要作用。其本质在于数字时代大环境下,各方因素均需以此建立良好的关系。在专业发展中,对科学教师在数字学习和教学中的支持、培训以及培训效果均提升了科学教师的数字素养水平。在职业认同中,对教师职业的终身学习性、教书育人性和事业性的高度认同,决定了科学教师自觉不断学习数字时代所需要的知识和技能,以及适应、融入和应用数字化资源的程度,也深刻影响着科学教师数字素养水平的提升。

四、结论与建议

1. 结论

本研究基于调查数据,得出如下结论:第一,科学教师数字素养处于中等水平,其中,数字社会责任水平处于较高水平,数字化意识和教师专业发展处于中等偏上水平,数字技术知识与技能、数字化应用,处于中等偏下水平。科学教师对常见数字技术(多媒体、互联网、大数据、虚拟现实、人工智能)的概念、基本原理的知之程度仅略高于及格水平。第二,科学教师数字素养水平在区域、城乡、群体方面差异较大。东部科学教师数字素养好于西部,西部好于中部。城区与镇区科学教师数字素养基本相当,乡村低于城镇,乡中心区、村小和教学点科学教师数字素养水平大体相当。年龄越低、教龄越短、职称级别越低的科学教师数字素养水平越高。小学科学教师数字素养水平高于初中和高中科学教师,初中和高中科学教师的数字素养水平基本相当。第三,教育文化认同、专业发展、职业认同对科学教师数字素养水平有显著影响,学校数字环境对科学教师数字素养水平有影响。教育文化认同中的学校、家长和社区之间的关系对科学教师数字素养的提升至关重要。专业发展中的对科学教师数字方面的专业支持、培训和培训效果会影响其数字素养水平。科学教师对职业的终身学习性、教书育人性和事业性的高度认同,是影响其数字素养水平提升的持续动力。

2. 建议

第一,明确科学教师数字素养的提升与教师职业素养整体水平密不可分。数字时代的大背景对教师职业提出了更高的要求。教师角色变为学习者、合作者、领导者、推动者及设计者,强化教师的数字胜任力成为新的时代要求[33]。科学教师之于科学教育的重要性,之于科教兴国、人才强国、创新驱动的关键价值,既需要基于数字时代的素养提升,更需"坚定理想信念、陶冶道德情操、涵养扎实学识、勤修仁爱之心"[34]整体素养的全面提高。因此,科学教师应当在树立终身学习理念下,加强数字技术知识与能力的提升,恪守数字伦理,以数字素养水平的提升,提高全体科学教师素养的整体水平。尤其在校家社协同育人中,充分利用数字环境、数字资源、数字能力,"筛选适合课堂和社区的社会情境、体现安全性的考虑,从而让学生参与到科学本质、科学和工程的实践当中"[35],以此培育学生的探究精神与创新能力。

第二,加快中小学校数字基础设施的迭代更新。从总体上看,我国数字环境建设还有较大提升空间,应进一步升级校园网络,扩大学校出口带宽,通过 5G、千兆无线局域网[36]等方式,实现校园无线网络全覆盖,为数字教育打好坚实基础。提升通用教室多媒体教学装备水平,部署建设科学及相关学科专用教室、教学实验室,打造生动、直观、形象的新课堂,改善科学教师学习终端。新基建投资向乡村学校和经济欠发达地区学校倾斜,通过普惠式的智慧校园建设,为乡村学校提供公平的优质教育[37],缩小城乡差距,为科学教师素质素养的提升打牢基建支撑。

第三,推进科学教育资源数字化,为科学教师提供丰富的数字资源。美国针对"说科学"课程数字资源的开发与应用发现,丰富的课堂案例、科学家案例、沟通策略案例等数字资源,有助于"教师了解更多所教授的科学概念、学会对这些概念、观点及讨论策略可能产生的想法,从而帮助学生更好地理解科学内容"。并通过数字资源提供的生动图像、视频,进行科学探究中不可或缺的科学沟通和课堂沟通,使探究学习更有意义[38]。良好的科学教育数字资源有利于提高教师和学生科学探究能力。因此,我国应进一步加强数字科学教育建设,国家层面应不断开发数字科学教材、课堂案例、科学家案例、科技教具、电子试题等数字化资源,研发智能科学教育产品、完善在线科学教育学习平台,灵活运用微课、慕课等学习资源,让科学教师随时随地实现科学知识与技能的学习,并通过数字资源平台加强科学教师与科学家的交流,让教师在与科学家交流的过程中,习得科学沟通的方式方法,以此在实践教学中提高学生探究学习的能力。区域层面应整合不同学校的数字化教育资源,打破数据孤岛[39],推动大规模科学教育数据协同的开放共享,让科学教师共享优质数字资源。县级教师发展机构应加强组织科学教师深入了解国家中小学智慧教育平台提供的各类数字资源,通过"科学公开课"或"说科学"的方式,宣传鼓励科学教师充分利用平台资源开展科学实践教学。

第四,着力加强科学教师数字素养学习和培训。一是设计打造智慧科学培训的技术互动环境。研究发现,技术可能会对整个社会技术系统功能产生影响,但技术的单纯运用并不会带来预期的效果或改进,需要系统设计才能产生有效结果[40]。因此,需要依托高校、科研院所实验室,面向数字素养导向的科学知识和技能,借助数字技术,加强科学教师数字学习的顶层设计,创设有利于开展科学调查、观察、推理、讨论和理解的数字环境,强化科学教师探究式课程、沉浸性感知的培训,体验培训过程中的数字环境对科学教育的重要作用,打好数字素养的根基,进而形成数字素养自我提升的自觉。二是提升科学教师构建科学知识与试验探究学习场景能力。通过构建虚实融合的教学环境,加强科学教师学习常见数字技术知识,了解大数据、人工智能等最新数字科学的主要概念、原理、理论、定律及其关系,学习科学家思考的方式,并将其应用到实践课堂中。这有利于科学教师更好地解释"科学本质、当代和历史上科学知识发展固有的文化规范和价值"[41]。加强科学教师科学思维训练,强化实验操作能力,以此提高科学教师实验教学意识和能力。三是利用数字资源,加强科学教师跨学科培训。"科学教育领域的跨学科学习对培养学生的创新能力与实践能力至关重要"[42],这也需要教师具备跨学科教学的素养和能力。因此,应开展教师对跨学科概念的深度理解的学习和培训,注重引导科学教师挖掘相关学科之间的本质联系,建构不同领域间知识的联系,帮助教师从不同学科视角形成对跨学科概念的理解,有序建构核心概念和跨学科概念,以便从不同视角分析思考与解决真实的科学问题,进而形成跨学科教学理念,推进科学教育改革进程。四是加强科学教师数据处理能力培养,不断提升科学教师评价学生科学素养的数字能力。当前,数据处理已成为一门科学,主要围绕数据获取、处理、分析、利用和评估[43]。在科学及相关学科教师的职前培养和职后培训中,应开设数据处理技能专门课程,促进科学教师数据处理能力不断提高。这有利于科学教师在教育实践中反思科学教育的基本特征，进而提升科学教育质量。

参考文献

[1] 张黎,赵磊磊.我国科学教育政策的历史演进、变迁逻辑与未来展望[J].教育学术月刊,2023(11)：88-95,112.

[2] 习近平.高举中国特色社会主义伟大旗帜　为全面建设社会主义现代化国家而团结奋斗——在中国共产党第二十次全国代表大会上的报告[EB/OL].(2022-10-25).https://www.gov.cn/xinwen/2022-10/25/content_5721685.htm.

[3] 习近平.切实加强基础研究　夯实科技自立自强根基[N].人民日报,2023-02-23(1).

[4] 教育部办公厅关于印发《基础教育课程教学改革深化行动方案》的通知[EB/OL].(2023-05-09)[2024-03-20].http://www.gov.cn/zhengce/zhengceku/202306/content_6884785.htm.

[5] 尚俊杰.石祝.用优秀的科学教师赋能未来[N].光明日报,2022-08-09(15).

[6] 教育部.义务教育科学课程标准[M].北京：北京师范大学出版社,2022：16.

[7] Hague C，Payton S. Digital Literacy Across the Curriculum[EB/OL].(2010-01-01)[2024-03-12].https://www.nfer.ac.uk/digitalliteracy-across-the-curriculum/.

[8] The University College of Virtual Teacher Education. Das digi.kompP-Kompetenzmodell[EB/OL].(2016-06-01)[2024-03-12].https://www.virtuelle-ph.at/digikomp/.

[9] European Commission's Joint Research Centre. European Framework for the Digital Competence of Educators：DigCompEdu[EB/OL].(2017-11-29)[2024-03-12].https://ec.europa.eu/jrc/en/digcompedu/framework.

[10] ReferNet Spain. Common Digital Competence Framework for Teachers [EB/OL].(2017-10-24)[2024-03-12].https://www.cedefop.europa.eu/en/news/spain-common-digital-competence-framework-teachers.

[11] Kelentri M，Ellandk，Rstorp A-T. Professional Digital Competence Framework for Teachers[EB/OL].(2019-04-13)[2024-03-12].https://www.udir.no/in-english/professional-digital-competence-framework-for-teachers/.

[12] Education and Teaching Foundation（ETF）. Digital Teaching Professional Framework[EB/OL].(2018-11-18)[2024-03-12].http://www.et-foundation.co.uk/wp-content/uploads/2018/11/181101-RGB-Spreads-ETF-Digital-Teaching-Professional-Framework-Short.pdf.

［13］ European Commission/EACEA/Eurydice. Digital Education at School in Europe［R］. Luxembourg：Publications Office of the European Union，2019：46－47，56.

［14］ Cambridge. More Than Just Using Computers：Understanding and Developing Digital Literacy With our Newguide［EB/OL］.（2022－04－07）［2024－03－12］. https：//www. cambridge. org/elt/blog/2022/04/07/understanding-developing-digital-literacy/.

［15］吴砥,桂徐君,周驰,陈敏.教师数字素养：内涵、标准与评价［J］.2023(8)：108－114,128.

［16］教师数字素养［EB/OL］.（2023－02－01）［2024－03－12］. http：//www. moe. gov. cn/ srcsite/A16/s3342/202302/W020230214594527529113. pdf.

［17］黄庆双,李晓华.教师数字素养微认证：内涵特征、体系构建与实施路径［J］.教育理论与实践,2024(7)：39－44.

［18］荆鹏,吕立杰.基础教育教师数字素养的理论探索与推进策略［J］.课程·教材·教法,2023(12)：147－152.

［19］方紫帆,徐娟.国际中文教师数字素养指标体系建构研究［J］.天津师范大学学报(社会科学版),2023(6)：25－33.

［20］牛旭峰,夏海鹰.循证视域下微认证助力教师数字素养提升：价值意蕴、运行机理、发展路径［J］.现代远距离教育,2023(4)：61－69.

［21］孔令帅,王楠楠.如何发展教师数字素养——联合国教科文组织的路径与启示［J］.中国远程教育,2023(6)：56－63.

［22］陈晓前,闵兰斌.基于国家标准框架的幼儿园教师数字素养研究［J］.学前教育研究,2024(3)：25－37.

［23］杜岩岩,黄庆双.何以提升中小学教师数字素养——基于 X 省和 Y 省中小学教师调查数据的实证研究［J］.教育研究与实验,2021(4)：62－69.

［24］易烨,薛锋.“数字经济”背景下高职院校教师数字素养提升研究——基于浙江省335名专任教师的实证分析［J］.中国职业技术教育,2022(5)：55－61.

［25］王永钊,程扬,李丽军.数智时代职业院校教师数字素养的丰富内涵、现实困境与实践进路［J］.教育与职业,2023,(9)：87－90.

［26］刘宝存,易学瑾.高校教师数字素养框架：全球图景与本土建议［J］.国家教育行政学院学,2024(1)：79－88.

［27］邓亮,邓情情.乡村教师数字素养提升的探索与思考［J］.教学与管理,2024(7)：26－30.

［28］宋灵青.我国中小学教师数字素养的实然状态与突破路径——基于全国9405名中小学教师的测评［J］.中国电化教育,2023(12)：113－120.

[29] 刘月,曾妮,张丹慧.教师数字资源利用的鸿沟现象及其弥合路径——基于一项全国性大样本教师数字素养调查的数据[J].中国电化教育,2023(10)：106-110,119.

[30] 王巍,闫寒冰.实践取向的教师数字素养提升路径研究——基于国际项目的多案例研究[J].现代远距离教育,2023(5)：53-60.

[31] 袁磊,刘沃奇.民族地区教师数字素养的发展现状与提升路径——基于广西9市教师样本的实证分析[J].民族教育研究,2024(1)：1-11.

[32] Nunnally J C. Psychometric Theory[M]. New York：McGraw-Hill, 1978：126.

[33] ISTE. ISTE standards for educators[EB/OL]. (2023-09-26)[2024-07-12]. https：//cdn. iste. org/www-root/libraries/images/standards/download/iste%20st andards%20educators%20for%20educators-%20comp%20thinking%20competenci es%20(permitted%20edu%20use).pdf.

[34] 习近平.加快建设教育强国　为中华民族伟大复兴提供有力支撑[N].人民日报,2023-05-30(1).

[35] 肖洋,于冰,熊建文.培养实施三维性科学教学的教师——美国科学教师培养标准的最新变化与启示[J].全球教育展望,2021(7)：113-128.

[36] 教育部等六部门.教育部等六部门关于推进教育新型基础设施建设构建高质量教育支撑体系的指导意见[EB/OL]. (2021-07-08). http：//www. moe. gov. cn/srcsite/A16/s3342/202107/t20210720_545783. html.

[37] 胡小勇,孙硕,杨文杰,等.人工智能赋能教育高质量发展：需求、愿景与路径[J].现代教育技术,2022(1)：5-15.

[38][40] 克里斯·迪德,等.数字时代的教师学习[M].刘德建,黄荣怀,译.北京：科学出版社,2018：27-31,12.

[39] 吴雪萍,任佳萍.美国纵向教育数据系统探究[J].比较教育研究,2018(1)：54-62,87.

[41] National Science Teachers' Association,Association for Science Teacher Education. 2020 NSTA/ASTE Standards for Science Teacher Preparation[EB/OL]. (2020-02-22)[2024-03-12]. https：//theaste. org /2020-nsta-aste-standards-forscience-teacher-preparation /.

[42] 郭伟,陈旭远.科学教育视域下的跨学科概念教学：理论内涵与实践路径[J].中国教育科学,2023(2)：58-69.

[43] 董晶,许浩,吴丹.数据科学教育的信息学科特色之路[J].图书情报知识,2023(2)：49-56.

作者简介

高慧斌　中国教育科学研究院教师发展研究所研究员,博士

电子邮箱

huibingao1016@163.com

综合科学课程高质量发展：
现实困境、国际经验和浙江智慧

何东涛　沙琦波

摘　要：综合科学课程高质量发展是时代之需。然而国内科学课程建设仍面临诸多现实困境。本文通过对世界各国综合科学课程建设的历史沿革和实践经验剖析，梳理出了可借鉴的策略。本文还论述了"一体培育、二元优化、三维并举、四评联动"的浙江智慧方案。"一体培育"利用"省—市—区—校"纵向层级培育模式，融合"现实＋网络"和研共体建设，凸显特殊的教师培养机制，提供保障；"二元优化"突出创新人才基础培养的科学素养和技术素养发展，表明课程建设的时代之新和主要目的；"三维并举"彰显课标和教材建设的"全链条"设计，是国内乃至国际科学课程建设的先行之举和重点内容；"四评联动"开创了科学课程建设的本土特色，成为破解评价难点的优质抓手和高质量发展关键。

关键词：科学课程；高质量发展；浙江智慧

科学技术的变革深刻地影响着世界政治经济格局的演变，而综合科学课程建设是固本培元、启智润心的摇篮，更是实现创新人才培养的根基。早在1950年，美国就成立了国家科学基金会（National Science Foundation，NSF），开展科学教师培训和科学课程开发[1]。半个多世纪以来，世界各国在抢占科技创新高地的浪潮中不断破解科学教育发展难题，为科技创新人才的培养协同赋能。而国内科学教育发展由于起步晚、基础弱，仍面临着科学教育价值意蕴埋没、多元评价支撑机制缺乏、综合科学教学配套资源缺少等现实困境。国际和本土的实践经验和策略为破解综合科学课程发展的困境提供了参考。浙江省通过三十多年来的积极探索，以及综合科学课程建设和改革，形成了综合科学课程建设的浙江智慧，奋力谱写了"双减"背景下综合科学课程高质量发展的新篇章。

一、现实困境：综合科学课程发展的各方掣肘

2001 年，教育部颁布《全日制义务教育科学(7—9 年级)课程标准》，开启了综合科学课程的探索。2022 年 3 月，教育部颁布了《义务教育科学课程标准(2022 年版)》，实现了融贯九年的义务教育科学课程的蓝图设计。纵观近年来我国科学教育所取得的长足发展，相较于 20 世纪 50 年代就对科学教育展开大量研究和实践的欧美等国，我们并没有充分发挥科学教育在培养具备科学家潜质的青少年群体，以及尽早发现和培养拔尖创新人才方面的应有功能[2]，仍面临着现实困境，亟待汲取国际和地方实践经验。

1. 知识本位，埋没科学课程的价值意蕴

传统科学教育囿于知识传授，学生往往知其然却不知其所以然，知识本位下的课程学习往往使学生缺乏对科学不同层面的整体认识，缺失对自然世界整体性的统一认识。基础教育阶段应摒弃"知识本位"的陈旧观念，推动科学课堂教学由知识本位转向素养本位，在夯实学科基础知识的同时，更应重视科学观念的建构和高阶思维的孕育，充分发挥科学教育"学科育人"的价值意蕴，为瞄准"关键核心"破解"卡脖子"难题提供人才支撑。

2. 唯分数论，缺乏多元评价的机制支撑

在长期"唯分数论"思想的影响下，科学课程建设陷于"考什么教什么""不考就不教"的怪圈，青少年缺少亲近自然、走进现实社会、动手实践解决实际问题的机会，错过了激发好奇心的敏感期、孵化想象力的关键期和触发探求欲的最佳期，青少年群体失去了在这方面发展的外部条件。采用纸笔测试的方式展开评价具有一定的局限性。因此，推进科学教育高质量发展，要扭转当前"唯分数、唯升学"的应试教育观念，须构建主体多元、方式多样的评价机制，勠力评价改革带动育人方式的变革。

3. 分科盛行，缺少合科教学的配套资源

新中国成立后，初中分科开设物理、化学和生物，至今国内选择实施综合科学课程的地方依然是极少数。分科教育盛行，国内缺乏综合科学课程教材，使得高校在对师范生的培养上也采用分科的方式进行。2016 年在对浙江省科学教师的一次调查中发现，具备科学教育专业背景的教师占比仅为 5.7%，不少教师认为难以一科之长胜任多学科综合的教学任务。然而，没有学科专业体系支撑的科学教育就如同无源之水，坚实的学科专业体系支撑是科学教育持续良好发展的根本保障[3]。高等师范院校亟须抓紧培养贴合未来教学需求的科学教育专业教师，为其提供在职培训。另一方面，应联合通晓理化生地的专家和骨干开发综合科学课程教材。

二、国际经验：综合科学课程发展的他山之石

欧美等国家的综合科学课程建设先后经历了"精英化""普及化""跨学科化"三个阶段。纵观国际上科学课程建设的发展历程，各国着眼科学教育政策的"全链条"设计，科学课程方案的"差异化"实施，科学教师队伍的"全周期"建设，不断破解科学教育发展难题，所积累的国际经验对我国推进综合科学课程高质量发展具有借鉴意义。

1. 科学教育政策的"全链条"设计

随着新一轮科技和产业革命的不断深化，世界各国纷纷将产业发展布局和科技人才培养放在国家战略的高度上。涵盖课程实施和教师培养的"全链条"完善科学教育专项政策设计，使各类科学教育政策在取向上相互配合、在实施中相互促进、在成效上相得益彰，相关政策也相继出台以引领综合科学课程发展。

（1）颁布引领课程实施的方案和标准

课程实施方案和标准的颁布对于科学课程发展具有重要的意义和影响，世界各国不断在国家政策层面寻求最优解。自 1996 年由美国国家研究理事会（National Research Counoil，NRC）颁布美国教育史上第一部科学课程标准以来，2011 年，美国国家研究理事会正式出版了描绘美国科学教育蓝图的《K-12 科学教育框架》[4]。2013 年 4 月，以《K-12 科学教育框架》为基础，美国国家研究理事会联合美国国家科学教育协会（National Science Teaching Association，NSTA）、美国科学促进会（American Association for the Advancement of Science，AAAS）等共同制定了《新一代科学教育标准》[5]，从科学与工程实践、学科核心概念、跨学科概念三个维度指导美国科学课程教学[6]，通过对科学教育内容的总体概括和有效链接，帮助学生通过实践获取知识并领会科学本质，进而运用具体知识解决实际问题。英国政府也于 1988 年由议会通过《教育改革法》，在确立科学核心课程地位的同时颁布了第一个国家科学课程标准，历经数次修改，于 2013 年由英国教育部颁布《关键阶段英国国家课程框架》（National Curriculam in England：framework for key stages 1 to 4），指出学生应通过实践活动发展其对于科学本质和过程与方法的理解[7]。

（2）制定引导教师培养的专业标准

制定并形成完善的教师培养专业标准是被国际广泛认同的规范教师教育行为、实现专业水平高质量发展的有效参照。1996 年，作为美国历史上第一部国家科学教育标准，由美国研究理事会制定的《国家科学教育标准》中第四章便具体论述了"科学教师专业发展标准"[8]。1998 年，美国国家科学教育协会联合科学教师教育促进协会（Association for Science Teacher Education，ASTE）推出的《科学教师教育标准》进一步规范了 K-12 科学教师教育

行为，而后经三次更新，现被美国国家教师教育认证委员会（National Council for Accreditation of Teacher Education，NCATE）所采纳，作为美国教师培训机构科学教师职前培训计划的评估和认证标准。2003 年，美国全国教学专业标准委员会（National Board for Professional Teaching Standards，NBPTS）出台《优秀科学教师专业标准》，强调教师要成为学习共同体中的一员[9]，引领教师专业水平的高质量发展。

2. 科技人才培养的"差异化"实施

欧美等国家推行英才教育和贯通教育双线并行，"差异化"实施科技人才培养机制，在努力摸索拔尖创新人才早期发现和选拔培养路径的同时，面向大众积极探索指向科学思维和探究能力培养的科学教育贯通培养模式，以提高公民整体的科学素养。

（1）英才儿童选拔培养路径的探索

推行英才教育是世界各国培育拔尖人才的战略选择，是占领人才战略高地的关键一环。教育中既要关注全体学生的全面发展，实现"大面积丰收"，更要立足英才儿童的早期选拔、早期培养，从而充分挖掘和发挥其潜能[10]。自 1958 年颁布《国防教育法》至今，美国通过设立专门的学校或班级对英才儿童进行"单列"培养，同时在建构的一整套评估机制下允许达标的英才儿童越级、超前学习，抑或通过拓展课程内容、创新学习形式，为英才儿童提供横向开拓、纵深挖掘的补充教育以满足其特别的学习需求。俄罗斯还注重校外拔尖创新人才专门教育机构的设立，除少年宫外，在联邦政府支持下，俄罗斯建立了 80 多个"天狼星"教育中心和 200 多个"量子智慧"儿童科技园[11]。此外，截至 2021 年，作为人均诺贝尔奖得主最多的国家之一，以色列重视在基础教育阶段通过英才教育加强对拔尖人才的早期培养[12]。

（2）科学课程发展的贯通培养模式构建

在中小学阶段设立科学课程是世界各国科学教育贯通培养的主要模式。欧美等发达国家高度重视科学教育，在淡化学科分界的同时，也由科学知识和方法的掌握向科学思维发展和问题解决能力培养逐步延伸。部分国家在高中阶段还设立了科学特色学校，如美国的"STEM 高中"、日本的"超级科学高中"、俄罗斯名为"专业教育和科学中心"的科学高中等[13]。在实施英才教育的同时，各国积极探索面向大众的多元科学课程，构建并完善科学教育贯通培养模式，培育运用科学方法积极参与社会事务决策和科学活动的能力，提升公民整体的科学素养。

3. 科学教师队伍的"全周期"建设

科学教师对于课程方案的精确领会、课程标准的准确解读、课程教材的正确使用，是落实学生素养培育的关键所在。不断提高科学教师的专业化水平，着力教师队伍职前培养和职后发展的"全周期"建设是推进科学课程高质量发展的重要保障。

（1）构建职前培养的多元机制

国际上，在师范院校和综合大学开设科学教育专业培养课程是科学教师职前培养的主要途径。英国科学教师职前培养模式主要有两种形式："4＋0"教育学学士（Bachelor of Education，BED）培养模式和"3＋1"教育学硕士（Postgraduate Certificate in Education，PGCE）培养模式，学制均为四年[14]，前者在学习学科专业性知识的同时进行师范技能的培训，后者则由三年专业性学科学习和一年教育专业训练相继而行，其中三分之二课程在教学实践学校中完成，教学实践学校充分参与到未来教师培养中。与此同时，美国、澳大利亚等国家还对非师范类理工科毕业生提供教育学硕士学位课程或师范技能培训，经资格认证后将其吸纳加入科学教师队伍，进一步拓宽了科学教师职前培养的渠道和机制。

（2）完善职后发展的培养体系

在融通科学教师职前培养多元机制的同时，国际上非常重视科学教师入职后的专业发展，建立了完善的科学教师职后培养体系。世界各大主流高校和科研机构针对教师教学实际需求的培训服务，包括学科专业知识、教育教学理论、教育前沿热点等，如西半球最大的科学博物馆——美国芝加哥科学与工业博物馆，设立气候、太空、基因、人体等六大展厅，通过充分挖掘场地资源、有效结合场馆特色，赋能教师职后专业发展；同时，一些国家还创办了颇具影响力的科学教育学术期刊，为科学教师提供教育理论、教材教法、教学技术等交流与探讨的学术平台，为教师专业发展提供持续动力，为科学教师终身发展提供专业支持。

三、浙江智慧：综合科学课程发展的中国样本

三十多年来，浙江省综合科学课程建设经历了四个阶段，在持续推动综合科学课程高质量发展的进程中，针对全省科学教师队伍建设的不均衡现状，浙江省提出了"纵横协同"的一体培育机制；汲取国际视野下，差异化人才培养策略，顺应于中国新时代特征，利用"项目化＋数字化"二元优化，夯实创新技术人才的基础发展；以课程标准为抓手，实现科学课程的全过程设计与实施，架构了"课标—教材—课堂"三维并举的课程谱系；从优化终结性评价、强化过程性评价、实现形成性评价和探索增值性评价等四评联动出发，撬动了以新型评价的优化和创新促进素养发展的科学课程评价改革。浙江省科学教育工作者勇立潮头、奋楫扬帆，深入贯彻习近平总书记关于"要在教育'双减'中做好科学教育加法"的重要讲话精神，不断总结浙江经验、持续注入浙江智慧。

1. 一体培育：形成教师队伍建设的"纵横协同"机制

教师是课程建设的保障。浙江省自开设综合科学课程以来，课程教学不再由不同教师

进行分科教学。然而在 2016 年对科学教师专业构成分布的一次调查中发现：科学教育专业毕业的教师所占比例仅为 5.7%。国内师范教育长期以分科教学来培养科学教师，这就要求相当一部分科学教师要在入职以后掌握非所学专业的学科理论、研究方法和实验技能等以尽快适应合科教学。浙江省守正创新、多措并举，在实践沿用职前职后常规教师研训的基础上，纵向采用"省—市—区—校"的层级联动，横向发挥"网络 + 现实"和研共体建设的作用，形成了"纵横协同"的一体教师培育机制。

（1）纵向层级联动，共绘"城乡共建"新画卷

为充分发挥名师在教育教学中的示范、引领和辐射作用，自 2014 年起，浙江省教育厅教研室建立室领导联系各市教研室和教研员联系基层"三二一"制度，持续推进课改先锋主题送教下乡活动，不断提升农村学校教师专业素养，加快建设高素质、专业化、创新型科学教师队伍，全面助力高质量发展建设共同富裕示范区。与此同时，浙江省教研室一直以提升乡村学校教学质量为重点工作，多次赴衢州市衢江区、丽水市青田县等地展开"乡村教研提升行动"，秉持"一线需要什么，我们就提供什么"的初心和理念，始终站在解决一线难题的前沿。在实践探索中，浙江省以浙江省教研室作为引领科学课程建设业务科室，通过纵向联动层级，共绘出科学课程的"城乡共建"新画卷。

（2）整合数字网络资源，开辟"优质均衡"新赛道

自 2005 年 6 月全国第一期"小学科学网络研修班"正式举办以来，浙江省积极创新网络研修模式，逐步形成以微信公众号为纽带的立体交互研修平台，推行"理念先导"自主研修、"群体辩论"即时互动、"项目驱动"集体攻关、"同步课堂"平行成长和"进阶激励"黏性管理等研修策略，实现城乡教育均衡发展、东西部携手共进。截至完稿时，浙江省小学科学教学网公众号关注量超 35 万，辐射到全国 34 个省级行政区，精品资源总下载量超 1 000 万次，每月研修开展 123 期，累计参与教师 100 多万人次，面向西部地区设置 121 期同步课堂，受益学生超 50 万人。2017 年，浙江省教育厅教研室被教育部基础教育课程教材发展中心授予"全国小学科学学科教研基地"称号，是当前全国唯一的小学科学学科教研基地。2024年 3 月，浙里教研@人工智能教研平台正式启动，为科学课程网络教研开辟了崭新和首创通道。

（3）着力研共体建设，奔赴"教育共富"新征程

"研共体"是指在义务教育阶段由城区先进教研组与乡村或镇区教研组结对形成的研修共同体。省域内建立了"1 + X"和"X + Y"两类研共体，来破解不均衡问题；第一类为优质教研组带领其他教研组，第二类为同质教研组之间的互助式团体。长期以来，浙江省着力研共体建设，健全运行体系，强化资源共享，共同体间聚焦有价值的教研主题，规划层层推进式的教研长线方案，通过同步课堂、网络教研等方式合力促进教研主题的节点式推进，将优秀教研

组的先进理念和教学模式推广到结对教研组,实现以弱带强、协同发展。在2023年省先进教研组评审结果中,不乏有镇区科学教研组跻身名单。

2. 二元优化:科技创新人才基础培养的"项目化 + 数字化"策略

进入21世纪以来,全球科技创新进入空前密集活跃的时期,科学人才的国家和社会从实际需求出发,在高等教育、职业教育、基础教育等阶段自上而下延展分解科学教育的培养目标与内容[15]。如何把全链条科技创新人才的培养起点前置到基础教育阶段?在三十多年的实践探索历程中,浙江省综合科学课程顺应大科学时代背景,采用"项目化 + 数字化"策略培养学生的科学素养和技术素养,为科学创新人才的培养提供发展基础,用科学教育夯实科教兴国的根基,为推动综合科学课程高质量发展贡献浙江力量。

(1)科学素养:锚定学科跨界,推进工程技术视域下的项目化学习

《义务教育课程方案(2022年版)》在对核心素养进行释义时将"科学探究"修改为"探究实践",而科学课程加强实践的一个重要领域就是技术与工程领域。浙江省初中综合科学教材《科学》,以"科学、技术、社会、环境"阅读角的形式呈现与工程技术有关的内容,同时每学期安排四至五个研究性课题,包括设计简单的电磁控制电路、寻找自行车中的杠杆、设计海水净化装置等。学校科学素养的主要定位,是让学生认识科学本质和进行批判性思考[16]。因此,浙江省综合科学课程进一步利用不少于10%的课时设计跨学科主题学习,一方面充分挖掘适于学生设计的实验仪器开展制作活动,例如密度计、天平、热机模型等,不仅破解了部分实验仪器演示效果不佳的难题,更是激发了学生学习的内驱力;另一方面,随着科学技术和社会发展渗透融合,生活中许多智能化设施设备应运而生,例如交通信号灯、智能遮光帘、自动饮水机等,这些智能化设施设备统筹设计的属性为实现跨学科教学、打破学科藩篱开辟了路径,有效提升了学生的学习效能感。在2018年国际学生评估项目(Programme for International Student Assessment,PISA)中,浙江学生科学素养表现平均分为592分,略高于我国四省市(北京、上海、江苏、浙江)平均分(590分),与其他参测国家(地区)相比,浙江学生的科学素养表现平均分明显高于经济合作与发展组织(Organization for Economic Co-operation and Development,OECD)平均分(489分),排名第一。

(2)技术素养:融合数字媒介,构建教育数字化转型时代的教学新范式

习近平总书记在中共中央政治局第五次集体学习时强调,"教育数字化是我国开辟教育发展新赛道和塑造教育发展新优势的重要突破口"。教育数字化是教育系统性变革的内源动力,随着数字化转型时代的到来及其引发的教育变革,探索教学数字化的新途径、新方法迫在眉睫。浙江省着眼于教学中"呈现、交互、延伸"三大环节,适切选择数字媒介把丰富的教学资源引入课堂教学,让学生多感官积累对科学本质的感性认知,实现对一些教学疑难问

题的突破,适时利用数字媒介采撷课堂教学的生成资源,实时构建学生学情的精准画像。利用数字媒介技术,能够培养学生的技术素养,是具备创新科技人才的必要素养。目前,浙江省总结了 20 年来数字媒介与教学深度融合的探索经验,撰写的实践报告获 2022 年国家级教学成果奖。浙江省将持续探索教育数字化转型时代下数字媒介与科学教学深度融合的最优路径,目前已获全国教育科学"十四五"规划 2022 年度重点课题立项。与此同时,浙江省积极探索数字化平台的创新运用,适度依托数字媒介突破教学时空的限制,多手段融合、全过程融合、多空间融合,以"技术融学"推进科学教学的变革,促进科技创新人才的基础发展。另外,利用"浙里问学"在线答疑服务系统面向全省义务教育阶段学生,尤其是教育薄弱地区、学习困难学生,提供作业微课、名师答疑、个别答疑等 3 种形式的基础线上服务,通过构建全场景学习空间,让"时时学、处处学"成为可能。

3. 三维并举:架构科学课程的"课标—教材—课堂"层级谱系

综合科学课程建设的重点在于科学课程内容的有效开发和有力实施,从而采用更优的教学方式促进学生的全面发展。课程内容通过课标和教材进行确定,课堂则是教学方式转变和优化的主阵地。浙江省历经三十多年课程建设的探索和实践,始终立足学生核心素养发展,以课标为纲,以教材为基,以课堂为本,多层级架构"三维并举"的科学课程谱系,有力保障了综合科学课程的高质量发展。

(1) 以课标为纲,持续探索综合科学课程的实施路径

科学课程标准可追溯到 1929 年的《初级中学暂行课程标准》,其中保留了分科和混合两套制度,混合编制了自然课程标准。从 1988 年开始,浙江省开设了自然科学课程,成为全国综合科学课程的先行省份。为落实立德树人的根本任务,反映国际科学教育改革趋势,破解当前科学课程改革中存在的问题,2022 年 4 月,教育部印发了《义务教育科学课程标准(2022年版)》(以下简称为"新课标"),浙江省教师撰写的教学案例《绿色开花植物的营养器官——叶》等案例成功入选。新课标在对课程性质的定义中凸显了综合性的课程定位,立足素养立意、进阶设计、加强实践的课程理念,从科学观念、科学思维、探究实践、态度责任四个维度凝练了综合科学课程对学生核心素养发展的要求,在课程总目标和学段目标的引领下,围绕学科核心概念和跨学科概念组织课程内容,制定学业要求和学业质量标准,并就课程实施过程提出相关建议。新课标一经印发,浙江省教研室随即组织省内高校专家、特级教师展开全方位解读,编写并出版了《义务教育课程标准(2022 年版)课例式解读 科学》。书中聚焦 20 个教学关键问题,汇集 15 个典型课例和 2 个专题解析,积极回应科学教育重点内容,广泛探讨新课标新教学、新样态,引领广大科学教育工作者关注科学本质,正确把握科学课标新理念,提升教师新课标实践转化力。

（2）以教材为基，深度研磨综合科学课程的学习内容

科学教材的历史进程中，也可追溯到 1924 年出版的《新学制实用自然科学教科书》，它开辟了综合科学教材的先河，引领世界潮流。课程的综合性，意味着综合科学课程的学习内容不能是原分科课程的简单叠加。基于对分科课程内容的梳理，浙江省综合科学课程消除重复内容、整合相似单元，先后编制了两套初中综合科学教材——《自然科学》（20 世纪 90 年代）和《科学》（21 世纪初）。以科学课程标准为依据编写的、充分凸显"融合"特征的《科学》教材，以"自然的演变和人与自然的和谐发展"为学习脉络，熔炼六大学习主题，进阶设计螺旋上升、有序递进的课程内容。相较于原分科课程，综合科学课程共计减少 78 课时，学习内容的有效集成不仅在一定程度上减轻了学生的学业负担，这种从"组合型"向"融合型"的质性跨越更是打破了学科壁垒，学生通过综合科学课程的学习，加深了对自然界是一个具有普遍联系和相互作用的整体的理解。新版科学教材以核心概念作为内容框架，架构教材内容，有利于发展学生的共通概念[17]。目前，浙江省《科学》教材已走出国门，被马来西亚等国采用。

（3）以课堂为本，不断革新综合科学课程的教学方式

伴随着新课标的颁布，新教材的使用，综合科学课程的教学方式也需要不断地革新，这就需要我们积极设计能够体现学科本质的科学实践活动，充分发挥科学学科独特的育人价值。浙江省科学教育工作者深刻认识到，当前教学方式变革的着力点应从教师"如何教"转变为"教如何引起学生的学"，尝试重构教材单元聚焦核心概念，寻找优化策略促进科学教学增效提质，积极探索核心素养导向下的教学新范式。浙江省广大科学教育工作者积极投入教学实践：着力"微共体"建设，开辟"高质量协同学习"的新路径；投入到家庭实验开发，创设真实性任务提升学生创新实践能力；聚焦社会性科学议题开展项目化学习，让孩子成为更好的"社会人"；在单元复习中融入技术与工程的实践设计，创新主题复习课的教学模式；着眼概念学习规律，探索以"问题解决、任务驱动和项目学习"为范式的高阶课堂实践样态等多样态课堂教学方式。

4. 四评联动：撬动以素养发展为导向的新型评价改革

《深化新时代教育评价改革总体方案》指出：义务教育学校重点评价促进学生全面发展、保障学生平等权益、引领教师专业发展、提升教育教学水平等情况[18]。核心素养的属性决定了以素养发展为导向的评价改革不仅要考查学生对所学知识的理解和掌握程度，更应重视情境中真实任务的创设，在解决问题的过程中评价学生核心素养的发展水平。浙江省在实施初中科学课程时，紧扣这一要义，为破解评价难点提供了开创性的"四评联动"模式；关注学生学习和成长的整个过程，关注学生情感、态度、价值观的和谐发展，从优化终结性评价、强化过程性评价、实现形成性评价和探索增值性评价等角度切入，多渠道撬动以素养发展为

导向的评价改革。

（1）改革纸笔测试，优化终结性评价

纸笔测试作为评价主要方式，在课程实施过程中，被窄化为对知识的单一评价，这也是综合科学课程发展中的困境之一。集初中毕业和高中阶段学校招生考试为一体的是结果性评价改革的风向标，形成了"地方命制—省级评价反馈—地方组织培训改进"的整体式中考试题质量管理方式，以保证命题质量，优化终结性评价。近年来，浙江省内各地市初中科学学业水平考试借鉴国际学生评估项目与国际数学与科学趋势研究（Trends in International Mathematics and Science Study，TIMSS）测评方法，始终坚持优化试题情境设计，大量使用教材、生活生产、自然现象和科技成果等情境，强化信息获取、信息转换和处理、关联科学观念、建构科学模型等关键能力的考查，注重试题的开放性、灵活性，推进教育评价改革，充分发挥考试的育人功能和教学导向作用。2024年开始，根据《浙江省教育厅关于实施初中学业水平考试全省统一命题的通知》文件精神，强调初中学业水平考试省级统一命题依据义务教育课程标准，要遵循落实立德树人根本任务、依据课程标准科学命题、发挥引导教育教学作用、提升试题科学化水平等原则[19]。全省共用一张卷，强化了学业水平考试应有功能，可为优化终结性评价提供另一有力抓手。

（2）借助信息技术，强化过程性评价

《义务教育科学课程标准（2022年版）》提出：强化过程评价，重视"教—学—评"一体化，关注学生在探究和实践过程中的真实表现与思维活动[20]。过程性评价是推动教育评价改革的重要环节。近年来，教育领域数字媒介创新应用推动了评价理念和方式的变革，利用人工智能、大数据等现代技术无感式、伴随式采集过程数据，不仅评价学生行为表现结果，更关注学生的行为表现过程。在借助信息技术强化过程性评价的实施过程中，采用"从点突破，依次铺开"的原则推进。浙江省杭州市成了该举措的有力见证者和实践者，以市域内和研修班作为主要过程性评价实践主体，不断创新评价工具，积极探索教育评价数字化改革，杭州市采用基本要素特征分析法（Primary Trait Analysis，PTA）量表来评价教师的课堂教学行为。省域范围内，逐步铺开使用录播教室和人工智能教室进行科学课堂的过程性记录，对教师的教学过程进行全过程数据采集，实施多维度综合性数据评价以促进学生全面发展和个性化成长，融合数字媒介实现生态取向教育质量观的实践落地。

（3）聚焦作业设计，实现形成性评价

作业作为课堂教学的延伸和补充，对学生学习有诊断、巩固、导向的作用，是体现课程育人价值的重要环节。然而，传统的纸笔作业更侧重知识本位，目标定位往往肤浅，落实学生核心素养的培育更是无从谈起。浙江省以作业设计和实施为抓手，通过实践性作业的设计和应用，实现对学生作业过程的形成性评价，生发为教学和学习资源。2022年12月，浙江省教研室发布了《浙江省义务教育阶段 10 门学科作业设计与实施指导意见》。同年，为积极响应教育部办公厅印发的《关于加强义务教育学校作业管理的通知》，浙江省宁波地区以提升作业品质、丰富作业内涵为出发点和归宿，开发"实践＋课本""实践＋自然""实践＋社会"三大类型基于真实任务驱动的实践性作业；浙江省温州地区则探索构建"学科＋"实践性作业研究与实施路径，促进学生的学、改进教师的教，形成了良好的作业生态。作业内容综合化、作业实施多样化、作业评价立体化，浙江省的作业改革能够充分发挥作业的育人价值，实现学生必备品格和关键能力的培养。浙江省申报的案例《实践性作业打开学生"智慧天窗"》成功入选《人民教育》杂志"2022 中国基础教育典型案例"。

（4）实行质量监测，探索增值性评价

国家制定义务教育学校办学质量评价标准，完善义务教育质量监测制度，加强监测结果运用，促进义务教育优质均衡发展[21]。浙江省积极探索教育评价难题的破解之道，自 2018 年起实行"一年监测、两年改进"的教育质量监测方式，采用"学科关键能力＋影响质量相关因素"的思路，测试对象既包括教师，也包括学生，全面了解了省域内科学课程发展的现状，并有针对性地进行反馈，提出改进措施，达成评价的增值功能。质量监测重点测试学生的科学探究能力，不断地从数据的变化中发现问题、寻找原因、综合判断、精准施策，指向"诊断改进"创新运用评价结果，持续推进区域教育生态良性发展，科学提升区域教育质量。调查表明，63％的教研员认为省测及反馈会议对本县区的影响很大，在实验室建设、师资设备、教学评一致等方面都产生了积极影响。

在实践中，积极汲取已有成效的国际经验，能够为我国科学课程高质量发展提供启示和重要参考。而浙江省通过三十多年综合科学课程建设的实践探索，已成为国内科学课程高质量发展的典型，为本土创新起到了示范作用，为世界科学教育创新了中国样本。在公布的 2022 年国家级教学成果奖获奖名单中，浙江省有 5 项科学教学成果在列，这对于一个在新一轮科技革命和产业变革下应运而生的"年轻"学科来说实属不易，教师队伍建设、创新人才的基础培养、课程谱系架构和评价改革，为科学课程建设提供了保障、目的、内容和关键；凝聚了浙江人的智慧和创新，也在综合科学课程建设的历史潮流中留下了新策略、新方法。浙江科学教育人将继续做好"出题人""答题人""阅卷人"，不断积蓄"浙江力量"，不断深化"浙江智慧"。

参考文献

[1][13] 中国教科院比较教育研究所.科学教育国际经验与启示[N].中国教育报,2022 - 10 - 13(9).

［2］郑永和，张登博，王莹莹.基础教育阶段的科学教育改革：需求、问题与对策［J］.自然辩证法研究，2023(10)：11－17

［3］胡卫平，窦赏.办好科学教育的国际经验及启示［J］.人民教育，2023(7)：29－33.

［4］［16］National Research Council. A Framework for K－12 Science Education：Practices，Crosscutting Concepts，and Core Ideas［M］. Washington D.C.：The National Academies Press，2012.

［5］National Research Council. Next Generation Science Standards：For States，By States［M］. Washington D.C.：The National Academies Press，2013.

［6］裴新宁，郑太年.国际科学教育发展的对比研究［J］.中国科学院院刊，2021(7)：771－778.

［7］闫守轩，朱宁波.英国新一轮小学科学课程改革及其启示［J］.课程·教材·教法，2015(10)：120－124.

［8］杨妙霞.美国科学课程教学标准述评［J］.世界教育信息，2013,(22)：49.

［9］何美.美国实施"优秀科学教师专业标准"经验述评［J］.教育发展研究，2012(6)：67－71.

［10］杨德广.美国学校在英才教育方面的成功经验及其启示［J］.上海教育科研，2023(6)：1－7.

［11］肖驰，Nazina Y.设立校外拔尖创新人才专门教育机构的俄罗斯经验及思考［J］.全球教育展望，2023(4)：87－97.

［12］苏红.以培养"服务精英"为战略目标的以色列拔尖创新人才早期培养［J］.人民教育，2023(18)：72－76

［14］柏毅，刘枳杉.英国科学教师职前培养 PGCE 课程研究［J］.继续教育研究，2015(4)：140－142.

［15］课题组.科学教育：大国博弈的前沿阵地［J］.中国教育学刊，2022(10)：25－31.

［17］［21］高潇怡，孙慧芳.美国科学课程发展的新趋势［J］.比较教育研究，2019(1)：53－59.

［18］中华人民共和国中央人民政府.中共中央、国务院印发《深化新时代教育评价改革总体方案》［EB/OL］.（2020－10－13）. https：//www. gov. cn/gongbao/content/2020/content_5554488. html

［19］浙江省教育厅.浙江省教育厅关于实施初中学业水平考试全省统一命题的通知［EB/OL］.（2023－11－01）. http：//jyt. zj. gov. cn/art/2023/11/1/art_1229106823_2494704. html

［20］中华人民共和国教育部.义务教育科学课程标准［S］.北京：北京师范大学出版社，2022(4)：3.

作者简介

何东涛　浙江省教育厅教研室党总支书记、主任,中国教育学会学术委员会委员,课程教材研究所学术指导委员会委员,正高级教师,省特级教师,研究方向为教育教学政策与管理、教研能力指导与发展等

沙琦波　浙江省教育厅教研室初中科学教研员,正高级教师,省特级教师

电子邮箱

945568723@qq.com

幼儿科学素养培育的实践逻辑与落实机制探究

——以徐汇区科技幼儿园实践探索为例

汪　瑾

摘　要："玩"是幼儿的天性,3—6岁的幼儿在"玩"中运用各种感官对周围的事物和现象产生兴趣、积累经验,在生活中发现科学问题、寻找答案。秉持让幼儿在"玩"的体验中获得终身发展的科学素养,全国首家科技特色示范幼儿园通过三十年来的实践探索,厘清了包含"能动探究—解决问题—同伴互探"的幼儿科学素养框架。在落实层面形成了"共建""激活""互动""多元"的教师操作策略、"多元主体""多种方法"的评价体系、"先导行动""内生外引"的保障机制等幼儿科学素养培育的实践逻辑与借鉴范式。

关键词：玩;幼儿科学素养;科学活动;科学教育

一、引言

中共中央、国务院印发的《中国教育现代化 2035》提出我国要坚定实施科教兴国战略、人才强国战略,强化学生的实践动手能力、合作能力和创新能力,更加注重融合发展、共建共享和知行合一[1]。在新时代指向核心素养的教育变革背景下,学前教育学也在积极回应并落实如何以学生发展核心素养培育为目标,实现幼儿园活动内容、幼儿学习方式、教师教学模式的"学与教"系统性变革。从而优化幼儿学习效能以及提高学前教育质量,顺应世界教育改革发展趋势,提升我国教育国际竞争力。

2001 年,我国颁布《幼儿园教育指导纲要(试行)》,使幼儿园科学教育开始从"常识性科学教育"进入"探究式科学教育"阶段,强调科学教育的本质在于幼儿亲身的"探究"行为,并且明确提出了幼儿的自主探究以及回归生活是幼儿园科学教育的宗旨[2]。2012 年,我国颁布《3—6 岁儿童学习与发展指南》,指南中"科学探究"作为"科学领域"的子领域之一,再次强调幼儿在科学学习过程中探究式学习的重要性,进一步明确"科学探究"在幼儿园科学教育中的核心地位[3]。随着教育改革的持续推进,幼儿园科学活动的载体与方式需要不断创新与优化,幼儿园要根据3—6岁幼儿身心发展规律的基本特点以及幼儿科学素养培育的目标,进行能体现时代性、整合性、实践性的幼儿园科学活动内容的探索实践。创新幼儿园科学教育、培育幼儿科学素养应聚焦如下问题:

第一,为培养未来社会所需的人才,幼儿园阶段需要培养哪方面的科学素养? 2016年,我国正式发布《中国学生核心素养》,从六个方面回应了我国学生在适应个人终身发展和社会发展需求方面的必备品格和关键能力[4]。核心素养是党的教育方针的具体化,是连接宏观教育理念、培养目标与具体教育教学实践的中间环节。核心素养引领课程改革和育人模式变革,而科学素养作为核心素养的一部分,对幼儿终身发展有着举足轻重的作用,为国家培育更多科创人才提供了可能。

第二,根据3—6岁幼儿身心发展规律以及科学素养培育的目标,什么样的科学活动能够培育幼儿科学素养? 幼儿园要思考保证这些幼儿科学素养得到落实的教学过程与方法,即解决幼儿"怎么学"和教师"如何教"的问题。

第三,如何设计体现幼儿科学素养培育目标的评价方式与评价内容? 完善的"教—学—评"体系能够确保幼儿园活动高质量开展,通过对多种评价形式的积极探索,形成以幼儿科学素养为核心的多元评价体系,即解决幼儿"学得怎么样"和教师"教得怎么样"的问题,为"学与教"方式变革的课堂实践提供参考依据。

第四,如何有效促进幼儿园课程高质量持续发展,促进幼儿园内涵发展和特色发展? 以核心素养为导向的教育改革促进了幼儿园系统性、结构性变革,是每个幼儿园走向高品质发展的时代机遇。实践中探索并总结园所运行机制,能够保障教育变革平稳有序推进,促进身处变革中的教师专业自觉发展。

围绕上述基本问题,幼儿园要通过不断创新突破园本化课程结构体系、不断坚守对科学探究活动中"教与学"方式变革、不断努力提升教师专业自觉发展,开展专业、扎实的实践探索。

二、幼儿科学素养培育的框架结构

科学素养对个体终身发展有着举足轻重的作用,从小培养幼儿的科学素养能为其终身发展奠定牢固的基础,才能为国家培育更多创新人才提供可能。幼儿园阶段的科学素养培育应尊重幼儿爱"玩"的天性以及3—6岁幼儿年龄发展特点,应考虑到幼儿适应未来社会与终身发展,应注重幼儿身心全面发展。幼儿科学素养培育不仅强调幼儿在科学探究活动中理解、联想、迁移并运用经验以解决实际问题,而且强调幼儿在探究活动中与他人、环境间的互动共建。秉持"全人教育"的价值取向,不仅应培养幼儿整合、联系、运用迁移知识经验以解决实际问题,更应关注幼儿能否在特定的社会文化情境中、在教师的指引与交流中、在与同伴合作中以及与周围环境的互动中生成有意义学习[5],从动机层面(能动探究)、认知层面(解决问题)和社会文化层面(同伴互动)三个层面形成了指向"能动探究—解决问题—同伴互动"的幼儿科学素养框架。

1. 幼儿科学素养的动机层面——能动探究

学习动机是能决定有意义学习是否产生并维持的关键因素,很多研究表明个体的学习动机与学业成就之间存在正向关联。"能动探究"是指幼儿对生活中的科学问题有浓厚的探究兴趣,能够较长时间专注于科学活动并在遇到困难的时候坚持下去,展现出探究能动性。具体包括学习兴趣与好奇心、专注性、坚持性三个方面(表1)。

表1 科学探究活动中幼儿科学素养的行为表现(动机层面)

维　度	子　维　度	具　体　描　述
能动探究(动机层面)	学习兴趣与好奇心	对新鲜的事物或现象充满好奇
		对未做过的事情,愿意试一试
	专注性	对感兴趣的事物或现象会用较长时间观察
		沉浸在科学探究活动中,享受探究的过程
	坚持性	遭遇失败后愿意再次尝试
		活动中不怕挑战和出错
		遇到问题时不断尝试调整

2. 幼儿科学素养的认知层面——解决问题

幼儿的科学素养培育离不开幼儿尝试解决一个又一个具有现实意义问题的过程:幼儿通过提问不断明晰事物或现象的本质,通过对已有经验的联想、迁移,批判性地解释或建构新经验,以解决实际问题[6]。"解决问题"这一维度是指幼儿尝试解决生活中有意义的科学问题,不断细分具体事物或现象的本质,通过对已有经验的联想、迁移、批判性解释并建构新经验。具体包括问题意识、澄清问题、联想与建构、理解与批判、迁移与应用、反思与评价等六个方面(表2)。

表 2　科学探究活动中幼儿科学素养的行为表现（认知层面）

维　度	子维度	具　体　描　述
解决问题（认知层面）	问题意识	对不明白的事物或现象，喜欢问为什么
		根据自己观察到的现象提出各种问题
		遇到不能解决的问题，向同伴或老师提出问题
	澄清问题	能经常提出问题（包括结果性、追因性、假设性问题）
		听同伴或老师说完后会进行追问
		根据活动的进展提出问题
		活动中能积极主动地收集信息
	联想与建构	将零散的经验联系在一起
		能用原有的经验解决当前情境中的问题
		从不同的角度联想、创造，提出问题
		能借助使用过的工具解决问题
	理解与批判	以个人的方式吸收和内化信息或经验，并能清楚表达
		推翻了自己曾经的想法，建构新经验
		能选择合适的工具或材料解决问题
	迁移与应用	能将新经验迁移到其他情境中解决问题
		能运用观察、比较、分析、综合等方法解决问题
		活动中能运用已有经验或材料制定计划
		能用多种途径解决问题
		用多元表征的方式展示活动成果（作品、记录、图画等）
	反思与评价	能对活动中的经验或行为进行反思或调整
		能从多角度评价活动或活动成果
		活动中能调整计划以完成任务

3. 幼儿科学素养的社会文化层面——同伴互动

维果斯基社会文化理论认为，人与社会的互动是获得知识、建立思想的关键[7]，幼儿科学素养的培育是在"群体情境"中展开的,幼儿的科学探究过程离不开与同伴的互动[8],即在人际交往中与同伴共同面对困难、在沟通与合作中解决问题,具体包括同伴交流、同伴合作、人际影响三个方面(表3)。

表3 科学探究活动中幼儿科学素养的行为表现(社会文化层面)

维度	子维度	具体描述
同伴互动（社会文化层面）	同伴交流	活动中能表现出积极倾听的态度,能耐心听别人全部讲完
		活动中能仔细倾听同伴的想法并能给出回应
		活动中能就某一问题与同伴进行讨论
	同伴合作	在小组活动中,能与同伴合作完成任务
		活动中能根据自己的经验指导同伴
		活动中能模仿、借鉴同伴的经验解决问题
	人际影响	能在同伴互动中积极思考,敢于发表自己的想法
		为与别人保持一致而调整自己做事的节奏
		发生事情时,能坦诚告诉他人自己的想法
		对别人的做法/想法表示赞同,能够原谅别人的过错

基于上述对幼儿科学素养培育要素的分析,研究根据3—6岁幼儿身心发展的规律和特点,进一步梳理出不同年龄段幼儿科学素养培育的模型(图1),通过"感受体验""探索发现""萌发兴趣""形成问题""制定计划""合作探究""成果发布"的过程实现幼儿科学素养的实质性提升。

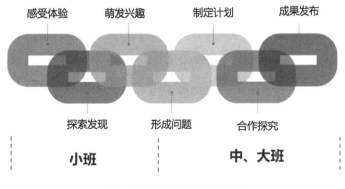

图1 幼儿科学素养培育的模型

三、幼儿科学素养培育的实践逻辑

1. "共建""激活""互动""多元"的教师操作策略

在"幼儿科学素养培育的创新实践"中,研究将教师支持策略进行归类整合,形成包括情境创设的"共建"策略、先期经验的"激活"策略、问题解决的"互动"策略、反思评价的"多元"策略等四大策略以及九种具体的方法。

(1) 情境创设的"共建"策略

"共建"即"共同构建",是指在情境创设的过程中幼儿与教师以互相交流和共同合作的方式实现互动。也就是说,除了教师之外,幼儿也积极地参与情境创设的过程中,与教师一起思考、相互合作。在情境创设的实践中,教师应重视幼儿作为参与者的重要角色。包括"环境共创"和"资源整合"两种具体方式。幼儿园环境需要幼儿、教师甚至家长在内的一切相关人员共同创设,即"环境共创",常见的方法如幼儿自主设计班级环境、教师将幼儿的兴趣点转化为幼儿喜欢且具有一定教育意义的班级环境、环境中呈现幼儿自主收集的与主题活动有关的信息等。"资源整合"是指将一切能够运用到教学活动中的各种条件和材料进行整合,为幼儿探究提供有准备的环境。

(2) 先期经验的"激活"策略

先期经验是指一个人已掌握的内容。科学探究活动中要帮助幼儿开启和梳理他们在即将开展的活动中所储存和预备的先期经验。先期经验的"激活"策略主要包括"思维可视"和"问题引发"两种方法。"思维可视",即将幼儿原本看不见的思维呈现出来,逐步引导和帮助幼儿将已有的经验与真实的现象进行链接,激活和丰富"经验库"。常见的能帮助幼儿思维可视化的方式主要包括思维导图、KWL(Know, Want to Know, Learned)表、T形图、韦恩图等。在运用一定的可视化工具激活幼儿已有经验的基础上,教师需要寻找甚至聚焦能承载幼儿兴趣点又能体现科学探究活动核心经验的问题,即"问题引发"。一个有趣、富有挑战的问题提出,往往需要"唤醒幼儿已有经验""激发幼儿对科学探究活动的兴趣""识别幼儿真实的兴趣点""设置引导性提问并展开讨论""形成适宜的引发性问题"等几个步骤。

(3) 问题解决的"互动"策略

在科学探究活动中,幼儿通过个体或小组合作间的"互动",不断加深自己对客观事物的理解,通过想象和创造等多种方式去解决一个又一个真实情境中的问题,常用的两种方法分别是"深度互动"和"动态跟进"。在"深度互动"中,幼儿通过与教师、同伴之间的讨论,能够更加全面、深刻地认识事物,获得多种解决问题的途径和方案,提升科学素养。科学探究活动"问题解决"的过程是一个动态的过程,因而"跟进"显得尤为重要,在项目开展前、项目出现问题时、成果发布前、成果发布后的关键点,教师应让孩子有更多的机会用他们独特的方式去解决问题,拓展经验。

（4）反思评价的"多元"策略

反思评价的"多元"策略具体体现为评价主体的多元、评价方式的多样、评价类型的多种,形成了"记实跟踪""成果发布""信息交互"三种方式。"记实跟踪"评价是指教师作为观察者和记录者,在没有任何立场、观点的情况下对幼儿科学探究的事实进行客观性记录与评价,并有意识地去引导幼儿对活动开展中的"问题"展开即时性的反思和过程性的评价。"成果发布"评价是指幼儿对个体和小组的学习成果进行解说式、表演式、操作式、体验式和混合式等多种形式的发布展示。"信息交互"评价是指运用信息技术,结合幼儿科学素养指标进行对应分析,深度挖掘数据在幼儿个性化发展、主题实施等方面的意义,对幼儿科学素养的外在行为特征开展过程性观察与评价。

基于"共建""激活""互动""多元"四大策略与九种方法,研究进一步梳理并形成研发了"指向幼儿科学素养培育的教师操作手册",简称"教师操作手册"（图2）。除了"教师支持策略"之外,教师操作手册还系统说明了科学活动中指向幼儿科学素养培育的幼儿外显行为"观察重点",为教师全面系统观察幼儿科学活动行为提供依据。此外,教师操作手册中还为教师反思性实践提供了实用的"反思工具";甄选了可供教师参考借鉴的典型性"教师故事";通过"运行机制"说明了教师操作手册在实际使用中的实践经验。该手册具有"立足实践性""强调实用性""注重实操性"的特点,意在成为教师自主学习方法策略、诊断教学行为、思考如何从"教"转向"学"的支持工具。

图2 "教师操作手册"框架图

2.“多元主体”“多种方法”的评价体系

指向幼儿科学素养培育的科学探究活动的评价体系包含了教师、幼儿、家长等的多元主体参与,运用质性、量化相结合的方法。主要分成四个部分,一是基于“动机—认知—社会文化”三个层面的幼儿“能动探究—解决问题—同伴互动”的科学素养外显行为特征的幼儿行为观察评价;二是利用无感采集、主动交互、智能手环、人工智能(Artificial Intelligence,AI)视觉识别等数字技术,智能追踪幼儿发展经历,逐步构建幼儿的多模态数据集,全面了解幼儿的成长点滴;三是由教师撰写的包含“观察记录—行为分析—支持回应”的学习故事;四是活动过程中由幼儿与幼儿家长共同参与的开放式访谈(图3)。这四种评价方式构成了幼儿科学素养培育的评价体系,共同促进了幼儿园在幼儿科学素养培育的创新实践中,实现基于幼儿“如何学”、教师“怎样教”、课程领导力“如何赋能”的自我发展与突破,也为学前教育领域在幼儿科学素养培育方面提供了评价体系。

图3　指向幼儿科学素养培育的评价体系

3.“先导行动”“内生外引”的保障机制

为顺利推进幼儿科学素养培育实践,幼儿园应形成基于真实问题、保障课程实施质量的园本化机制(图4)。以“样板房”“先行班”为主要形式的“先导行动”机制,基于行政支持、同伴共商、自主探究和成果共享的方式,保证了指向幼儿科学素养培育的科学探究活动的有效尝试,即通过骨干教师班级的试点实践,反馈和验证园本主题活动框架以及阶段性研究成果,为全园教师提供开展科学探究活动的有效经验。“内生外引”机制通过“内生”合理利用园内优势资源,促进教师专业成长;通过“外引”充分使用园外优质资源。“内生”的做法包括“影子教研”和“教研组长研习社”,使活动在实施中的即时性问题更快解决、反思复盘更具针对性。“外引”包括“专家撬动”“同盟联动”和“角色牵动”,通过来自外部专家建议、外校同盟经验以及外出学习经验丰富指向幼儿科学素养培育的科学活动实践。

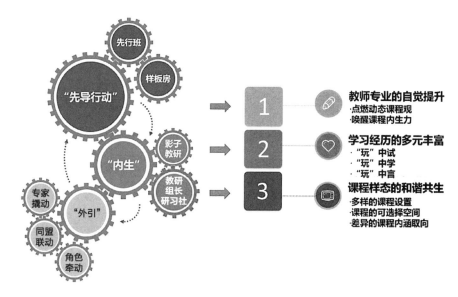

图 4　幼儿园课程运行机制示意图

四、落实幼儿科学素养培育的实践经验

1. 园所机制探索

在幼儿科学教育的创新实践中,上海市徐汇区科技幼儿园逐渐形成了指向幼儿科学素养培育的实践范式(图 5),明确了包含"双轨"实践路径、幼儿科学素养培育模型、4 种评价方

图 5　幼儿科学素养培育实践范式

式、5种实施形式以及4种教师支持策略等内容的实践范式内涵。

基于幼儿科学素养培育的实践范式和幼儿科学启蒙教育的儿童立场，围绕"我在玩，我不只是在玩"，在《中国学生核心素养》《3—6岁儿童学习与发展指南》[3]的精神指引下，我园建构并完善了指向幼儿科学素养培育的课程园本化特色——"玩＋"主题活动，其中"玩"是幼儿活动的主要形式；"＋"则体现与幼儿园基础性课程的融合、补充与拓展。"玩＋"主题活动能丰富幼儿的学习经历，让幼儿在"玩"中"试"、"玩"中"学"、"玩"中"言"，提供了让幼儿实现从"我在玩"向"我不只是在玩"的支架，幼儿在乐玩中能呈现出明显的"能动探究、解决问题、同伴互动"的科学素养。

"玩＋"主题活动涵盖小、中、大班三个年龄阶段，在内容上包含自然、环保、生物、科技等，凸显科学、数学、工程、技术领域的内容。六大"玩＋"主题活动分别是小班：头号小玩家、自然探秘者；中班：神奇机器人、环保小卫士；大班：时空旅行家、生物小博士。"玩＋"主题活动将我园过去二十多年积累的科学探究经典活动（科学集体教学活动、科学小实验等）进行梳理和筛选，整合融入主题活动内容中。实践中形成了"玩＋"主题核心秘密 Q（Question 情境创设的引发性问题）-P（Plan 师生共建的行动计划）-A（Action 经验共享的实践探索）-E（Evaluation 融入评价的复盘推进）的班本化实践与复盘梳理，形成"玩＋"主题活动实践经验。

教师充分挖掘和利用园内、园外和信息化资源，实践中不断丰富"玩＋"主题引导性资源单，同时幼儿园利用信息化赋能，打造"玩＋"主题智能化探秘场景，营造了"自然探秘室""宇宙探秘长廊"以及"智能探秘中心"三个沉浸式的体验空间，内部配置了交互大屏、虚拟现实（Virtual Reality，VR）体感设备、编程机械臂、滑轨屏、智能手环、平板电脑等智能设备，同时配套研发了1个自然科学交互课程资源、3位科学家课程资源、4套智慧阅读课程资源、3条博物馆社会实践课程资源路线，满足幼儿在宇宙航天、海洋自然等方面的求知欲和探究兴趣（图6）。在数字化转型背景下，可以实现通过网络技术融合学校教育资源、社会教育资源和家庭教育资源。我园在实践中不断丰富"玩＋"主题引导性资源单，同时利用教育数字化赋能，打造"玩＋"主题智能化探秘场景，如玩学沉浸空间资源、信息化互动资源、社会实践资源等，形成了丰富的园内园外、线上线下深度融合的"玩＋"资源库。我园持续将"玩＋"主题实践范式推广应用至幼儿园基础性课程活动和各个园所中，使课程在实施中迸发源源不断的活力，极大促进了幼儿园课程高品质发展。

2. 培育成效

在幼儿科学素养培育的探索与实践过程中，幼儿园形成了符合当前教育教学改革与中国学生核心素养培育目标的教学成果，实现了基于"玩＋"主题活动实践的幼儿园科学活动革新。本研究是对当下学前教育学领域"教与学"方式变革的积极回应，在幼儿园科学活动

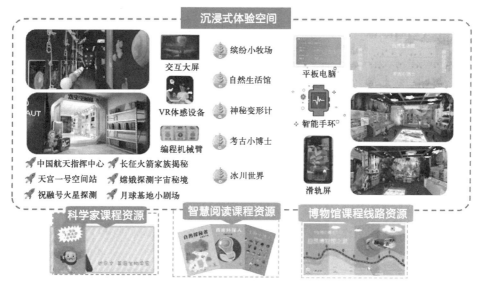

图 6　沉浸式的体验空间

中幼儿怎样学、教师怎样教、幼儿园如何运转等方面实现了突破与创新。

（1）幼儿学习经历多元丰富，从"我在玩"到"我不只是在玩"

随着学前教育领域儿童视角的实践性回归，我们始终注重在科学活动中培养幼儿科学素养，赋予儿童更多话语权和决定权，更多地基于幼儿的快乐之源和探究轨迹，丰富幼儿的学习经历、绘制幼儿"玩＋成长地图"。

本研究自主设计了《科学探究活动中幼儿科学素养表现的调查问卷》（信度 Cronbach's $\alpha = 0.86$）。调查结果显示在开展"玩＋"主题活动前后，幼儿科学素养水平具有显著变化，孩子们在活动中也呈现出了明显的"能动探究""解决问题""同伴互动"的表现。通过对园中大班 502 名幼儿的行为观察问卷数据进行统计分析发现（表 4），在教师使用本研究研发的"教师操作手册"后开展的幼儿科学探究活动确实能在各个维度上显著提高幼儿科学素养行为表现水平（p 值均小于 0.01）。此外，在对我园毕业幼儿学习基础素养的追踪调查中，结果显示他们的学习能力与学习品质水平较高（图 7），能够看出"玩＋"主题活动对幼儿后续发展的积极影响。

表 4　幼儿科学素养外显行为水平的活动前后比较

	子　维　度	活动前	活动后	t	p
维度一：能动探究	学习兴趣与好奇心	3.83	3.96	−3.246	0.001
	专注性	3.64	3.86	−4.975	0.000
	坚持性	3.24	3.63	−8.726	0.000

子　维　度		活动前	活动后	t	p
维度二：解决问题	问题意识	3.26	3.67	−9.069	0.000
	澄清问题	2.94	3.48	−12.047	0.000
	联想与建构	3.03	3.55	−12.321	0.000
	理解与批判	2.91	3.46	−12.350	0.000
	迁移与应用	2.83	3.34	−10.637	0.000
	反思与评价	2.67	3.17	−9.822	0.000
维度三：同伴互动	同伴交流	3.24	3.68	−10.398	0.000
	同伴合作	3.12	3.61	−11.156	0.000
	人际影响	3.00	3.55	−10.500	0.000

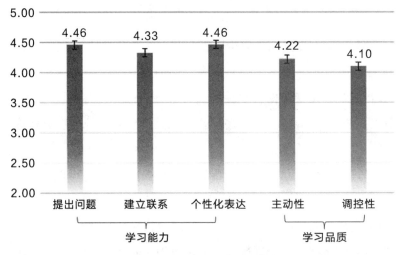

图 7　我园毕业生追踪调查结果

在与幼儿开展的"科幼最爱"访谈中,87%的幼儿对"宇宙探秘长廊""自然探秘室""智能探秘中心"表示喜爱,99.7%的家长对我园开展的"玩＋"活动表示非常满意。从教师撰写的幼儿学习故事与对话游戏中,可以看到幼儿在各活动中具备强烈的探究心、求知欲,感受到幼儿学习的内部动机和积极性,他们不断深入地追寻着自己内心的"好奇"愿望。在"玩"中,幼儿的好奇心和求知欲更强烈,成为了好奇好问的"乐玩者"、积极主动的"探究者"、自信自主的"沟通者"。

此外,我园毕业生在科技创新领域屡获大奖。统计显示,近五年我园毕业生在创意制作、机器人编程、人工智能、数学与思维等领域获奖 56 项,在全国人工智能创新大赛、上海青少年人工智能创新大赛、上海青少年科学影像节、徐汇区青少年知识产权设计等国家级、市级、区级比赛中连创佳绩。

（2）教师专业自觉持续提升

实践成果回应了学前教育课程如何实现从"学什么"到"怎么学"以及从关注知识经验本身到关注获取知识经验的过程这一重要转向问题。教师在实践"玩＋"主题活动的过程中，一种属于幼儿教师的专业自觉正在持续提升与发展。首先，教师的动态课程观被点燃，体现在教师从狭义到深广的课程领导力认知观、从被动执行到躬身入局的参与观、从案例描述到证据收集的研究观的转变。其次，教师的课程内生力被唤醒，体现在教师由被动执行教学计划到双向师幼共建的转变。教师们的反思复盘落实在主题实施中，过程性、阶段性地撰写具有解决方案特点的"共建日志""儿童议事会""小小评审团工具表"等言之有物的思辨性文本，从案例描述转向了证据收集的研究意识，教师内生力的提升促使教师专业成长。

（3）幼儿园课程样态和谐共生

多年来我们立足以园为本课程特色的创新探索，思考如何从教得好到能动学、如何从关注教学结果到关注幼儿学习过程。我们将幼儿科学素养培育融入园所整体发展中，我园在课程体系建设方面有了属于自己的创新做法和实践成果。在强化课程内容的全面性、基础性、均衡性的同时，更加突出课程设置的多样性、差异性、创新性和可选择性，也更能满足幼儿生活和个性发展的多样化需求。课程样态的和谐共生助推了园本化课程质量的内涵（儿童观、课程观、资源观）提升，同时也积极回应了新时代育人目标价值导向如何践行并落实于幼儿园课程实践中这一难点问题，体现了幼儿园课程实践中"儿童在前、教师在后"理念的"落地生根"。

参考文献

[1] 中共中央、国务院印发《中国教育现代化2035》[EB/OL].（2019-2-23）[2024-02-20]. http：//www.moe.gov.cn/jyb_xwfb/s6052/moe_838/201902/t20190223_370857.html

[2] 教育部基础教育司.《幼儿园教育指导纲要（试行）》解读[M].南京：江苏教育出版社. 2002.

[3] 中华人民共和国教育部.教育部关于印发《3—6岁儿童学习与发展指南》的通知[EB/ OL].（2012-10-09）[2024-02-22]. http：//www.moe.gov.cn/srcsite/A06/s3327/ 201210/t2012-1009_143254.html.

[4] 核心素养研究课题组.中国学生发展核心素养[J].中国教育学刊,2016,(10)：1-3.

[5][7] 王小英,刘思源.幼儿深度学习的实施路径与核心支持要素探析[J].东北师大学报 （哲学社会科学版）,2022(06)：151-158.

[6] 郝明晶.以问题解决为导向的幼儿深度学习的教师支持策略研究[D].长春：东北师范大学,2022.

[8] 宋琳.幼儿深度学习的影响因素研究[D].长春：东北师范大学,2022.

作者简介

汪　瑾　徐汇区科技幼儿园书记、园长,正高级教师,上海学前教育学院顾问委员会委员,上海师范大学教育学院兼职教授,上海市优秀校园长

电子邮箱

2865514301@qq.com

兼职之道：县域小学兼职科学教师打造科技辅导员团队校本实践的个案研究

储招杨

摘　要：县域小学科学教师始终存在结构性短缺，兼职教师大量存在，探究兼职科学教师专业化发展路径具有重要现实意义。本研究通过质性研究方法对我国某县域小学五位兼职科学教师打造科技辅导员团队关键事件进行个案分析，探索兼职科学教师取得优异教学成果并且实现个人与学生共同成长的背后行动逻辑。研究发现，兼职科学教师在自我、群体、课堂教学以及与外界政策文化环境的互动融合中，建构摸索了一套新的行动选择路径模式。面向未来兼职科学教师培养，一方面，必须廓清专业对专兼职教师影响的正确认知，挖掘专兼职融合发展的潜力优势，赋予组织环境对兼职科学教师安心从教的积极作用；另一方面要依托社群力量，强化兼职科学教师的自我修炼与社会认同，重塑小学科学教师自我发展意识，搭建县域教师专业发展平台。

关键词：县域；小学；兼职；兼职科学教师；科学教师

一、问题的提出

党的二十大报告提出，"教育、科技、人才是全面建设社会主义现代化国家的基础性、战略性支撑"，并进一步指出要"加快建设教育强国、科技强国、人才强国，坚持为党育人、为国育才，全面提高人才自主培养质量，着力造就拔尖创新人才"。2023 年，教育部等十八部门印发《关于加强新时代中小学科学教育工作的意见》，顺应"双减"工作中科学教育的加法、推动科学技术普及、提升全面科学素质等工作进一步落地。同时，文件要求"加强师资队伍建设，发挥教师主导作用"，对专业化科学课程教师队伍建设提出了具体明确的要求。小学科学课程教师肩负着培养社会主义建设者、接班人和启蒙科学素养的重要职责，其专业素养、科学知识储备、科学教育能力等直接影响科学教育的实施效果和基本水平。然而，通过文献和实践调研发现,小学科学课程教师难以配足配齐,尤其是在偏远乡村、县域地区,考虑到教育和经济发展水平、考试评价方式等各种历史和现实因素,无论是在实然层面,还是应然层面,都不可能做到全国一盘棋,全部配备专业化专职小学科学教师。

建设"高素质、专业化、创新型"教师队伍,该如何理解"专业"二字,"专业化"是否等同于"专职化"? 面对幅员辽阔的中国大地,在承认教育水平差异的前提下,如何在教师队伍绝大部分专业专职的基础上,允许并且探索少量教师专业兼职以符合我国面向2035年建成教育强国教师队伍的需求旨意? 在目标定位上,我们要看清教师队伍部分学科始终存在结构性短缺的历史必然性,树立木桶短板思维和底层逻辑,疏堵结合,对于部分学科,思考如何建设一支"高素质、专业化、兼职型、创新型"教师队伍。本研究在我国西部某省下辖县实践调研的基础上,挖掘了小学科学兼职教师的校本案例,以期对我国科学教师队伍建设有所裨益,并进一步思考县域兼职科学教师的专业化成长之路。

二、理论基础

本研究总体上以"社会认同"理论(social identity)为视角对县域小学兼职科学教师打造科技辅导员团队进行分析。塔菲尔(Tajfel)和特纳(Turner)在1979年提出了这一社会心理学理论。在对"社会认同理论"进一步分类时,塔、特二人区分了社会认同与个体认同。其认为,"个体认同"体现的是个体作为独立的自我,对自我本身的认同和特有的自我参考;"社会认同"强调个体独属于某个特定的社会群体,并且能够认识到群体成员身份带给个体的情感价值意义[1]。社会认同理论在外延范畴上主要包括三个基本概念,分别是"分类""比较"和"认同"[2]。

其一,分类(categorization)是一种社会的认知工具,依据不同的标准可以将社会中的成员分组成不同的群体。对于分类以后的结果,主要由群体中的成员进行自我调整,主动认识群体之间的相似性与差异性,并且在两者之间寻求一个动态的平衡,从而达到满足群体规范的目的。其二,比较(comparison)是个体社会认同的基础。个体在社会中的位置层次主要是由不同社会群体组成的社会类别来体现的。不同社会群体的比较可以帮助成员了解其所属群体的特征以及群体合理性。在一般意义上,通过与不同群体成员的比较,个体可以获得积极的自我概念、高自尊以及正向的社会认同感[3]。塔菲尔等人认为,社会比较侧重于将内群成员的自己与外群成员的他者进行比较,进而可以获得外群的积极的社会认同[4]。费斯廷格(Festinge)认为群体之间比较的相似性越大,个体寻求积极比较结果的需求就越强烈,同时也影响了个体的社会认同和自尊[5]。其三,认同(identity)指向内群体和外群体比较后产生的积极价值意义和情感认同。进一步解释,认同即"行动者个体对自我特定属性或者群体资格的积极认知评价、情感体验和价值承诺"[6]。完成了群体的分类与比较,社会认同的正向意义就会得到显现。

县域教育在我国教育整体生态环境中处境不利,主要表现在优质教育资源的不均衡、生源质量和教师队伍质量难以保障等方面。县域小学教师配备既要保障学龄人口变动趋势下的数量规模,又需要满足学校内部学科结构差异需求和县域基础教育高质量发展的现实境况。县域小学科学课程在不符合"主流学科"地位条件下,在很大程度上受到县级教育行政部门和学校管理层甚至是学生家长的忽视。同时,囿于县域经济发展和基础生活设施等各方面较为滞后的现状,专业的科学课程专职教师招聘也存在困难。基于此,在保证开足开齐课程的要求下,县域小学科学课程大多由其他课程专业教师兼任。兼职科学教师在科学课程教学团队、师生互动、教学建构等多空间向度层面上,游移在新的群体社会和团队生活中。兼职科学教师获得科学课程教师的群体资格,是否会产生对于这一身份定位的认同,并在身份"分类"与"比较"相互联系、互动的过程中产生动态关系需要进一步挖掘。兼职科学教师将自己界定为"局内人"或"局外人"可能涉及对群体特征积极或者消极的意义阐释,不同的"分类"与"比较"结果会生成怎样的自我价值期望,值得研究。本研究试图用这种理论视角,探讨县域小学兼职科学教师所面临的复杂处境,并依托兼职科学教师打造的科技辅导员团队,深挖兼职科学教师身份建构、行动选择、现实结果等真实情况。

三、研究设计

1. 研究方法

本研究在研究范式上趋向质性研究方法,在西部某省 Q 县 X 小学,依托个案研究,采用集体座谈和一对一深度访谈方式,借助课堂观察记录表进行推门听课和非参与式观察,同时收集兼职科学教师的个人信息和科技辅导员团队相关的材料。访谈资料、课堂非参与式观察记录资料、科技辅导员团队相关材料全部进入原始资料收录范围。本研究共座谈、访谈了该校 5 位兼职科学教师,完整观察了其中 3 位兼职科学教师的科学课程,收集了这 5 位兼职科学教师组成的科技辅导员团队信息以及若干团队教学材料。5 位兼职科学教师分别被编号为 T‐01、T‐02、T‐03、T‐04、T‐05,3 堂科学课程分别被编号为 K‐01、K‐02、K‐03,科技辅导员团队资料信息被编码为 G‐01。

2. 研究问题

本研究着重探讨兼职科学教师的行动选择路径,依托兼职科学教师打造的科技辅导员团队,分析典型案例,擘画兼职科学教师自我身份定位与职业价值取向,进而分析兼职科学

教师的实际教学效果,聚焦行动选择路径机制与教师社会认同的多维关系。具体而言,本研究的研究问题如下:

第一,兼职科学教师建构了怎样的行动选择路径?

第二,兼职科学教师为什么会产生这样的行动选择路径?

第三,兼职科学教师行动选择路径是如何得到优化的?

3. 研究场域与研究对象

本研究选择县域教育作为研究的宏观场域,在宏观场域中将县域"小学科"视作中观场域,以此聚焦 X 小学兼职科学教师群体这一微观场域①。经过 5 位兼职教师同意后进入研究场域。Q 县位于我国西部地区,被确定为国家乡村振兴重点帮扶县。Q 县作为经济发展欠发达区县,教育水平总体而言在全省范围内偏低,受到周边较发达区域"缸吸效应"影响,优质师资和生源外流现象比较普遍。Q 县 X 小学是当地排名前三的小学,截至 2022 年,Q 县 X 小学共有 157 名教师,其中没有 1 人为专业专职科学课程教师。

Q 县 X 小学科学课程主要由 5 位来自不同专业、不同学科背景的其他课程专职教师担任。他们的教龄大致在 6—10 年之间不等,大多毕业于地方师范院校,主教专职学科有语文、数学、英语以及道法②(表 1)。

表 1　五位兼职教师基本信息情况

教师姓名	专　业	学　历	教　龄	教师资格	专职学科	编　码
陈老师	汉语言文学	本科	8	语文	语文	T - 01
王老师	数学	本科(师范)	6	数学	数学	T - 02
高老师	英语	本科	9	英语	英语	T - 03
何老师	思想政治教育	本科	8	道法	道法	T - 04
佘老师	计算机科学	本科	10	数学	数学	T - 05

4. 资料收集与整理

本研究采用质性研究中的个案研究范式,以 5 位兼职科学教师打造科技辅导员团队作为个案,通过聚焦兼职科学教师在科技辅导员团队中的行动选择路径,以归纳的推演提炼方法

① 本研究中,"小学科"指的是相较于语、数、英等主流学科之外的、在应试教育导向下可能受到边缘化的学科,例如音体美、劳动技术教育、心理健康教育、科学等。

② 本研究中,判断专职与兼职教师的依据主要包括是否有该学科的教师资格证、专业背景是否与讲授该课程所需专业一致或者相近。

挖掘兼职科学教师的身份分类、比较逻辑,进而剖析兼职科学教师的社会认同意义阐释境况。

本研究选择 Nvivo12 作为编码分析软件,对原始的座谈访谈文本、课堂观察笔记信息等进行数据编码分析。研究获取座谈原始资料 1 份、深度访谈资料 5 份、课堂观察记录表相关信息 4 份。共形成文字资料 112 843 字,同时收集了科技辅导员团队相关介绍信材料与获奖材料、学校科学课程相关图片介绍等实物材料若干。研究将整理好的原始文字资料以及部分实物转化文字资料导入 Nvivo12 软件中,新建空白项目进行逐级编码,依托扎根类属分析自下而上逐步开展编码工作。数据编码过程如下:

(1)开放式编码

利用 NVivo12 软件将访谈原始文本进行编码分析,将原始资料进行概念化和类属化,共得到 28 个概念化类属,即学校领导管理风格契合、校长个人重视、专业的重要性减弱、科学学科壁垒印象重塑、学生的实际需要、主动学习新知识的动力、考试评价改革的推动、信息化时代获取资源的便捷、个人兴趣的推动、偏远地区教师的教育情怀、同事支持与配合、社会反响的激励、硬件条件设施、"双减"政策下科技教育重要性的凸显、课后服务的实际需求、利益相关者的自我认知、合作创新精神的推动、大学专业与教学需要的鸿沟、教师教学思想理念的转变、核心素养与素质教育的呼吁、教学相长下的群体成长、好学乐学的敬业精神与吃苦耐劳的个人品质、县域教育政策引导、以赛促学后的成果累累、公开课的成功、学校科创文化建设、科学学科理解的加深、学生与教师的相互成就。28 个概念化类属之间相互印证,从而生成了兼职科学教师成为"专业"科学教师的基本演化路径。部分开放式编码如表 2 所示。

表 2　部分开放式编码结果

概念化类属	文本编码示例
C1 专业的重要性减弱	"大学的专业学的是思政,但是其实没那么重要,很多教学方法和内容都需要你后天学习,其他学科并不是一定不会教。"
C2 个人兴趣的推动	"我虽然是门外汉,但是喜欢探索新天地,科学这门课程我挺喜欢,在上课中我可以激发我的兴趣,实现我的梦想。"
C3 偏远地区教师的教育情怀	"我们这个地方处于边疆地区,孩子们只知道语数英这些基础课,对于科学基本素养是完全没有概念的,而这恰好对他们来说是最重要的,我觉得尽自己最大努力教会他们科学知识,非常有意义。"
C4 社会反响的激励	"我们一开始五个人一起兼职科学课,主要还是通过教材和一些多媒体进行教学,后来通过做实验,带学生参加科创比赛,赢得了奖项,社会口碑很好,我们越教越起劲,后来就组建了科技辅导员团队。"
C5 合作创新精神的推动	"我们几位兼职老师,主教学科很多都不一样,最后大家聚在一起,探索科学教育的新途径其实就是一种合作创新。"

概念化类属	文本编码示例
C6 学校领导管理风格契合	"我们校长是名校长办公室的主持人,是市里科创教育工作的先进工作者,他个人比较民主,经常听学生对科学课教学的建议,在校长建议下,我们形成了'科技+教育'校本课程体系,并且(校长)带领我们积极打造学校科学文化建设。"
C7 课后服务的实际需求	"现在搞课后服务,不能只专注于语数英这些主课,学生科学课基础是比较薄弱的,所以我们在课后延时服务时间开设了科技创新教育校本课程。"
C8 硬件条件设施	"学校依托中央专项彩票公益金支持乡村学校少年宫项目,投资20余万元建成了'科技创新教育活动基地',开设了AI实体机器人自动控制、RoboSim线上虚拟机器人、STEAM创客智造、scratch少儿编程4个活动社团。"
C9 好学乐学的敬业精神与吃苦耐劳的个人品质	"我们都是青年教师,虽然说不是专业科班出身的科学老师,但是还都比较好学乐学,自己也真肯吃苦;我们5名通过实地培训与线上学习,成功取得了全国青少年科技辅导员中级专业水平资格,并且不断给自己充电,提高自身科学素养。"
C10 以赛促学后的成果累累	"教育部针对这块儿有个白名单赛事,我们就以这个为契机,积极参与各类比赛,团队带领学生共取得奖励160多项,其中,国家级一等奖8项、二等奖14项,省级特等奖1项、一等奖6项、二等奖8项;学校还获得多项国家、省市级荣誉,我们从而达到了以赛促学的目的。"

(2) 主轴式编码

通过开放式编码,研究得到28个概念化自由节点类属,通过横向比对概念化类属,建立类属之间的关系,从而建构新的更具概括意义的范畴化类属,部分新的概念化类属如表3所示。

表3 主轴式编码结果

范畴化类属	概念化类属
B1 领导重视与赋能	C6 学校领导管理风格契合;C11 校长个人重视
B2 专业的二次更迭	C1 专业的重要性减弱;C16 大学专业与教学需要的鸿沟
B3 学生需求的满足	C7 课后服务的实际需求;C13 学生的实际需要
B4 外在条件的改善	C8 硬件条件设施;C14 信息化时代获取资源的便捷;C25 学校科创文化建设
B5 教师个人的选择	C2 个人兴趣的推动;C3 偏远地区教师的教育情怀;C9 好学乐学的敬业精神与吃苦耐劳的个人品质;C22 主动学习新知识的动力
B6 团队行为的促动	C5 合作创新精神的推动;C15 同事支持与配合
B7 政策制度的加持	C18"双减"政策下科技教育重要性的凸显;C19 县域教育政策引导
B8 渐进成功的强化	C10 以赛促学后的成果累累;C20 社会反响的激励;C21 公开课的成功
B9 教育理念的优化	C23 考试评价改革的推动;C24 教师教学思想理念的转变;C26 核心素养与素质教育的呼吁

范　畴　化　类　属	概　念　化　类　属
B10 学科认知转变	C12 科学学科壁垒印象重塑；C27 科学学科理解的加深
B11 师生共同成长	C17 教学相长下的群体成长；C28 学生与教师的相互成就

（3）选择式编码

研究基于开放式编码和主轴式编码，进一步提炼文本资料的核心类属，并且尽可能囊括主轴式编码的范畴化类属，最终得到 5 个核心类属，即专业定位、组织支持、情感需求、集体力量、个体能动性，选择式编码内容详见表 4。

表 4　选择式编码结果

核　心　类　属	范　畴　化　类　属
A1 专业定位	B2 专业的二次更迭；B10 学科认知转变
A2 组织支持	B1 领导重视与赋能；B4 外在条件的改善；B7 政策制度的加持
A3 情感需求	B3 学生需求的满足；B5 教师个人的选择
A4 集体力量	B6 团队行为的促动；B11 师生共同成长
A5 个体能动性	B9 教育理念的优化；B8 渐进成功的强化

5. 模型建构

从研究的宏观场域来看，研究从县域教育生态切入，而县域教育"小学科"兼职教师具有存在的合理性与必然性，在这一背景下透视小学兼职科学教师的时代群像特征就具有时代意义。从研究问题来看，研究的核心问题是小学兼职科学教师的专业成长之路，通过兼职教师打造科技辅导员团队的典型案例，深挖兼职科学教师背后的行动选择路径。在分析方法上，通过对"专业定位、组织支持、情感需求、集体力量与个体能动性"几个核心类属进行深度考察，借助社会认同理论分析进路，厘清小学兼职科学教师走向"专职"教师的逻辑演绎关系：首先，在县域教育中，小学兼职科学教师具有存在的必然性，因此无论是政策制度还是上级管理都要重视这支队伍的实际需求；其次，兼职教师个体在兼职过程中重塑个人认知，形成了新的专业定位和教师情感需求，强化群体分类，组建科技辅导员团队，进一步加强了对兼职教师发展的组织支持，建构了新的集体力量，并且反向推动了科技辅导员团队的发展；最后，在"兼职"与"专职"的角色比较中，跨越了学科壁垒鸿沟，逐渐形成了对兼职科学教师新的角色认同，实现了"兼而益尖"的成功角色蜕变。分析机制模型如图 1 所示。

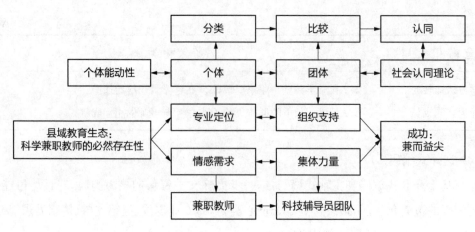

图1　县域小学兼职科学教师"兼职之道"行动选择演绎机制分析图

四、研究发现

通过对兼职科学教师的集体座谈、一对一访谈、课堂观察,同时梳理五位兼职教师的专业背景、职前教育经历,聚焦科技辅导员团队关键事件,可以发现兼职科学教师的自我专业认同、群体的社会认同是动态演绎变化的,通过课堂教学互动筑牢了兼职教师专业自信的基点,他们在自我与外界环境的互动融合中,建构摸索了一套新的行动选择路径模式,最终实现了兼职教学的新跨越,获得了多项荣誉奖励,赢得了社会口碑,甚至取得了比专职科学教师更大的成功。

1."兼职之道":兼职科学教师专业成长的行动路径选择

(1)教师个体:自我分类后的主动身份建构

教师自我定位是认同的一个前置选项,换句话说,教师个体在分类中"保持一种认识、一种态度和一种趋向,它始终是一个过程,无法预先设定,是教师对自身行为、语言和日常实践与社会情境相互关系的解释和归因中,所引发的自己与环境之间复杂的动态平衡的过程"[7]。五位兼职教师无论是从主教专职学科还是从职前教育经历来看,与科学教育都或多或少存在一定距离,T-02与T-05虽然是数学专职老师,职前学的专业分别是数学和计算机科学,但是都没有接触过正式的与科学类直接相关的教学经验和知识体系,其余老师更是如此。因此,这五位教师都跳出了"专业舒适区",并不断厘清新的专业定位。"大学的专业学的是思政,但是其实没那么重要,很多教学方法和内容都需要你后天学习,其他学科并不是一定不会教(C1)。"通过访谈可知,兼职教师对职前的专业学习与职后的教学学科之间关系有着个人在实践经验摸索中的认知,专业的培养与训练一定会促进所教学科教学水平的提升,但是没有先天的专业培养,并不一定无法跨入其他学科领域。兼职教师的自我反思促进了教学自主性的发挥,不断丰富实践知识,形成了新的教学智慧,最终获得了专业的二次更迭(B2)。个人认知背后是兼职教师个人的好学乐学苦学品质。兼职教师"都是青年教师······比较好学乐学,自己也真肯吃苦······通过实地培训与线上学习,成功取得了全国青少年科技辅导员中级专业水平资格,并且不断给自己充电,提高自身科学素养"(C9)。此外,区域教育生态也促成了教师的个人选择。偏远山区科学教师稀缺,怀揣教育情怀的教师认识到了科学教育对学生全面发展的重要意义(A3),在这个过程中还伴随着教师对科学教育兴趣的加深(C2),兼职科学教师逐渐从不同学科教师的"外群"身份步入了科学教师的"内群"身份,最终形成了趋向科学学科的自我分类图景,实现了第一次身份意义上的建构。

（2）教师群体：多维比较后的团体强化

在社会认同理论中,个体的社会意义和价值最终通过不同的社会群体组成的社会类别来彰显。五位兼职科学教师组建科技辅导员团队,既有外部因素的促动,也有个人理念的转变。一方面,校长作为学校发展方向的领头羊,具有较高的战略眼光,争取外部资金和有利条件为科技辅导员团队的成立奠定了优渥的环境(C8,A2)。另一方面,在科技辅导员团队群体中,五位兼职教师作为游移在"专职"外的局外人,在自我探索中,由个人的情感需求发展起了团队集体力量(A3,A4),科技辅导员团队带领学生参加各类不同级别的赛事,共取得奖励 161 项,"其中,国家级一等奖 8 项,二等奖 14 项,省级特等奖 1 项,一等奖 6 项,二等奖 8 项"(C10),打造了"天宫课堂、院士人物展、机器人竞赛、科创方案设计"等系列精品活动。兼职科学教师在集体中获得了教学相长,与"专职"教师相比较,他们的团队合作意识和精神已经弥合了个人对科学学科专业知识的鸿沟(G-01)。科技辅导员团队,在实践中进一步加强了科技创新教育基地在青少年全面发展方面的育人功能和促进青少年科技创新教育人才成长的孵化功能,探索了县域教育亟待振兴地区通过科技创新教育新支点助力"双减"政策落地的新路径,以优质教育资源助力乡村振兴战略实施,逐步实现教育公平,提升了人民群众对教育的满意度,在社会的认同中实现了"兼职"教师的"专职化"成长。

（3）课堂教学：逆境中求生存后形成的专业自信

科学课程课堂教学对于科学教师的理论与实践功底要求并不低,相较而言,县域小学对于科学教师实际教育教学能力素养提升的资源供给条件和水平存在不足,例如实训基地和器材配备、教师外出研训机会等。兼职科学教师更是如此,面对课堂教学,他们"处境不利",但依然选择乐在其中,这主要由于教育理念的优化(B9)。公开课是教师课堂教育教学技能的表演课,也是五位兼职科学教师的专业提升的重要途径之一。"我不是科班出身,但是来听课的领导和老师不会去考虑这些,他们看到的就是你站在讲台上是如何去教学生、如何去与学生进行互动(T-03)(K-02)。"提前通过网络搜集课堂教学典型案例、开展问卷调查在公开课之前询问班级学生感兴趣的科学话题、申报校级课题获得经费支持购买公开课实验教具……五位兼职科学教师通过不同的途径备好一堂堂公开课,赢得了一次次师生赞许。"公开课其实就是我们的日常课,以前只有上公开课的时候我们才搞小组实践教学,就是把学生分成几组,给他们一个科学话题,进行理论和实践探索,现在日常教学我们都采用这种模式(T-04)。"通过一次次公开课,兼职科学教师在实践摸索中颠覆传统班级授课制的组织模式,并且通过实践调研学生需求、创新教学案例等方式既实现了师生教学相长(B11),又获得并且筑牢了兼职教师的专业自信。

(4) 外围环境:政策制度与校园文化的双向加持

2023年5月,教育部等十八部门联合印发《关于加强新时代中小学科学教育工作的意见》,要求在"双减"工作中做好科学教育加法,特别是在改进教学方法,加强师资队伍建设,用好实践场所,推出优质资源,做强品牌活动等方面提出了具体的指导思想和实践要求,同时针对中西部地区相关科学教育场所援建工程提出了项目引领方案。科学学科作为实施科学教育的主渠道,在学生全面发展过程中扮演着重要角色,科学教育政策对科学学科的强调,也推动教师群体逐渐认识到了科学课程在小学教育中的重要地位和价值(B7)。此外,习近平总书记强调,"建设教育强国,基点在基础教育……龙头是高等教育",而基础教育提质振兴的关键短板在县域。2021年11月,《教育部办公厅关于开展县域义务教育优质均衡创建工作的通知》指出,"树立更加科学的教育理念、建设更高素质的教师队伍、提供更高质量的教育服务",县域教育发展必须坚持问题导向,找准并且解决真问题。县域小学科学教育改革以及教师队伍建设体现了时代政策对县域教育的良性引导,兼职科学教师上好、教好科学课,甚至超越专职人员,就积极响应了时代政策的号召。"为孩子一生的幸福奠基"是该省Q县X小学的办学宗旨,学校普及科学知识、弘扬科学精神、传播科学思想、倡导科学方法,校园文化建设主打科技创新,让孩子们感觉到科学就在身边,努力创设讲科学、爱科学、学科学、用科学的良好校园科学教育文化氛围(C25)。浓厚的科学教育校本文化奠定了兼职科学教师投入科学教育事业的外在动力基础。

2. "兼职之道":面向未来县域小学兼职科学教师培养的进路策略

(1) 专职与兼职不代表专业与非专业,专兼融合存在潜力优势

学者查吉德依托人事管理与工作时间,认为"兼职教师(part-time teachers)与专职教师(full-time teachers)相对应"[8]。也有学者认为"兼职教师是那些在非学校本级单位工作,例如企业行业,并且具备一定专长的专业技术人才,其工作内容主要是担任专业课教学或者实践课程指导"[9]。科学兼职与专职教师在"职业"属性上都属于教师群体,但职业范围内的主责对象存在差距。专职科学教师以科学课程教学为主要职责,接受过比较完整的职前科学

教育理论方面的培训,具备较高的专业素质和专业能力。兼职科学教师,可能尽管没有接受系统的职前专业科学知识与教学能力训练,但是依然可以通过职后的训练和自我理论学习,逐步成长为业务能力熟练、教学水平较高的专业教师,兼职和专职教师不能与专业与否画上等号。

科学专职教师与兼职教师之间消除专业壁垒的障碍,有利于真正走向专兼职融合,促进协同育人优势互补。Q县X小学五位兼职科学教师的学科与专业背景之间的差异没有成为他们上好科学课程的阻力和障碍,多学科的背景知识、科学教育的融会贯通以及个人和环境的多重因素影响,依然可以促进专兼职教师在科学教育中优势互补,协同育人。由于对"教师"职业的共同身份认知,帮助学生实现个人发展,弥补学生学业成长中存在的环境劣势,兼职科学教师做出了比专职科学教师更成功的事业,科技辅导员团队的成立证明了"兼职可以补充专职、以兼带专"的实践可能性。在小学科学教师专兼职融合过程中,统筹因地制宜、发挥兼职教师主体性、处理好开放性与制度化之间的关系尤为重要。案例中的五位兼职教师打造科技辅导员团队正是依托了本校科技校园文化的实际情况,借助了学校科学教育资源的优势。兼职教师在主体性上,摒弃了"非专业"的前置思维劣势,通过团队合作创新科学教育新模式,最终实现了教师和学生的共同进步。兼职教师的学历专业背景是多元的,文科、理科、工科都有其优势,专兼职融合需要从"封闭"走向"开放",就要避免只有与科学课相近或相似专业背景的教师队伍才能吸纳进兼职队伍的低水平循环劣势,充分吸纳具有广博人文学科视野、其他学科教学骨干队伍等进来,做到"文理兼容,开放进取"。此外,在制度上,要强化对专兼职教师队伍的统筹管理,Q县X小学科技辅导员团队作为成功案例,校方的横向统筹管理给予了很大支持,后续在教研力量上,专兼职可以走向协同深化,使专兼职队伍朝着规范制度化方向发展。

（2）专业社群力量是兼职教师自我修炼与社会认同的砝码

从时代发展的角度来看,教育变革无时无刻不在进行,作为培养人的活动,教师的专业素养能力被寄托了越来越高的期望,教师的持续性学习成了教育变革的一项关键指标。教师个人学习已经不能应对教育变革的复杂性环境,教师合作或者协作性学习逐渐成为一种主流趋势[10]。从理论研究视角来看,组建教师专业社群有利于打破彼此孤立、互不干涉的个体主义教师文化,通过凝聚群体之间的共享愿景和价值观,便于教师聚焦学生学习改善和自身能力提高,这种群体支持下的共同合作学习、相互协同发展是一种较优的教育理念[11]。Q县X小学五位兼职科学教师在行动选择上,首先承认每一位兼职教师都具有自我主动行动的意识,"我虽然是门外汉,但是喜欢探索新天地,科学这门课程我挺喜欢,在上课中我可以激发我的兴趣,实现我的梦想"(C2),他们通过个人努力考取了全国青少年科技辅导员中级专业水平资格(C9),因此大家的行动目的可以达成一致并且协同共处。他们打造的科技辅导员团队融入了大家的共同愿景和组织期待,赛课研学、科创比赛等是团队中衍生出的行动路径。

科技辅导员团队作为一支专业社群力量,每一位兼职教师获得的群体资格都会赋予其情感和价值意义[12]。一方面,兼职教师在经过自我身份范畴化、社会比较与认同建构后获得了社会认同(赢得比赛后的社会口碑与学校反响),继而在群体价值、意义与情感影响中得以形成价值观;另一方面,兼职教师打破“兼职”标签,消解对兼职科学教师社会范畴特征的负面意义阐释(兼职教师上不好科学课,科学课比较专业,兼职教师难以驾驭等),并最终成了“支配性群体”而非“附属性群体”,在新的环境中获得了社会认同。任何教师的专业学习一定是情境中具身化的社会文化活动,除了知识与能力,还有内隐价值观和教学信念等情感劳动。社会认同的基础不仅仅停留于兼职教师对科学知识与技能的掌握,更凸显了个体价值观对群体的引领和塑造。专业社群力量强调教师互助学习,通过实践教学、实践反思提升专业能力,并且在群体基础上强调教师学习文化的互动建构。五位兼职教师在专业社群力量中,共享知识经验、扩展阐释科学专业的意义,整合有利资源,在群体反馈中获得专业发展的责任感、效能感,进而产生“兼而益尖”的自我满足感,专业自信在团队合作中得以树立。

(3)重塑小学科学教师自我发展意识,搭建县域教师专业发展平台

教师作为有思想能动性的主体,个人对于科学教育整体的认知与理解、对于科学教育课程教学的基本定位等,直接与其专业发展的追求愿景相挂钩。尤其是面对县域小学专职科学教师不足的现状,兼职科学教师如何平衡个人主教学科与兼职学科之间的关系,可以窥视出教师对于科学课程教学的专业期待。Q县X小学五位兼职科学教师首先认真了解了自身的专业水平,并且在个人职业生涯规划周期中主动确立个人对于科学教育的发展目标(A5)。在思想意识层面,县域小学科学教师从小学科学课程的综合性特征出发,需要具备融合发展的科学观念,以大概念意识思维进行课程资源整合,实现从“科学课程”到“课程科学”的观念转变,从而建立多学科融合的科学知识体系,不断提升跨学科教学的职业胜任力。此外,对于小学科学课程,需要具备将科学问题与真实情景融合的意识,结合实际应用科学知识,要以发展的眼光看待科学,明白科学是一个“致知”的过程,科学知识体系会随着实验方法的改进而趋于完善[13]。

在专业发展平台层面,必须认识到县域小学科学教育教学供给端与需求端关系失衡的风险。县域小学科学教育教学供给端指的是县域小学科学教师在实际教育教学工作过程中个人需要的科学课程教学能力以及学校提供的相关支撑条件,例如教育教学资源、研训机会、赛课等,此外还包括教师提高教学效率和效果需要的科学教育数字化资源应用技能等。教育教学供给端更多涉及县域小学科学教师的特殊工作场域所带来的软硬件资源供给影响。教育教学需求端指的是学生、家长和社会等对科学教育实际效果的需求期待。因此,必

须认识到县域小学科学教育存在的客观资源环境瓶颈,同时看到利益相关者关于科学教育对学生全面发展重视程度的与日俱增。基于此,专业发展依赖于专业实践,一方面,需要搭建县域小学科学理论课程教学竞赛、多级别实践团队赛事平台。Q 县 X 小学五位兼职科学教师依托公开课实现了专业自信的第一次"华丽转身",县域小学需要减少"形式主义"的公开课,同时赋予科学教师公开课的机会,通过赛课找准科学教师的专业发展路径并不断优化(K-03)。同时,国家级、省级、市级学生科创比赛要面向县域开设更多赛道,鼓励县域小学发挥科技教育首创精神,依托科学教师专业共同体做好、做优、做强县域小学科技比赛,形成校本文化,实现师生教学相长。另一方面,建立县域一级小学科学名师工作室,充分挖掘优质的专兼职科学教师力量,发挥教研力量,对小学科学知识、命题说题、实验操作技能与创新、教学设计、教学案例、说课比赛等进行全方位研训,鼓励专兼职科学教师做好教学反思工作。

五、总结与展望

县域教育是我国教育的重要组成部分,随着经济社会的快速发展,我国县域教育发展面貌得到了较大程度的改善,县域各级各类学校教师队伍的力量不断壮大。但是总体来看,我国县域教育资源相对不足,教师招聘困难,尤其是科学等"小学科"。在城镇化发展进程中,部分财政薄弱、教育资源相对落后的区县会存在优质生源流失的情况,进而导致教师招聘困难,教育发展动力不足。根据 2021 年的数据,Q 县一般公共预算教育经费为 97 170 万元,占公共预算支出的 23.94%,比 2020 年下降了 4.61%,整体处于该省靠后水平。根据 Q 县所提供的数据,每年各级各类学校招聘教师数量仅为个位数,教师招聘困难,高素质教师数量较少,其中小学教师短缺严重。

一方面,县域小学科学教师缺额较大。小学科学学科是一门综合性学科。目前我国很少有学校在师范教育体系内开设小学科学相关专业,从职前专业培养来看,难以向小学教育领域输送具有具体学科背景的科学教师。县域教育受制于特殊的发展环境,教育发展水平与经济发展水平较低,专职科学教师县域从教吸引力较低。另一方面,县域小学科学教师需求较强。《关于加强新时代中小学科学教育工作的意见》等政策文件陆续出台,充分体现了科学在中小学教育中占据重要地位。"要在教育'双减'中做好科学教育加法……培育具备科学家潜质、愿意献身科学研究事业的青少年群体。[14]"县域学校的学生缺乏科学教育的滋养,他们大多生活在乡村,难以发挥天马行空的想象力,展现出他们这个年纪该有的对于新科技、新技术的期待,他们与城市教育的孩子相比,既没有科学教育的环境、硬件条件,也没有高素质的科学教师、科学理念等软件条件。因此,加强配备县域小学科学教师具有巨大的时代意义。

本研究旨在挖掘县域小学兼职科学教师的校本实践案例,分析这一群体获得专业发展、取得优异教学业绩背后的生成逻辑,进而重新廓清兼职科学教师对县域小学发展的重要意义,探索我国县域小学兼职科学教师未来可能的专业发展模式和培养路径。研究局限包括:首先,本研究是选择小范围内的个案研究,研究的成功对象案例是一种理想化的状态,"兼职之道"是否具有推广性和借鉴性可能需要进行细致推敲斟酌;其次,尽管研究者在研究的过程中尽量悬置个人的经验要素,但是在核心概念编码中不能完全避免研究经验受到主观影响;最后,针对面向未来县域兼职科学教师培养的进路策略,本研究主要依托理论基础聚焦探索专兼职融合发展、专业社群、专业发展意识以及专业平台搭建对于兼职教师培养的重要意义,对于县域职前教师培养方法、围绕县域小学科学教师全职业生涯周期的培养路径探索还存在一定的局限和不足,这也是值得进一步研究的未来方向。

参考文献

[1] Tajfel H E. Differentiation Between Social Groups:Studies in the Social Psychology of Intergroup Relations. Pittsburgh:Academic Press,1978.

[2] 王晔安,郑广怀,朱苗.职业支持:社会认同理论与职业认同的新维度[J].社会发展研究,2021,8(1):52-75,242.

[3] 郑航,秦楠.公正观培育的社会认同逻辑[J].教育学报,2022,18(5):3-16.

[4][12] 迈克尔·A·豪格,多米尼克·阿布拉姆斯.社会认同过程[M].高明华,译.北京:中国人民大学出版社,2011.

[5] 陈世平,崔鑫.从社会认同理论视角看内外群体偏爱的发展[J].心理与行为研究,2015,13(3):422-427.

[6] 方文.群体资格:社会认同事件的新路径[J].中国农业大学学报(社会科学版),2008(1):89-108.

[7] 王红艳,陈向明.新教师的定位问题:自我、学科与学生[J].当代教育科学,2008(9):27-29.

[8] 查吉德.职业院校兼职教师队伍建设的四个问题[J].中国职业技术教育,2012(15):64-68.

[9] 刘峰久,高再秋.职业院校兼职教师队伍建设问题与对策研究[J].职教论坛,2016(8):10-13.

[10] Hargreaves A. Changing Teachers, Changing Times:Teachers' Work and Culture in the

Postmodern Age. New York：Teachers College Press，1994.

[11] 尹弘飚,秦晗.教师专业学习社群研究：范式、旨趣与论述[J].华东师范大学学报(教育科学版),2024,42(3)：61-77.

[13] 李文娟.提升兼职科学教师素养以做好科学教育"加法"[J].湖南教育(A版),2023,(11)：26-27.

[14] 王嘉毅.开辟新时代中小学科学教育新赛道[J].中小学科学教育,2024(1)：5-9.

作者简介

储招杨　北京师范大学教育学部博士研究生,研究方向为教育政策与教育治理

电子邮箱

c1997zy@163.com

科学教育实验区建设：现实挑战、国际镜鉴和路径架构[*]

王晶莹　杜　蕾　刘文科　丁雨楠　徐佳蓉　刘扬云

摘　要：基础教育阶段的科学教育肩负着培养未来科技人才和推动科技进步的战略重任，为此我国启动了新时代科学教育改革，亟须关注实验区建设的深度推进和落地见效。本研究从政策制定与建设评估的宏观调控、教学改革与课程革新的中观探索、全景培养与协同育人的微观实践三个角度剖析国外科学教育联盟的成功经验。在全面总结与批判性借鉴的基础上，锚定科学教育提质增效，构筑纵向贯通、横向联动的科学教育实验区协同发展的路径架构。期望以此为我国科学教育实验区的稳健建设与发展提供深刻而实用的理论引领与实践参考，有力驱动我国科学教育事业的整体质量跃升与持续繁荣进步。

关键词：科学教育实验区；国际镜鉴；路径架构；实践模式

在党的二十大关于教育、科技、人才"三位一体"的战略规划下，我国中小学科学教育工作全面强化，通过科技创新人才培养加快教育强国建设已成为社会共识。党和国家高度重视科学教育事业，推动科学教育高质量发展，教育部启动新时代中小学科学教育实验区建设项目，并于2024年2月初步遴选出124个科学教育实验区，涵盖994所科学教育实验校，旨在率先在关键领域和环节开展试点，破除制约科学教育发展的壁垒，探寻科学教育有效推行的新途径。但相比于发达国家，我国科学教育实验区建设在布局调控和实践路径上仍然缺乏显著的比较优势，同时有关政策的具体执行配套措施与支持力度尚需进一步丰富和完善。因此，亟须明确实验区建设的指导原则、发展目标、实施步骤以及完善的评估体系和监管机制，以此为科学教育工作的稳步推进提供理论指引和坚实保障。鉴于此，本文将深入剖析国外科学教育联盟的成功实践经验，在全面总结与批判性借鉴的基础上，致力于构建我国科学

---

* 本文系国家社会科学基金"十四五"规划2021年度教育学一般课题"基于拔尖创新人才培养的我国中小学生科学素养评价指标体系构建研究（BHA210153）"阶段成果。

教育实验区高质量发展的全新路径,并据此提出具有可行性的实践策略,以期为我国科学教育体系的建设与高质量发展提供有力支撑和有益参考。

一、我国科学教育实验区建设的现实挑战

科学教育实验区的建设正处于关键时期,其面临的挑战既是对其既有模式的检验,也为未来的教育改革与创新提供了宝贵契机。本文结合研究团队对科学教育实验区建设的访谈调研,通过深入剖析与前瞻思考,梳理科学教育实验区的现实挑战,明确发展需求。

1. 科学教育实验区资源协同效能与价值导向的潜在缺失

科学教育实验区的构想立足于科学教育本质,旨在构建一个以学生为中心的教育生态系统,在学生减负中做好科学教育的"加法"。为此,实验区内需要形成多维度、多层次的科学教育资源网络,涵盖多学科交叉、多领域渗透与跨组织合作的知识、意识与能力培养体系。然而,尽管初步形成全社会协同参与科学教育的架构,实验区在深化协同机制与优化资源配置的过程中,仍面临多重障碍与局限,导致大部分社会力量未能有效参与育人[1]。科学教育资源缺乏强有力的政策支持、完善的保障体系与有效的激励机制。吴媛等人通过调查发现当前科学教育政策在支持课外科学教育方面存在显著缺口,近半数学校反映课外科学教育缺乏政策支撑,意味着政府及相关教育部门需要加大对科学教育的资源投入,优化政策设计,确保科学教育的持续健康发展[2]。其次,资源协同网络的构建与运行机制不够健全。目前区域同样缺乏家校社协同开展科学教育的体系化布局,直接导致科学教育资源的孤立与分散,难以形成合力[3]。这种断层不仅会限制科学教育内容的丰富性与教学方法的创新,还影响了学生科学兴趣的早期激发与持续培养[4]。此外,科学教育资源的分布不均是科学教育实验区面临的另一重大挑战。地理与经济条件的差异导致科学教育资源在不同区域学校的失衡。发达地区或者重点学校因其优越的基础设施与丰富的资金支持,能够获取多样化的科学教育资源,而欠发达地区或普通学校,则因资源匮乏而难以满足学生对高质量科学教育的需求[5]。

2. 科学教育实验区课程设计与育人模式的现实适应性挑战

科学教育实验区作为探索我国科学教育改革的先锋阵地,承担着构建高质量科学教育体系的使命。然而,当前的课程设计与育人方式却暴露出一系列与现实需求不符的问题,这些问题集中体现了实验区内科学教育的课程设计、教学理念、内容设置以及教学方式上的局限性,阻碍了科学教育目标的实现。首先,科学教育的专业性与复杂性要求教育者具备深厚

的专业知识与实践智慧,以促进学生对科学本质的深刻理解。然而,课程设计与育人方式却未能充分反映这一需求。科学教学活动仍然存在以教师为中心,忽视学生的个体差异,过度追求教学进度的一致性的问题,而对具有特殊科学天赋的学生关注度不足[6]。这种传统的教学理念限制了学生的个性化发展,阻碍了学生对科学本质的深入理解和探索热情。其次,科学教育强调知识的整合与跨学科性,但在实际操作中,课程内容往往被割裂为孤立的学科单元,学科间的内在联系则被忽视。现有科学课程尽管旨在展现科学知识的完整性,却仍以分科形式存在,未能有效整合跨学科概念,这导致学生接受的是碎片化的知识点而非连贯的知识体系[7]。这种现象削弱了跨学科理念的贯彻力度,使学生难以建立起科学知识之间的有机联系,不利于科学思维能力的培养。再者,新型教学方式尚未占据主导地位。科学课堂常常被简化为知识讲授与视频学习,缺乏生动的实验操作与学科实践活动。这种教学模式忽视了通过实验探索与实践操作来培养学生的科学思维与创新能力的科学教育的本质。正如国家义务教育质量监测报告所示,我国中小学生在科学思维能力方面普遍较弱,且随年级增长,对科学、数学与技术的兴趣逐渐下降[8],这反映出教学方式对学生产生的消极影响。最后,学生在科学领域的职业期望较低,在实验区内该问题依然存在。我国学生对 STEM(Science,Technology,Engineering,Mathematics)职业的期望比例远低于国际平均水平,凸显出科学教育在激发学生科学兴趣与职业导向方面的不足[9],也反映出课程设计与育人方式未能有效培养学生的科学情感与职业理想。

3. 科学教育实验区质量评估体系与区域辐射效应的构建难题

科学教育实验区作为我国深化教育改革、聚焦创新人才培养的重要战略高地,肩负着探索新型教育模式与路径的重大使命。评价不只是一个"评"的纯粹技术活动,更是一个"价"的指引性活动[10]。然而实验区面临着质量评估与辐射带动机制构建的双重挑战,这不仅制约了科学教育模式的提炼总结与广泛推广,还阻碍了创新教育理念向更广阔区域的渗透扎根。

首先,科学教育实验区的质量评估体系尚未形成一套兼顾共性与个性、公平与效率的成熟框架。当前的评估标准倾向于采用统一的指标体系,这虽有利于维护评估的公平性,却忽视了不同区域在经济发展水平、教育基础、文化背景等方面的差异。这样的评估方式难以全面、准确地反映各实验区的实际情况与特色,也不利于激发实验区根据自身条件进行差异化、创新性探索的积极性。其次,科学教育实验区质量评估的多元主体参与度不高,参与潜能未被充分激活。在当前评估与推广过程中,政府和教育部门扮演着主导角色,而学校、教师、学生、家长以及社会各界的参与度相对较低。这种单一主体主导的局面,不仅会限制评估的全面性与客观性,也会阻碍经验向更广泛区域的传播与应用[11]。再者,长期跟踪评估机制的缺失,是科学教育实验区面临的又一挑战。科学教育的成效通常需要一定的时间周期才能显现,特别是在培养学生科学素养、创新精神与实践能力方面。然而,当前的评估体系受制于时间限制,缺乏对实验区长期影响的持续追踪,难以捕捉到科学教育实验区对个人成长与社会发展的深远影响,也限制了对实验区经验进行深入挖掘与提炼的能力。最后,科学教育实验区在提炼与推广经验方面,存在着提炼总结力度不足、宣传推广渠道有限的问题。实验区中探索的新模式与新途径尚未形成有效的提炼与总结机制,加之宣传推广的力度不够,导致创新探索停留在"自言自语"的阶段,未能形成"以点带面、从线到片"的辐射效应。这不仅会影响实验区经验的全国性推广,也削弱了科学教育实验区在引领教育改革方向、推动教育公平与质量提升方面的作用。

二、科学教育实验区建设的国际镜鉴

当前各国高度重视中小学科学教育的有效推进,创设各类科学教育联盟,以推动未来科技人才的培养[12],其目标与运行机制和我国科学教育实验区的构想相近,因此可以为我国科学教育实验区建设提供镜鉴。为此,本文梳理美国、英国、德国、加拿大、新加坡以及日本等科技发达国家的科学教育改革或创新联盟的政策框架、发展规划及执行报告,根据教育生态理论从宏观政策、中观机制与微观教学三个层次进行分析,旨在深度剖析各地区代表性重点科学教育实验区的实践经验与成功案例,从而为我国科学教育的发展提供借鉴与启示。

1. 宏观调控:资源整合与优化背景下的跨域政策协同与评估体系构建

宏观层面的科学教育改革联盟建设在国际上得到了广泛的关注和重视,众多国家在政策层面进行了积极的探索和创新,以提供经验借鉴并制定科学合理的发展战略和目标。各国关于科学教育实验区域的顶层建设经验主要体现在政策制定与协调、资源整合与合作、建设评估与比较等方面。

以美国为首的发达国家聚焦于政策层面的科学教育改革联盟建设,探索创新举措,为制定科学合理的发展战略和目标提供经验借鉴。美国通过政策协调与整合,在跨州际层面、州内层面和地方层面实现科学教育改革政策的协调与整合,推进科学教育改革实践。跨州际层面,如纽约州教育局主导的 SIPS 科学评估试点项目,与六个州及其他合作伙伴共同开发科学评估工具和教学资源,体现跨地域协作的力量[13]。州内层面,通过 Achieve 网站的科学政策调查系统,美国各州得以基于实证和资源,调整和优化地区间的科学教育计划,遵循中央指导下的地方特色原则[14]。在地方层面,赋予学校自主权,鼓励基层创新实践。例如,洛杉矶联合学区的试点学校在资金、人员和课程评估等方面享有自主权,能够灵活运作以满足学生需求,充分发挥了学校和教师的主体作用[15]。

欧盟借助 Scientix 科学教育实验项目,制定跨区域科学教育协作协议,搭建囊括 30 多个国家教育工作者的大规模合作平台,通过国际会议共享本区域在 STEM 教育领域的最新政策、举措和实践经验,促进相互学习和借鉴[16]。以色列则以魏茨曼科学研究所为根据地,通过邀请科学教师参与实验室科学项目等方式增加实践机会的同时,通过跨地域培训数据库等资源为教师提供持续的专业发展支持[17]。

对科学教育实验区实验校建设水平进行系统性的评估是科学实验区发展中不可或缺的一环,美国得克萨斯州埃奇伍德独立创新学院则呈现了有益探索。该实验区根据州际联盟特点形成《学校绩效框架手册》,该框架由学业表现、学生参与和组织建设三个维度和国家问责、当地评估、参与措施、当地指标与调查五个方面的内容组成,每个维度内对五个方面的内容给定评定细则并实行加权赋分制进行统计,最终每所学校按照得分被划分为 A 至 E 五个等级。此外,手册还涵盖比传统基础教育(Kindergarten‑12, K‑12)更广泛的学段,从学前教育启蒙期到高中三年级,确保对不同阶段的教育过程进行全面评估,每个学校的得分可以放到同一个总体评级规模表中进行评定,这种评级有助于对学校的绩效进行横向与纵向的比较[18]。在这一过程中,通过智能技术数据化管理评估流程,考察这一创新模式的有效性和可靠性,从而为改革质量提供了证据支持。

综上所述,从宏观调控上看,科学教育实验区是一个复杂系统,它融合政策创新、资源融合与评估优化的多重维度,国际合作与交流,以及地方性的创新实践,推动科学教育向高质量、可持续的方向迈进。政策层面的探索与创新,不仅依赖于跨地域的协作与资源共享,还须融合自上而下的指导与自下而上的创新,以保障政策的动态适应性和灵活性,促进教育体系的迭代升级。资源整合与合作,尤其是在跨国界与跨领域的背景下,对于整体提升教育质量具有不可替代的作用,它不仅加速了知识与经验的全球流通,还催化了教育创新理念的快速扩散与应用,构建起一个开放、共享的教育生态。建设评估与比较则通过构建客观、系统的评估体系,为教育决策者提供了数据支撑,为学校和教师提供了持续改进的路径,确保教育改革的实效性和质量控制,是衡量改革成效与推动持续优化的关键机制。

2. 中观探索: 科学素养导向的跨学科课程设计与教学模式创新

科学教育实验区在中观层面上积极引导区域内学校在课程与教学方面进行有益的探索实践,呈现出多样化、创新性强的特点,其注重培养学生的科学素养和实践能力,通过挑战性和探究性的科学课程设计、跨学科综合的教学模式以及多样化、互动性强的教学策略,促进学生科学素养的提升。

首先,实验区在课程设计上注重培养学生的科学素养和实践能力。通过设计具有探究性的科学课程,鼓励学生主动参与科学实验、观察和数据分析等活动,培养学生的科学思维。此外,这些科教联盟注重将科学知识与实际应用相结合。例如,美国埃奇伍德独立学区设置涵盖了 STEAM(Science，Technology，Engineering，Arts，Mathematics)、领导力培养、公共服务等多门特色课程的多种课程,打破了以传统学校为单位的培养模式[19]。同时,一些实验区开展 STEAM bassadors 等创新项目,让学生参与由 STEM 专业人员设计的社区实践活动,在真实情境中积累生活经历,培养科学探究技能,树立相关职业认同[20]。

其次,积极探索跨学科综合的教学模式,将不同学科领域的知识内容有机整合,以培养学生的跨学科思维和合作能力。美国州政府牵头促成阿勒格尼学院与克劳福德中心合作,共同研发符合新教育标准的中学 STEM 跨学科课程和教学模式,将生物、化学、物理等不同学科领域的知识内容有机整合,以小组探究学习的形式,引导学生掌握核心概念和关键技能,课程设计贯穿诸如观察体验、小组讨论、理论建构、设计实践等的多个环节,让学生在亲身动手的过程中理解和应用所学知识[21]。

第三,强调运用现代技术和多媒体手段来支持教学,例如利用虚拟实验室、模拟软件和在线资源等,丰富学生的学习体验和实验机会。欧盟"地平线 2020"研究与创新计划的NEWTON 项目是一个集成多种创新手段的代表案例。该项目开发和部署涉及多模态多感官媒体传播的新型技术增强学习机制,融合增强现实(Augmented Reality，AR)、游戏化、自主学习等互动方式,针对不同学习群体的特点对内容呈现形式进行了个性化优化,能给学习者带来前所未有的沉浸式学习感受,可以显著提升学习的吸引力和效率[22]。

综上所述,国际科学教育实验区在中观层面的探索与实践主要聚焦于教育模式的重大转型。通过创新性的探究式课程设计、跨学科整合教学以及科技驱动的教学策略,实验区不仅致力于传授学生科学领域的专业知识与技能,更深层次地着重于培养学生的终身学习能力、创新思维与团队协作精神。并通过区域内的联动与合作,实现创新模式的规模化,旨在惠及更广泛的学生群体,确保教育公平与优质教育的普及。同时持续关注教育领域的新兴趋势,如人工智能、大数据分析等,适时更新教学方法与课程内容,以确保教育实践与时代发展同步,为学生未来的生涯规划与个人成长奠定坚实的基础。

3. 微观实践：全景培育目标下的多元学习环与家—学校—社区协作育人

以科学课程带动学生的整体素养发展已成为国际科学教育改革的核心议题。为达成这一目标,国际科学教育联盟在微观层面构建了一个涵盖课堂教学、非正式教育和家庭教育三个维度的多维立体教育体系,旨在通过三者的有机融合,全面促进学生科学素养的发展。

在课堂教学中,国际教育联盟致力于将科学教育与现实生活紧密相连,强调学以致用和实践应用的理念。通过将抽象理论转化为解决实际问题的行动,不仅培养了学生的社会责任感和实践能力,还激发了他们的创新意识和科学兴趣。We Share Solar 项目即是一例,它向学生提供装配太阳能发电系统的手提箱套件。学生在教师指导下,将电路原理、能源知识等理论知识应用于解决发展中国家偏远地区的电力短缺问题,从而培养了学生的全球视野和社会责任感[23]。英国将 3D 打印技术融入小学数学课堂的做法,让学生将抽象的数学概念通过 3D 打印转化为具体的实物模型,体验从设计到成品的全过程,加深了对几何原理如体积、表面积等概念的理解,这有效激发了学生的创新意识与科学兴趣[24]。

非正式教育在培养学生科学素养方面扮演着关键角色。通过科普活动为学生创建非正式学习环境,促进了学生与社区、行业的互动与合作,拓宽了学生的视野。新加坡科学中心通过与学校、科技部门、教育机构等合作伙伴关系的建立,开展了一系列精品化教育活动,如科技展览、实验演示、竞赛等,将科学探究、批判性思维、创新设计等核心素养融入其中。例如,"气候变化"展区让学生通过多媒体和沉浸式游戏了解气候变化原理,更重要的是,学生能通过分析解读信息,思考应对气候变化的方法,从而在真实情境中提升科学素养。此外,该中心还与学校合作,设计了科学素质拓展课程,覆盖学龄前至中学阶段,通过游戏化、情景化活动,小组探究和社区实践,以及跨学科课程设置,全面培养学生的综合能力[25]。

家庭教育是科学素养提升的重要支撑。家长应在家庭环境中为学生提供科学启蒙资源,鼓励其参与实践探索,培养他们的科学思维和解决问题的能力。STEM 学习生态系统倡议(STEM Learning Ecosystems Initiative)和太平洋海岸科普教育联盟(Space Coast Science Education Alliance, SCSEA)强调家庭在 STEM 教育中的作用。STEM 学习生态系统倡议旨在确保学生从小接触 STEM 领域的职业前景,家长通过与 STEM 专家建立指导关系,为子女提供职业导向[26]。太平洋海岸科普教育联盟通过设立"有抱负的科学家奖"(Aspiring Scientist Award)表彰小学生在科学领域的创新表现,通过家庭和学校的共同参与,提高学生的科学兴趣和参与度[27]。

综上所述,国际科学教育联盟通过构建多维立体教育体系,将课堂教学、非正式教育和家庭教育有机融合,为学生提供了全方位的科学素养培养环境,旨在激发学生的创新意识、实践能力和社会责任感,为学生的全面发展和终身学习奠定坚实的基础。这种教育模式不仅反映了对 21 世纪技能的深刻理解,也为全球科学教育的未来提供了宝贵的参考与启示。

三、科学教育实验区高质量协同发展的路径架构

在全球科技竞争格局日渐紧张,创新驱动发展战略已然上升为国家战略核心的大环境下,建构科学教育实验区的高质量发展路径架构,是我国教育体系特别是科学教育领域内提升效能、优化产出,以及定向培养拔尖创新人才的紧迫诉求与战略抉择。这一战略架构主要

在制度政策引领保障下,力图构筑一个既能纵向贯穿各级教育阶段,又能横向联结多元主体的立体化科学教育生态系统。旨在直面当前科学教育体系所遭遇的诸多约束与局限,通过深度重构区域内科学教育资源分配机制,引领催化教育教学方式的深度革新,推动人才培养模式的与时俱进与迭代跃升,实现教育评价体系自上而下的科学化与多元性重构。科学教育实验区高质量协同发展的路径架构如图1所示。

1. 制度政策引领保障:科学教育区域协同的关键角色与职能发挥

学校教育作为国家层面公共行动的核心领域,承载着塑造国民知识结构与创新能力的重任[28]。在全球化语境下,政府不仅是教育政策的制定者,更是科学教育改革进程中的关键推手,其在科学教育领域的包括但不限于质量标准的设定、高层项目团队与咨询机构的构建、教师专业化培训、教材研发与教学创新的多重职能,彰显出其在智慧教育体系构建中的宏观经济驾驭力与深层组织效能。首先在顶层设计与政策框架的构建中,政府扮演着科学教育发展蓝图的设计师,其首要职责在于根据地域特性,明确描绘科学教育的长期愿景与发展路径,通过一系列政策文件的制定与颁布,为各区域间的合作提供清晰的行动指南。政策与制度的导向与保障,不仅是宏观战略层面的长远规划,更深入到微观执行层面的监管与资源配置。其次,在政策执行与监管层面,政府需构建有效的督导机制,旨在预防信息不透明与资源错配的风险,确保科学教育政策的全面落地。同时,通过政策激励手段,如财政补贴、税收优惠等,吸引社会资本投入科学教育领域,寻求政府主导与市场机制的有机结合,构建多元化的教育投资生态[29]。这种生态平衡,不仅能够促进科学教育资源的合理分配,还能激发教育体系的内在活力,加速科学教育现代化的步伐。最后,跨部门协同运作与资源整合利用是政府在推动科学教育改革中的另一重要维度。政府需推动教育、科技、财政等部门间的深度协作,实现科学教育资源的最大化整合与利用效率的提升。这不仅包括物理资源的共享,如实验室设施、科研设备等,也涵盖人力资源的优化配置,例如教师培训、专家交流等。通过跨部门的高效协作,政府能够有效避免资源浪费,确保科学教育资源的精准投放,为科学教育事业的持续发展注入强劲动力。

2. 纵向贯通:构建全程全链条科学教育体系

在科学教育区域协同发展的纵深化整合进程中需要构筑全方位、全流程的科学教育生态系统。这一进程囊括教育政策与法规的垂直传递效应、教育阶段间的连续性与课程体系的一体化建设、师资队伍的层级构建与流动性优化,以及监控与评估机制的全程贯穿。

教育政策与法规的垂直传导机制构成科学教育区域协同发展的稳固基础。国家与地方政府需确保科学教育政策的逐级落实,依托政策传导链路,保证政策原意能够在基层教育实

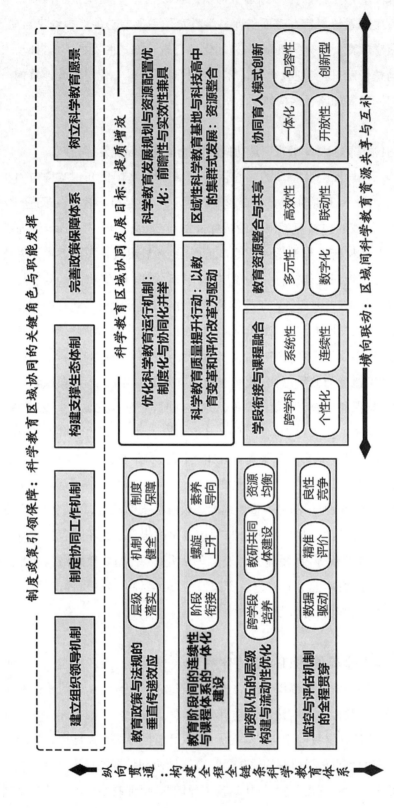

图 1 科学教育实验区高质量协同发展的路径架构

践场景中得到实质性的执行效果。同时,不断完善科学教育相关法律法规体系,使之成为支撑区域间科学教育纵向整合的制度屏障。

教育阶段衔接与课程体系的内在一致性则是科学教育纵深拓展的关键要素[30]。科学教育的纵向拓展依赖于教育阶段间的平滑过渡与课程内容的递进融合。从幼教至高等教育,构建连贯性课程体系,确保知识的系统积累与认知能力的渐进发展。课程设计采用螺旋上升模式,保证科学素养随学生年龄增长而逐步深化,形成教育链条上的知识累积效应。

师资队伍的层级化培育与流动性管理,则构成科学教育纵向贯穿的重要支撑。政府部门与教育行政部门应积极探寻跨学段师资队伍建设与交流互动机制,通过建设教研共同体,激励教师跨越不同教育阶段界限,共享教育资源,拓宽专业技能与教育观念的边界。同时,引导区域内师资力量的均衡流动,强化科学教育在各教育阶段间的均衡发展[31]。

构建覆盖学前教育至高等教育全生命周期的科学教育评估体系,对于维系科学教育纵向质量的稳健提升具有根本性的作用。该体系应能全面揭示科学教育各阶段的教学质量全景,并借助实时、精确的质量监控手段,引导并督促各级科学教育向更高级别的标准进化,从而实现在整个教育链上的科学教育质量螺旋式提升。

3. 横向联动:区域间科学教育资源共享和互补

在科学教育区域协同发展的横向一体化视角下,关键在于推动不同区域间科学教育资源的互动互联与互补共享,以构建一体化的教育生态系统。这一过程涵盖学段衔接与课程整合、教育资源优化配置与多方共享以及协同育人机制的革新三大关键节点。

首先,在学段衔接与课程整合的维度应当深入探索如何在不同教育阶段之间构建科学教育的持续发展路径,以确保个体在其成长的每一关键阶段均能接受到连贯递进的科学素养培育。当前,我国已构建"小学综合科学课程—初中综合与分科并行科学课程—高中分科科学课程—大学专业科学课程"的课程体系。在此基础上,有必要依托现有的课程架构,借助大科学观念和跨学科整合思想,采用螺旋式上升的教学设计逻辑,强化各学段科学教育内容的内在联系与层次性,推进科学教育体的一体化进程,消除学段间的传统壁垒。

其次,为实现科学教育资源配置的最优化,决策层需着手于区域乃至跨区域的层面,对包含学校、科研机构、产业界、媒体技术等多个利益相关方在内的教育资源进行全面整合,以此扩展科学教育的实践疆域,促使学习者能在贴近现实的环境中亲历科学、实践科学。例如,高等教育机构与科研组织可通过共建实验室、科学营地、创新竞赛等途径,对学生进行科研启蒙。企业界与科技场馆则可提供实习实训、科普展览及互动体验,丰富学生的实践经历。与此同时,媒体与数字平台凭借科学节目、在线教程、科普文学等多样化的媒介形式,普及科学知识,营造激励探索、崇尚创新的社会文化景观。而科学教育大数据分析与线上平台技术的应用,能够显著增强教育资源在水平方向上的互联与互动,超越物理与时间的限制,提升资源的流动性和交互性[32]。

再次,协同育人的模式创新被视为科学教育横向整合的枢轴。学者们正积极探求家校社协同教育的新机制,旨在构筑由家庭、学校、社区三方面共同支撑的科学教育生态系统。诸如"少年科学院""大中小幼科学教育共同体"等成功案例,为科学教育的跨领域合作提供了丰富的实践案例和启示。在此框架下,家长与学校合作,通过组织家庭科学实验、推广科普阅读、共访科技展览等活动,可以有效激发儿童对于科学的好奇与兴趣,进而拓宽科学教育的覆盖范围与深化其内涵。综上所述,在当前科技强国与创新驱动发展的背景下,科学教育质量的提升成为我国教育事业发展的重要抓手。在此背景下,区域协同发展战略能够推动科学教育深化改革。

综上,科学教育实验区建设作为我国科学教育现代化进程中的战略性举措,表征着对既有教育范式的深刻转型与革新尝试,其核心目标在于打破制约科学教育效能提升的关键瓶颈,诸如课程内容的创新供给、教学法的深度转型以及教育评价制度的重构等挑战。本研究通过对国际科学教育联盟一系列政策架构、战略规划以及其实证性执行成果的深度挖掘与细致梳理,提炼出可资借鉴的国际先进经验,并立足本土实际情境,从区域联动协作机制的构筑到实验学校个性化创新模态的设计两个维度,系统构建契合我国科学教育实验区高质量发展的路径架构,旨在为我国科学教育实验区的推进建设提供理论指导与实践参照,驱动我国科学教育事业的全面提质升级与持久繁荣发展,实现科学素养培育体系的结构性优化与内涵式增长。

参考文献

[1] 郑永和,彭禹.科技馆助力科学教育高质量发展:框架设计与实施路径[J].自然科学博物馆研究,2022,(5):10-17.

[2] 吴媛,苗秀杰,田园,等.课外科学教育的现状、特征和发展对策——基于北京市275所中小学的实证调查[J].科普研究,2024,19(2):72-81,105.

[3] 薛二勇,张俊姣,李健.家校社协同开展科学教育的形势研判、关键挑战与政策路径——基于中国东中西部21省9199份调查问卷的实证分析[J].中国电化教育,2024,(5):1-8.

[4] 王阿习.技术赋能科学教育服务供给路径与实施建议[J].现代教育技术,2023,33(8):12-18.

[5] 田慧生.落实立德树人根本任务全面深化课程教学改革[J].课程·教材·教法,2015,35(1):3-8.

[6] 郑永和,张登博,王莹莹,等.基础教育阶段的科学教育改革：需求、问题与对策[J].自然辩证法研究,2023,39(10)：11-17.

[7] 中华人民共和国教育部.2020年国家义务教育质量监测德育状况、科学学习质量监测结果报告发布[EB/OL].(2021-11-29)[2024-03-15].中华人民共和国教育部网站.http://www.moe.gov.cn/jyb_xwfb/gzdt_gzdt/s59871/202111/t20211129_583124.html.

[8] 王晶莹.关注STEM职业期望的青少年科学素质教育：基于PISA 2015和NARST 2017的反思[J].科学与社会,2017,7(3)：33-42.

[9][10] 钱佳,崔晓楠,代薇.指向高质量发展：科学教育评价的价值取向和路径优化[J].中国教育学刊,2024,(4)：58-63,95.

[11] 郑永和,苏洵,谢涌,等.全面落实做好科学教育加法构建大科学教育新格局[J].人民教育,2023(19)：12-16.

[12][29] 王素,张永军,方勇,等.科学教育：大国博弈的前沿阵地——国际科学教育战略与发展路径研究[J].中国教育学刊,2022(10)：25-31.

[13] New York State Education Department. SIPS Science Assessment Pilot - Invitation for District/School Participation[EB/OL].（2022-03-24）[2024-03-15]. https://www.nysed. gov/curriculum-instruction/news/sips-science-assessment-pilot-invitation-districtschool-participation.

[14] The State of State Science Education Policy：Achieve's 2018 Science Policy Survey[EB/OL].（2019-05-13）[2024-03-15]. https：//www. achieve. org/2018-science-policy-survey.

[15] Los Angeles Unified School District. Pilot Schools / Pilot School About Us[EB/OL].（2024-03-15）[2024-03-15]. https：//www. lausd. org/Page/18155.

[16] The community for science education in Europe. Efforts To Increase Students' Interest In Pursuing Science，Technology，Engineering And Mathematics Studies And Careers，National Measures Taken by 30 Countries-2015 Report[EB/OL].（2024-03-15）[2024-03-15]. https：//www. scientix. eu/observatory/comparative-analysis-2015.

[17] Weizmann Institute of Science. The Davidson Institute of Science Education[EB/OL].（2024-03-15）[2024-03-15]. https：//www. weizmann. ac. il/pages/science-education.

[18][26] STEM Learning Ecosystems Overview[EB/OL].（2024-03-15）[2024-03-15]. https：//stemecosystems. org/about/.

[19] Edgewood Independent School District. Schools of Innovation[EB/OL].（2024-03-15）[2024-03-15]. https：//www. eisd. net/directory/schools-of-innovation.

［20］STEM Facilitators | Project Exploration［EB/OL］．（2024 - 03 - 15）［2024 - 03 - 15］．https：//projectexploration. org/stem-facilitators/.

［21］Whitenack，L B；Meadville，P A. Partnering School Districts and Colleges Via Their Science Faculty：Piloting the Allegheny College-Crawford Central STEM Partnership［R］. Society For Integrative and Comparative Biology 2015 Annual Meeting. 2015：3 - 5.

［22］EU Horizon 2020 Project Newton，Networked Labs for Training in Sciences and Technologies［EB/OL］．（2024 - 03 - 15）［2024 - 03 - 15］. https：//www. newtonproject. eu/.

［23］We Share Solar. Program Overview［EB/OL］．（2024 - 03 - 15）［2024 - 03 - 15］．https：//wesharesolar. org/program/.

［24］GOV. UK. 3D Printers in Schools：Uses in the Curriculum［EB/OL］．（2024 - 03 - 15）［2024 - 03 - 15］. https：//www. gov. uk/government/publications/3d-printers-in-schools-uses-in-the-curriculum.

［25］About Science Centre Singapore［EB/OL］．（2024 - 03 - 15）［2024 - 03 - 15］. https：//www. science. edu. sg/home/about-us/about-science-centre-singapore.

［27］Space Coast Science Education Alliance［EB/OL］．（2024 - 03 - 15）［2024 - 03 - 15］．https：//spacecoastscience. org/.

［28］王颖，范佳萍，李倩倩.美国科学教育战略举措的经验与启示［J］.智库理论与实践，2023,8(5)：35 - 46.

［30］郑永和，周丹华，王晶莹.科学教育服务强国建设论纲［J］.教育研究，2023,44(6)：17 - 26.

［31］曹培杰.新时代科学教育的价值意蕴与实践路径［J］.现代教育技术，2023,33(8)：5 - 11.

［32］祝智庭，胡姣.教育数字化转型的实践逻辑与发展机遇［J］.电化教育研究，2022,43(1)：5 - 15.

作者简介

王晶莹　北京师范大学教育学部教授

杜　蕾　北京师范大学教育学部博士研究生

刘文科　青岛大学教育科学学院硕士研究生

丁雨楠　北京师范大学教育学部硕士研究生

徐佳蓉　北京师范大学硕士研究生

刘扬云（通信作者）　中国教育发展战略学会教育评价专业委员会秘书长

电子邮箱

wangjingying8018@126.com

dulei0196@163.com

qdulwk@163.com

dingyunan@mail.bnu.edu.cn

xujiarong0322@163.com

yangyunliu@126.com

日本超级科学高中计划：实施架构与学校案例 *

张良禹

摘　要：建设科学高中是发展科学教育的重要一环。日本 2002 年起实施的超级科学高中计划是其高中教育改革的龙头项目之一，旨在通过国家资助高中自主探索拔尖科技人才的培养模式，构建科技人才培养网络。超级科学高中计划形成了以文科省主导、多方参与的运行体制，学校层次分类明确，并有科学完善的监督评估体系。通过 20 多年的实践探索，一批典型学校涌现，形成的办学特色包括激发并保障学校办学自主、深入挖掘大学资源、着重培养学生本土意识与国际视野。

关键词：科学教育；科学高中；超级科学高中；日本

科学教育是提升国家科技竞争力的基石，而科学高中肩负着拔尖创新人才早期培养、做大做优人才"蓄水池"的使命[1]。21 世纪以来，日本逐渐形成了以"科学技术创造立国"的国家战略，认识到要在激烈的国际竞争中取胜并持续发展，必须积极推动科学教育发展。自 2002 年起，日本开始实施"超级科学高中"支援计划（スーパーサイエンスハイスクール，即 Super Science High School，以下简称 SSH 计划），以"培养面向未来的国际性科学技术人才"为宗旨，通过国家资助高中自主开发特色课程和教材，改进教学方法等途径，探索高中阶段科学教育的新模式。作为日本高中教育改革的龙头项目之一，截至 2023 年，SSH 计划已经支持建设了 218 所富有特色的超级科学高中（以下简称 SSH 指定校），成为日本拔尖创新人才培养体系的关键一环。

---

* 本文是 2023 年度国家社会科学基金教育学重点项目"高中阶段学校多样化发展的理论与实践研究"（AHA230016）阶段性成果。

一、日本超级科学高中计划的战略定位

1. 日本超级科学高中计划的提出背景

SSH 计划的提出以日本旧文部省与旧科学技术厅合并改组为文部科学省为契机,既顺应了日本进入 21 世纪以来教育改革的趋势,又遵循了服务日本加强国家科创实力的战略逻辑。

一方面,SSH 计划延续了日本"去宽松教育"、重视学力的教育改革逻辑。宽松教育(ゆとり教育)源于 20 世纪 70 年代左右。为解决教育考试压力过大,学生自杀事件频出的"教育病理现象",日本政府尝试通过削减课时与教学内容、实行周五日制、引入综合学习时间等措施以减轻学生负担。然而,随着宽松教育的推进,逐渐暴露出阶层学生差异加剧、学生整体学力下降的弊端。因此,2002 年,文部科学省先后发布了《开拓 21 世纪未来的教育改革——7 个重点战略》《推进学习:切实推进学力提升的 2002 倡议》等系列文件,提出了增加课时,重新下放教学内容等改革措施。2018 年,日本推出的第八版《学习指导要领》用"能动学习"(アクティブ・ラーニング)彻底替代了宽松教育的概念,宣告了"宽松教育"的结束。其明确提出要重点培育学生面对未知状态所需的思考力、判断力和表现力,鼓励学校通过各种途径加强课程管理、优化教学效果,提高学生学习质量。

另一方面,SSH 计划也是日本提振科学技术地位,提升国际竞争力的战略举措。21 世纪以来,日本面临着国际竞争力持续走低的困境。尤其是 2001 年,根据国际经合组织与国际教育评估协会调查,日本国民对于科学技术的关心程度处于历史低位,日本儿童对"喜欢理科"以及"将来想从事同科学有关的工作"的正面回答比例居所有受调查国末位[2]。由此,在"远离理科"的危机意识下,以日本自由民主党提交的《关于远离科学技术・理科的对策~以科学技术创造立国!! 梦想・挑战 21~》报告书为契机,日本政府提出了创设 SSH 的战略构想。一年后,文科省发布《热爱科学技术・理科计划》,重申了日本"科学技术创造立国"的立场,强调科学教育的必要性,并正式推出 SSH 计划[3]。

根据设想,SSH 计划以提振国家科学教育为核心,推动高中同大学等研究机构合作,共同开发特色课程,培养学生对理工科的兴趣。SSH 计划一经提出便迅速成为日本以"科学技术创造立国"的重点举措之一。近 20 年内,日本连续三期《科学技术基本计划》均重点关注了包含 SSH 计划在内的科技人才培养体系建设[4][5][6]。近年来,在"社会 5.0"战略构想下,SSH 计划的重要性进一步凸显。日本文科省于 2018 年发布的《面向社会 5.0 的人才培养——变化的社会、变化的学习方式》报告指出,与美国、中国等国家相比,日本当前在人工智能(Artificial Intelligence,AI)、基础数学、信息科学等领域的研发与教育处于落后态势,相关学

科的人才储备极其匮乏，为此，日本教育改革必须以科学教育为重心，从而提升学生对理工科的兴趣，以培养更多科技人才[7]。

2. 日本超级科学高中计划的战略目标

SSH 计划以培养未来能够在国际舞台上活跃的科学技术人才为核心使命，但该计划并不将视野局限于学生个体的培养，还着眼于通过 SSH 指定校的探索，建立成熟的科学教育模式与科学技术人才培养体系[8]。具体而言，SSH 计划被赋予的核心任务可概括为以下三方面：

（1）探索先进科学教育模式

SSH 计划致力于探索先进科学教育模式，通过开发特色课程、转变教学方法等措施重点培养学生的科技思维能力、判断能力和表达能力。该计划极力倡导基于课题研究的学习模式，即让学生根据自身能力特点和兴趣自主设定研究课题，依托大学、科研机构的专业指导，尝试独立研究解决问题。通过课题研究，能够培养学生包括对未知领域的好奇心、挑战未知的勇气等科技人才必备品质。在开展课题研究的过程中，SSH 计划一方面积极推进大学教师、博士研究生作为外部资源进入高中，帮助学生开展课题研究；另一方面也强调本校教师在指导学生过程中的主导作用，通过为教师提供丰富的在职研修机会，助力其提升专业指导能力。此外，SSH 计划也会资助、鼓励学校同海外学校、研究机构等组织建立合作关系，为学生搭建国际交流的平台，扩大学生的国际视野。

（2）构建科学技术人才培养网络

依据 SSH 计划，SSH 指定校除积极探索高中科学教育的成熟模式，为在校学生深入开展课题研究提供保障外，更应成为贯通区域科技人才培养体系，联结小学、初中、大学、企业、社会机构的中枢。具体而言，SSH 指定校既需要积极利用大学、企业等地方教育资源，在开展课题研究的过程中为学生提供更先进的设备与更专业的指导；同时，还需承担向周边地区辐射先进教育模式的责任，通过定期开展学生研究发表会、教师研修会，以及向中小学生开放实验教室等方式，加强与区域其他学校间的交流与合作，在区域内普及学校探索科技人才培养的成功模式与经验。近年来，SSH 指定校的区域辐射作用被寄予了更大期望，部分学校（尤其是长期指定校）已开始实施跨都道府县的交流合作。疫情期间，以远程教学为契机，SSH 指定校探索并建立了包括在线讲座、国内外大学在线研修在内的常态化交流机制，在为学生学习提供更广阔的学习机会的同时，也为跨区域，甚至跨国合作交流创造了更多的可能性。

（3）普及成果与社会服务

作为探索拔尖科创人才培养模式的先锋，SSH 指定校被赋予了积极推广研究成果的使命,分享包括学校运营体制、特色课程、教学模式、校本教材在内的成功办学经验。此外,由于 SSH 指定校(尤其是长期指定校)通常会积极同地方企业、大学建立合作关系,围绕环境保护、灾害预防、地方产业发展等区域性主题开展深入的课题研究。因此,SSH 计划也试图使 SSH 指定校发挥类似于大学的社会服务溢出效应,通过广泛应用学生课题研究的成果,助力地区可持续性发展。

二、日本超级科学高中计划的实施架构

SSH 计划以培养拔尖科技人才为目标,通过设立、资助一批"研究开发型"超级科学高中,鼓励其自主探索以科学教育为重点的人才培养模式。自 2002 年启动以来,日本文科省分别于 2018 年、2022 年召开了"SSH 计划有识之士会议",总结计划的发展成果并讨论完善未来的发展方向。至今,SSH 计划已建立了一套完善的实施架构。

1. 日本超级科学高中计划的运行体制

SSH 计划采取学校"自主申请—国家认定—多方支援"的形式开展(见图 1)。作为主导部门,文科省负责把控 SSH 计划的整体发展方向。每年文科省会在其官网发布当年度 SSH 指定校招募计划、资助标准以及不同类型学校所对应的申报条件。以 2024 年为例,日本文科省预计投入 24 亿日元经费支持 SSH 计划,依据不同的学校类型,各校每年将获得 500 万至 3 000 万日元不等的专项经费支持。

有志于参与 SSH 计划的高中则需依据文科省要求提交书面申请,申请材料包含志愿书、研究计划书、经费预算表等内容。其中,研究计划书除需说明申请校基本情况及现有特色课程外,应重点对科学教育的研究课题进行阐述与可行性论证。经文科省书面审查通过并公示后,相应学校便可获得 SSH 指定校的资格,从而能够在 SSH 框架下,跳出《学习指导要领》的限制,独立开展行动研究,探索开发以数学、科学技术为重点的特色课程,推进基于课题研究的学习模式变革。

在此过程中,日本文部科学省下辖"国立研究开发法人科学技术振兴机构"(Japan Science and Technology Agency,JST)负责包括调拨专项经费、组织调研评估、召开全国经验交流与推广活动等宏观运营工作;地方教育管理机构则主要在中观层面对辖区内 SSH 指定校的日常活动进行管理,包括给予学校专业指导、在辖区内宣传推广办学经验等。

此外,大学、科研机构、民营企业等第三方机构也会积极参与 SSH 项目,共同协作以探索科技拔尖人才的培养模式。同时,SSH 指定校也需主动发挥区域辐射作用,将研究成果积极

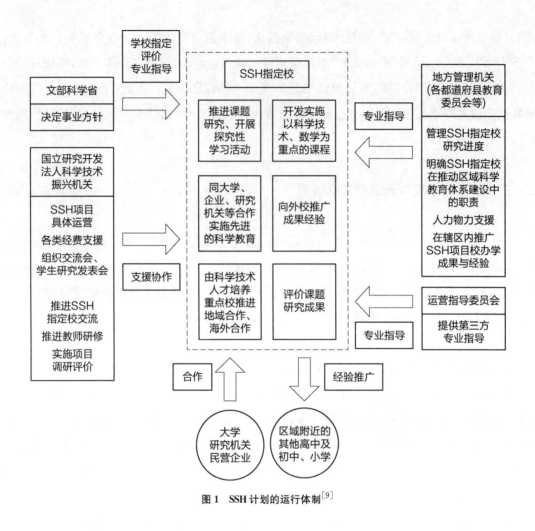

图1　SSH 计划的运行体制[9]

推广至区域内的其他高中、初中、小学。

2. 日本超级科学高中的层次分类

SSH 指定校并非终身制,一般每 5 年为一个指定周期(除先导改革型为 3 年)。在期限内,指定校需依申请时提出的研究计划开展科学教育的改革实验,并且每年向文科省提交研究报告。依据学校不同的层次,文科省将超级科学高中划定为基础类、重点类和认定类三种不同类型,分别承担不同的发展任务(见表1)。文科省认为,一所成熟的超级科学高中一般需要经历 5 个指定期[10]。其中,认定类是 2022 年引入的新类型,旨在探索学校在不依赖政府财政支持的情况下,如何保持发展动力。认定类 SSH 校定位为全日本科技人才培养示范校,通过开展各类推广活动,重点发挥区域辐射作用。相对而言,只有已完成三个指定周期或处于第三个指定周期最后一年的优秀学校才有资格申请成为认定类超级科学高中。

表 1 日本超级科学高中的层次分类

类型	类别			任务目标
基础类	初创期	1 期	开发型	发展与稳定：落实核心课程，优化学校管理
		2 期	实践型	稳定与特色：在 1 期的基础上，建立全校有组织性的研究开发体制
	发展期	3 期		特色与变革：在确立自身特色优势的基础上继续深入研究
		4 期		深化与精选：使已确立的特色优势常态化，建立推广经验的有效举措
	引领期	先导改革期	先导改革型	通过自身卓越的研究，引领科技人才培养体系改革
重点类	地域合作			在学校所在的都道府县，甚至全日本范围内推广普及探索形成的特色课程、教学方法、评价方法等，广泛提高周边地区整体的科学教育质量
	海外合作			通过与海外开展先进数理教育的学校和研究机构之间建立常态化合作关系，开阔学生国际视野，培养能够跨越语言和文化差异，共同开展研究的现代科技人才
	应对全球问题			与地方大学、科研机构、企业、非营利组织（Non-profit Organization，NPO）等组织合作，引导学生自主探索、发现并尝试研究解决全球社会所面临的共同问题，培养学生的创新意识与全球公民意识
	高大衔接			以高中为主体，与大学协作探索建设一惯性人才培养体系，培养引领未来科学创新的拔尖人才
	其他			除上述四个类别以外其他有利于科技人才培养的特色举措
认定类（2022 年新设）				作为科技人才培养的全国性示范校，基于以往研究，不依赖文科省资金支持，独立开展教育研究与经验推广活动，为拔尖创新人才培养注入更大动力

3. 日本超级科学高中计划的监督评估

为把握 SSH 指定校的发展状况，动态调整 SSH 指定校结构，除要求每所指定校每年提交学校发展报告外，文科省与 JST 也会通过多种方式对每所学校的发展进行监督评估。其中，最重要的形式是在每所学校指定期的第 3 年（先导改革型的第 2 年）开展的中期评估。中期评估以书面审查为主要手段，专家组通过审查学校自评报告、经费使用情况表等材料，结合学校听证会给出评价与建议。为保障评估的科学性，文科省制定了 SSH 中期评价指标体系，划定了 6 个一级指标、17 个二级指标以及若干个参考点(见表 2)。评估的结果由高到低分为六个等级,一级意味着该校的研究开发工作十分优异,预期能够在完成预定研究计划的基础上取得更进一步的突破;六级则意味着该校很难达成甚至违背了原有的研究计划,应当大幅度削减经费或直接取消 SSH 指定校资格。中期评估每年定期举行,过程公开透明,评估结果既会以书面形式通知各 SSH 指定校,也会在文科省官网向全社会公开。对于被评为三至六级的学校,JST 会组织专家组开展实地调研,一校一策帮助其进一步提升办学质量。以 2022年 SSH 中期评估结果为例,在参与评估的 27 所学校中,除有 1 所学校被评为一级外,大部分学校(22 所)位于三、四级,意味着需要在听取专家组意见的基础上,进一步加强相关行动研究[11]。

表 2　SSH 指定校中期评价指标体系[12]

一级指标	二级指标	参 考 点
研发计划进度、管理体制与成果检验	研究推进情况	研究计划是否顺利推进
	管理体制	是否建立配套制度体系保障研究顺利开展
	成果检验	研究论证是否到位
		学生是否适应学校的变化(包括学习意愿、素质能力、毕业去向等)
		是否充分了解毕业生的情况
		教师教育理念是否发生改变
		对已暴露的问题是否采取了必要的改善措施
教育内容	课程编制与实施	是否根据 SSH 计划编制并实施了以理科为重点的课程
	课题研究与探究学习	是否积极开展了与理科课题研究和探究性学习活动相关的工作
		是否致力于创新评价模式以契合课题研究和探究性学习活动的特点
	课程管理	课题研究与探究性学习是否与理科外的其他科目有机结合
		理科外的其他学科是否也使用了课题研究与探究性学习的方法
		在开展课题研究的过程中,能否实现主体性、对话性的深入学习
	教材开发	是否开发了符合 SSH 计划的特色教材(要求其他学校也能够使用)
教学方法	教学体制	教学形式和班级编制情况等是否符合研究目标
	教师研修	是否实施了提高教师教学指导能力的措施

一级指标	二级指标	参　考　点
合作交流	同大学、企业、研究机构合作	是否主动同大学、研究机构、企业合作
		学生能否进入大学听课、在企业研究室学习；大学教师、科研人员和企业研究人员能否进入高中讲课
		研究是否有助于加强同大学的合作
	地区合作	是否与其他 SSH 指定校、非 SSH 指定校合作交流
	国际合作	是否积极培养学生的国际性，包括参加国际会议、参加国际大赛、与国外高中生合作研究等
	课外活动	理科类社团的设置情况
		学生是否积极参加科技、理科类竞赛
		是否组织其他理科类课外活动
成果普及	校内传承	是否采取措施保障研究成果常态化
	校外普及	是否积极推广和传播研究成果（如教材开发、官网建设、培训外校教师等）
管理体制	专业支持	管理机构是否在 SSH 指定校开展研究时给予适当的支持（包括就课程开发和教学改进等提供专业指导建议、提供人力物力支持等）
		是否积极采取措施为 SSH 指定校教师提供更多研修机会
	成果普及	是否积极推广和传播 SSH 指定学校的研究成果

　　除中期评估外，文科省会通过向 SSH 指定校在校生发放调查问卷、跟踪 SSH 指定校毕业生发展情况、制作 SSH 指定校实践案例集等方式对各 SSH 指定校的发展情况进行整体把握，从而督促各校积极探索拔尖创新人才的培养模式。

三、日本超级科学高中计划的学校案例

　　SSH 计划的实施以"政府资源支持—学校自主探索"为基本逻辑。20 多年来，各 SSH 指定校基于自身特色，探索出一系列具有代表性的科学教育模式与经验。本部分将视角从宏观政策转向微观学校实践，考察在资源倾斜保障下，SSH 计划的具体落实者——SSH 指定校的办学策略。基于多样性与代表性原则，本研究选取了国立东京工业大学附属科学技术中学（认定类）、私立立命馆中学（先导改革型）、京都市立堀川中学（认定类、重点类）作为个案

研究的对象。自2002年起，三所学校一直被文科省指定为超级科学高中，它们积累了丰富的办学经验，是成功办学的典范。

1. 东京工业大学附属科学技术中学：高大合作下的特色课程建设

（1）办学特色

东京工业大学附属科学技术中学（以下简称东工大附中）是日本唯一一所国立工业高中，其母体东京工业大学（以下简称东工大）是日本国内顶尖的工科大学，以工程技术和自然科学见长，在2024年QS（Quacquarelli Symonds）世界大学排名中位于日本第四。在多年的办学过程中，东工大附中始终将自己视为"东京工业大学的成员"（Team东工大），依托东工大的专业资源，以在高中阶段培养具有持续挑战精神的领军者（フロントランナー，front runner）为宗旨，建构了富有特色的工业课程体系（见图2）。

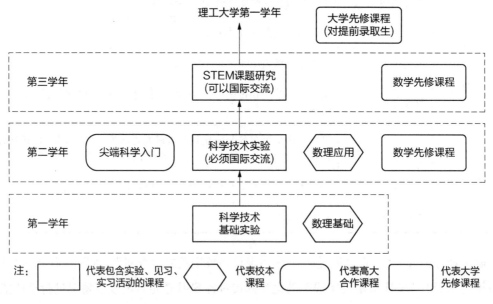

图2 东京工业大学附属科学技术中学工业课程体系

从整体上来看，东工大附中培养计划中基础课和专业课的学分比约为2∶1。高一年级以"探究活动的基础"为主题，学生不分专业，主要以数学、国语、英语等基础学科为主，同时也需修习一定的专业通识课。其中，除校本课程《工业理数基础》外，最富特色的是《科学基础实验》。该课程旨在通过对物理、化学等基础学科理论知识的学习以及在各类实验中进行亲身体验，为学生今后的专业学习打下基础。

高二年级以"深化探究活动"为主题，学生需要在应用化学、信息技术、机械、电子工程、建筑设计这五大专业内进行自主选择。这一年的学习以深化专业知识和培养专业技能为目标,开展"同任何理工科大学相当水准"的实验、见习与实习。在此阶段,学校重点开设《科学技术研究》《尖端科学入门》两门特色课程。《科学技术研究》以各学科的基础实验为主,致力于让学生在自己发现问题、解决问题的过程中领会各学科的核心特点。本课程要求学生必须进行国际交流,因此也会采用英文进行授课。《尖端科学入门》由东工大教授和附属中学教师共同讲授,以具体的研究案例为基础,向学生展示当前高中阶段所学习的专业知识是如何应用于现代高端科学技术中的。该课程通过让学生接触最前沿的科研内容,增进其对科学技术的理解并且加深对高中学习内容重要性的感知。

高三年级处于"完成探究活动"阶段,着眼于"课题研究",重点培养学生的独立性与创造性。这一阶段要求学生独立开展 STEM 课题研究,尝试发现问题、设定课题、研究解决并提交研究论文报告。在此过程中,东工大教师会直接对学生进行指导,学生的优秀论文则可直接参与国际会议进行发表交流。对于经推荐入试、AO(Admissions Office,招生办公室)入试等方式确定提前进入大学理工系的学生,学校也会为其开设相应的大学先修课程[13]。

(2)案例分析

总的来说,积极利用大学资源是当前世界各国高中办学的一大趋势,我国许多大学附中也都会通过开设实验班、邀请大学教授进校讲座、共享资源等措施积极同大学合作以培养人才。而东工大附中的办学特色便在于其同母体东京工业大学在合作的深度与广度上更进一步,克服了许多大学附中办学过程中合作空泛化的问题。一方面,东工大附中同东京工业大学的深度合作使得附中学生有更多机会接触大学资源,接受大学教师直接指导。除为附属中学学生提供大冈山校区访学活动,开放大学图书馆、研究室等学习资源,由大学教师开设"全球社会与技术"专题讲座外,东京工业大学还深度参与到东工大附中特色课程的开发与实施的过程之中,以前述《尖端科学入门》为例,该课程面向附中全体学生,每学年都会由东京工业大学教师进行 26 次专题授课。另一方面,东工大附中在同东京工业大学的合作广度上也有突破,将视野扩大到了就读于东京工业大学的博士生群体之上,创造性地开设了由东京工业大学创新人才培养机构面向附中开展的生涯课程,由东工大在读博士生直接在附中开课授课,分享其科研的经历与心得,为高中生提供与博士生面对面深入交流探讨的机会。相较于传统授课模式,东工大创新人才培养机构博士生演讲会更有利于加深高中生对研究生教育、科学研究的直观认识。

2. 立命馆中学:科技人才的国际化培养

(1)办学特色

立命馆中学是日本著名私立大学法人立命馆大学旗下的一贯制中学,其历史可追溯至1869 年西园寺公望以"培养支撑新时代的年轻人"为目标开设的私塾。"立命"二字源于我国经典《孟子·尽心上》中的一节"夭寿不贰,修身以俟之,所以立命也",以"立命"为名,意味着立命馆将自身的办学定位于"通过学问,开拓自己人生的修养场所"。基于"自由清新"的校风以及"和平与民主主义"的教学理念,立命馆中学以培养"拥有丰富品质和道德修养,能为世界作出贡献的人才"为育人宗旨。

作为参与 SSH 计划时间最长的学校之一,立命馆中学始终坚持"全球教育"的办学理念,以培养能够推动国际和谐发展的全球公民(グローバルシチズン,global citizen)为目标,形成了鲜明的国际化办学方向,主张通过课题研究,在学生自主发现国际问题并尝试提出解决方案的过程中,锻炼其批判性思维、国际意识以及国际领导力。经历 20 多年的探索,立命馆中学形成了培养具备国际视野的科技人才的长效机制。

其一,参与并主办国际学术会议。为培养学生的国际视野,立命馆中学在鼓励并协助学生参与国际学术交流的同时,也积极主办国际会议,从而为学生提供更多样的机会。自 2003 年起,立命馆中学每年都会主办"日本超级科学大会"(Japan Super Science Fair,JSSF),该大会不仅为世界各地的学生提供课题研究成果发表交流的平台,同时也会邀请海外学校教师参与公开课教学展示、办学经验交流等活动。截至 2024 年,该大会已成功举办 21 届,吸引了24 个国家或地区的 33 所学校参与,累计超过 1 600 人次的海外学生加入学术交流[14]。

其二,推进国际合作课题研究。立命馆中学鼓励学生同国外高中生一同开展合作课题研究以培养国际合作精神。2019 年,立命馆中学的学生同韩国、泰国、新加坡学生联合进行了诸如"大气厚度对太阳光谱的影响""泰国茶和日本茶中抗氧化物质对比""水的生物净化技术"等国际合作课题。近年来,立命馆中学进一步计划建立常设机构"国际合作研究中心"以帮助学生更好地对接海外研究同侪。此外,立命馆中学也以国际合作研究项目为纽带,建立了教师国际交流网络,通过定期举办国际性的教师学习会、交流会,推动教师专业发展。例如 2023 年 5 月,立命馆中学通过远程视频会议同我国台湾地区教师开展了线上教研活动。

其三,组织海外研学。立命馆中学同 16 所海外高中签订了合作协议(我国的北京大学附属中学与北京航空航天大学实验学校中学部也同立命馆中学建立了起合作关系),为在校生提供了丰富的海外留学交流、研学的机会。据 2022 年统计,该年度内立命馆中学聘任了 12名外教,有 697 名学生出国访学,接纳了 326 名海外学生(其中 4 人为长期留学生)到校交流。2024 年,立命馆中学预计将向在校生提供包括新加坡国立大学附属数理中学、澳大利亚约翰·莫纳什科学学校、韩国科学英才学校等多所著名海外高中约 80 名交流名额[15]。

(2)案例分析

在全球一体化的趋势下,科学教育必然离不开对学生国际视野的培养,立命馆中学的国际科学教育模式则在此方面做了积极的尝试。从最初仅着眼于通过国际交流培养本校学生的各项素养,到如今尝试将以国际合作课题研究为代表的常态化国际合作机制向国内外高中推广,在参与 SSH 计划的 20 多年中,立命馆中学不断深化完善了其国际科学教育模式。当前,立命馆中学已经同美国、加拿大、英国、澳大利亚、新加坡、韩国、泰国等国家和地区建立了常态化的合作关系,在学生国际友好交流、教师跨国教研、学校合作办学等方面积累了宝贵的经验,产生了良好的国际影响。可以说,立命馆中学已经成了引领日本国际科学教育的标杆。而从学生成果来看,每年立命馆中学在国际交流上的"成绩单"都十分瞩目,仅 2024 年,除本校主办的 JSSF 外,立命馆中学预计有 380 余名学生参与到 25 项国际学术交流活动之中[16]。

3. 京都市立堀川中学:以学生工作坊建立科学教育共同体

（1）办学特色

京都市立堀川中学是日本当地著名的公立中学,其办学历史可以追溯到 1908 年创立的京都市立堀川女子高中。百年以来,堀川中学始终恪守"立志、勤奋、自主、友爱"校训。自参与 SSH 计划以来,堀川中学将办学目标定位于培养"未来的科学家"。鉴于该校生源基本源于学校周边地区,因此学校在实践中特别强调发挥区域辐射作用,以学生工作坊"探究道场"为切入点,着力加强与邻近初中、高中的合作,建构区域科学教育共同体。

学生工作坊"探究道场"每学年召开三次,面向周边地区的初中生,以培养初中生探究性思维为着眼点,由堀川中学的高中生带领初中生开展课题研究。2023 年,堀川中学主办了三期分别以"吊桥""船""坡道"为主题的"探究道场"。每期"探究道场"首先会由堀川中学学生向参与工作坊的初中生讲解当期主题所涉及的各项科学原理,在此基础上,引导初中生设定探究课题,并协助其通过自主实验验证假设,最后再由堀川中学学生进行活动总结,加深初中生对相关知识原理的认知。当前,堀川中学"探究道场"学生工作坊的运营除经费预算外由在校高中生全权处理。运营委员会的学生除需在深入了解相关科学理论的基础上确定每一期学生工作坊的研究课题、对初中生的研究进行全程指导外,还需负责"探究道场"宣传推广、与参与单位协调等事宜。此外,堀川中学也积极向其他高中推广学生工作坊的教育模式,通过制作并邮寄宣传资料,在教师研修会等交流活动中与其他学校直接对话等方式进行推广。截至目前,堀川中学已同东京、广岛、长崎、大阪等地区的 10 所高中建立了合作关系,共同开设举办"探究道场"学生工作坊活动,预计到 2030 年,合作校将超过 50 所。

（2）案例分析

作为地域合作重点类 SSH 指定校,京都市立堀川中学所探索的"探究道场"学生工作坊为建构地区科学教育共同体提供了一条值得借鉴的策略。从实践效果上来看,"探究道场"学生工作坊实现了"三重功效":其一,高中生在策划和执行学生工作坊的过程中积极践行主动学习和教学相长的理念,各项能力均显著提升。问卷调查显示,87.5% 的学生反映参与工作坊显著地提升了他们的批判性思维能力,深化了其对科学理论的理解。其二,学生工作坊为周边的初中学生提供了直接参与体验科学研究的机会,帮助参与者形成朴素的科学认知并培养了一定的兴趣。多数参与过活动的初中生毕业后选择报考堀川中学,从学生工作坊的参与者成为组织者,形成提升科学教育质量的良性循环。其三,学生工作坊带动了高中校际合作交流平台的建设,在合作共办的过程中,为各校开展学生交流、教师跨校教研等交流活动提供契机,借此,堀川中学也能够将自身科学教育的模式推广至全国范围内的其他学校[17]。2022年,堀川中学的"探究道场"获得了日本探究性学习成果发表大会提名奖,体现了其在建设科学教育共同体上的贡献。

四、日本超级科学高中计划的主要特点

经历20多年的实践探索,日本SSH计划在科技人才培养上成效显著,已成为日本科学教育体系中的重要一环。根据文科省2015年的调查,日本超级科学高中毕业生升入大学理工科的人数显著高于其他学校(其中男生为全国平均水平的2倍,女生为全国平均水平的3倍),这些学生在大学毕业时继续攻读研究生学位意愿则是大学毕业生平均水平的3倍[18]。对毕业生的跟踪调查则显示,SSH计划的第一批毕业生中有许多人已成长为大学教授、研究员,活跃在科研一线[19]。另一方面,许多SSH校自主探索形成的校本教材、教参、学生评价指标等已被日本其他普通高中所借鉴采用,甚至新改订的《学习指导要领》中也吸收了SSH计划的经验,纳入了《理数探究基础》《理数探究》两门课程。可以说SSH计划通过以点带面的形式,提升了日本科学教育的整体水平,其实践经验对我国科学教育也有一定的借鉴意义。

1. 激发并保障高中办学自主

SSH计划的基本理念在于通过资源倾斜分配,支持一批以科学教育为优势的高中自主探索拔尖科技人才的培养模式。因此,其显著特点之一就是激发并保障学校的办学自主。一方面,文科省通过将SSH指定校定义为"研究开发型"学校,从而赋予了其绕开《学习指导要领》限制,自主设置特色课程的权利。同时,文科省也不会对学校的具体发展方向进行实质性审查与干预,而是充分信任各个学校自身的判断,其主导的中期评估也是以学校"是否能达成预设发展目标"为根本出发点进行考察。值得指出的是,即便是对其他高中,文科省也最大限度地尊重其办学自主,考虑各学校的实际情况,秉持自主自愿原则,以"SSH指定校自主宣传,其他学校自愿参与"的原则发挥区域辐射作用。而为了帮助各校发挥最大的能量,除资金支持外,文科省也积极为其搭建合作、交流、宣传的平台,例如每年举办超级科学高中学生研究发表会,对优秀学生、学校进行表彰等。

这也为我国提供了另一种推广科学教育优秀经验的思路。一直以来,我国一般是通过"个别经验—地区试点—全国推广"的方式将一些学校的成功办学经验以自上而下的方式推广到全国各地。这种做法虽然更具效率,但在我国区域差异巨大的国情下,也存在推广过程中容易忽略被推广学校实际情况的问题。而日本 SSH 计划自下而上的推广模式则可以有效补充这一弊端,通过提供更多经验供学校自主参考的方式,使每所学校都能够选择最适合自身情况的办学策略。

2. 深入挖掘大学资源

SSH 计划十分重视高中同大学间的合作。同我国高中类似,SSH 计划实施过程中,大部分高中会积极同大学建立合作伙伴关系,为高中生提供进入大学访学、使用大学实验室、图书馆的机会[20]。同时,这些学校也会以积极引入大学教师、研究所科研人员、企业研究人员的方式扩充师资,并邀请他们在校内开设讲座,担任学生校外导师,指导学生开展课题研究。而 SSH 计划最具特色的,便在于其关注到了大学的在读博士生群体。以前述东工大附中为代表,SSH 计划不仅鼓励在读博士生进入高中开课,带领高中生开展实验研究,还积极推进特别教师资格证制度、临时讲师制度,使没有教师资格证或教学经验的博士毕业生也能不受限制地进入高中任教[21]。例如,秋田县今年就将专门招聘拥有理学、农学或工学博士学位的教师,而不论其是否持有教师资格证。这些具有博士学位的教师除专门负责在高中指导学生开展探究学习外,还需要进入到中小学开设专业讲座、指导其他学校的探究学习活动,并为高中同大学的持续合作搭建桥梁。这也为我国高中同大学合作开展科学教育提供了新的思路,即将视野从大学的硬件设施、师资扩大到大学的在读博士生群体。这一群体不仅活跃在科研一线,了解前沿科研情况,同时相较于大学教授也更了解高中生的特点,并且更有意愿与时间同高中生进行深入交流。通过与博士生的直面交流,高中生在获得专业指导的同时,更能丰富对科学研究的感性认知,激发对科学的兴趣与投入。

3. 着重培养学生本土意识与国际视野

在全球一体化的背景下,SSH 计划强调学生国际视野的培养。为此,SSH 各指定校均十分重视外语的重要性,积极实施全英文授课的科学教育与国际理解教育,并以社会、环境、商业等全球性问题为主题开展探究学课题研究。此外,SSH 指定校还同国外高中、大学建立合作关系,积极为学生提供多样的交流访学机会,鼓励学生同不同国家的同龄人、教师开展合作研究。与此同时,SSH 计划也强调高中应当在区域教育共同体的建设中发挥作用,推进SSH 指定校发挥区域辐射作用,带动区域科学教育整体发展、鼓励学生就区域问题开展具有应用价值的研究,发挥社会服务功效。对我国高中而言,参与国际交流尚不普遍,且大多局限于高中国际部。而新时代高质量科学教育必然是国际性的,这也就要求高中坚持"走出去"和"引进来"并重,参照立命馆中学经验,一方面应当鼓励、帮助学生积极参与国际学术交流会议,拓展视野;另一方面也可以主动举办类似活动,吸引全球其他高中来华合作。另一方面,在区域辐射功能上,也可以关注到区域小学、初中,尝试建构区域科学教育共同体。

总之,日本超级科学高中计划在探索高中多样化发展、推进科学高中建设方面积累了较为丰富的实践经验,对我国有一定借鉴价值。当前日本 SSH 计划正试图通过引入认定类学校,探索在脱离政府财政支持的基础上,学校持续提升科学教育质量的可持续性发展模式,其成效还有待时间的检验。

参考文献

[1] 李建民.高中阶段学校多样化发展视域下"科学高中"构想[J].教育研究,2023,44(6):36-46.

[2] 長沼祥太郎.理科離れの動向に関する一考察—実態および原因に焦点を当てて—[J].科学教育研究(2015):114-123.

[3] 文部科学省.文部科学省事業評価書—平成14年度新規・継続事業—[EB/OL].(2010-10)[2024-07-13].https://www.mext.go.jp/a_menu/hyouka/kekka/021001.pdf.

[4] 第3期科学技術基本計画(平成18年3月28日閣議決定)[EB/OL].(2006-03-28)[2024-07-13].https://www8.cao.go.jp/cstp/kihonkeikaku/honbun.pdf.

[5] 第4期科学技術基本計画(平成23年8月19日閣議決定)[EB/OL].(2011-08-19)[2024-07-13].https://www8.cao.go.jp/cstp/kihonkeikaku/4honbun.pdf.

[6] 第5期科学技術基本計画(平成28年1月22日閣議決定)[EB/OL].(2016-01-22)[2024-07-13].https://www8.cao.go.jp/cstp/kihonkeikaku/5honbun.pdf.

[7] Society 5.0に向けた人材育成に係る大臣懇談会新たな時代を豊かに生きる力の育成に関する省内タスクフォース.Society 5.0に向けた人材育成～社会が変わる、学びが変わる～[EB/OL].(2018-06-05)[2024-07-13].https://www.mext.go.jp/component/a_menu/other/detail/__icsFiles/afieldfile/2018/06/06/1405844_002.pdf.

[8] スーパーサイエンスハイスクール(SSH)支援事業の今後の方向性等に関する有識者会議.スーパーサイエンスハイスクール(SSH)支援事業の今後の方向性等に関する有識者会議報告書第二次報告書に向けた論点整理.[EB/OL].(2020-12-02)[2024-07-13].https://www.mext.go.jp/content/20201202-mxt_kiban01-000011392-a0.pdf.

[9] 文部科学省.SSHパンフレット[EB/OL].(2023-06-01)[2024-07-13].https://

www. jst. go. jp/cpse/ssh/ssh/public/pdf/ssh2023. pdf.

［10］スーパーサイエンスハイスクール(SSH)支援事業の今後の方向性等に関する有識者会議. スーパーサイエンスハイスクール(SSH)支援事業の今後の方向性等に関する有識者会議第二次報告書［EB/OL］.(2021－07－05)［2024－07－13］. https：//www. mext. go. jp/content/20210701-mxt_kiban01-000016309_0. pdf.

［11］文部科学省. SSH 中間評価(令和 4 年度実施)の結果について(総括)［EB/OL］.(2023－02－02)［2024－07－13］. https：//www. mext. go. jp/content/20230130-mxt_kyoiku01-000027277_01. pdf.

［12］文部科学省. スーパーサイエンスハイスクール中間評価実施要項［EB/OL］.(2019－09－19)［2024－07－13］. https：//www. mext. go. jp/content/2021 0309-mxt_kyoiku02-000013137_4. pdf.

［13］国立大学法人　東京工業大学附属科学技術高等学校. 令和 4 年度指定スーパーサイエンスハイスクール研究開発実施報告書［EB/OL］.(2023－06)［2024－07－13］. https：//acv. g. hst. titech. ac. jp/ssh-report.

［14］立命館中学校・高等学校. サイエンスフェア・国際フェア［EB/OL］.［2024－07－13］. https：//www. ritsumei. ac. jp/fkc/education/ssh/fair. html/.

［15］立命館中学校・高等学校. 令和 2 年度指定スーパーサイエンスハイスクール研究開発実施報告書第 3 年次［EB/OL］.(2022－03)［2024－07－13］. https：//www. ritsumei. ac. jp/fkc/common/files/news/230323_r4. pdf.

［16］立命館中学校・高等学校. グローバル教育［EB/OL］.［2024－07－13］. https：//www. ritsumei. ac. jp/nkc/education/international/.

［17］京都市立堀川高等学校. 令和 4 年度指定スーパーサイエンスハイスクール　研究開発実施報告書・第 1 年次［EB/OL］.(2023－03)［2024－07－13］. https：//cms. edu. city. kyoto. jp/weblog/files/300605/doc/147186/4788536. pdf.

［18］小林淑恵,小野まどか,荒木宏子. スーパーサイエンスハイスクール事業の俯瞰と効果の検証［R］. 文部科学省　科学技術・学術政策研究所　第 1 調査研究グループ. 2015：60－61.

［19］文部科学省. SSH 卒業生活躍事例集［EB/OL］.［2024－07－13］. https：//www. jst. go. jp/cpse/ssh/ssh/public/pdf/alumnipamphlet. pdf.

［20］文部科学省. スーパーサイエンスハイスクール実践事例集［EB/OL］.(2021－03－01)［2024－07－13］. https：//www. mext. go. jp/a_menu/jinzai/gakkou/1309941. htm.

［21］飯澤功,荒瀬克己. 第 1 回 NISTEP　人材政策研究ワークショップ「スーパーサイエン

スハイスクール、高大連携で生かす博士力」[R].文部科学省　科学技術・学術政策研究所　第1調査研究グループ.2016.

作者简介

张良禹　华东师范大学教育学系博士研究生

电子邮箱

2930142013@qq.com

《中国教育政策评论》简介及投稿须知

　　《中国教育政策评论》是以评论我国教育政策热点及难点问题为主要内容的学术集刊。自创刊以来,本集刊一直秉持"教育研究密切联系实践,服务决策"的精神,对中国教育发展过程中的重大理论问题和实践问题进行了专门探讨,在教育研究、教育决策以及教育实践领域产生了广泛而深远的影响,已连续多次被确立为 CSSCI 来源集刊。自创刊以来,本集刊历年讨论的主题如下:

1999 年：教育政策与教育改革 　　　2014 年：高校绩效评价

2000 年：教育政策的科学制定 　　　2015 年：教育改革 30 年

2001 年：教育政策的理论探索 　　　2016 年：教育公平

2002 年：教师教育政策 　　　　　　2017 年：校内教育公平

2003 年：教育督导政策 　　　　　　2018 年：2030 年教育

2004 年：教育均衡发展 　　　　　　2019 年：大规模测量与评估研究

2005 年：教育制度创新 　　　　　　2020 年：后疫情时代的教育思考

2006 年：中外合作办学 　　　　　　2021 年：教育脱贫攻坚的中国经验

2007 年：科研政策 　　　　　　　　2022 年（上）：教育数字化转型

2008 年：教育公平 　　　　　　　　2022 年（下）："双减"政策下的教育改革

2009 年：创新人才培养 　　　　　　2023 年（上）：有组织科研

2010 年：教育质量与教育质量标准 　2023 年（下）：中国教育学自主知识体系

2011 年：基本公共教育服务 　　　　2024 年（上）：科学教育

2012 年：现代大学制度 　　　　　　2024 年（下）：美育

2013 年：教育国际化

　　《中国教育政策评论》面向国内外征集优秀论文。来稿要求如下:

1. 稿件未在其他正式刊物上发表。

2. 来稿一律按照国家对期刊稿件的投稿要求格式写作,稿件字数以 1 万字左右为宜(含注释、参考文献、附录、图表等)。文章请附 200 字以内的摘要和 2—5 个关键词。

3. 来稿文内标题一般分为三级,第一级标题用"一、""二、""三、"……标识;第二级标题用"1.""2.""3."……标识;第三级标题用"(1)""(2)""(3)"……标识。

4. 正文字体一律为小四号,宋体。文内图标应规范,符合出版标准。表格标题置于表格前,以表格序号(表 1、表 2……)加标题名标识,表格序号与标题名之间空一汉字距离;图之标题置于图后,以图之序号(图 1、图 2……)加标题名标识,图之序号与标题名之间空一汉字距离。图表文字用小五号字。

5. 来稿所有引文务必注明出处。引用性注释采用顺序编码制,文中用"[1][2][3]……"以上标形式标注,具体文献放在文后,用"[1][2][3]……"编码,与文中的"[1][2][3]……"序号相对应。同一文献引用多次时,篇后注注码连续编号,参考文献可合并为一条。著录格式请参照《GB/T7714-2015 信息与文献　参考文献著录规则》,如:

[1] 符娟明.比较高等教育[M].北京:北京师范大学出版社,1987:67.

[2] 界屋太一.知识价值革命[M].黄晓勇,等,译.北京:生活·读书·新知三联书店,1987:12.

[3] 刘宝存.大众教育与英才教育应并重:兼与吕型伟、王建华先生商榷[J].教育发展研究,2001(4):57-59.

[4] 靳晓燕.北京密云:以教师交流促教育提升[N].光明日报,2012-05-30(14).

[5] 新华社评论员.让中国力量推动全球治理体系变革——学习习近平总书记在中央政治局第三十五次集体学习时的重要讲话[EB/OL].(2016-09-28)[2017-12-26]. http://www.xinhuanet.com/politics/2016-09/28/c_1119642701.htm.

[6] Fornell C., Larcker D. F. Evaluating Structural Equation Models with Unobservable Variables and Measurement Error [J]. Journal of Marketing Research, 1981, 18(01):39.

[7] Hastie T., Tibshirani R., Friedman J. The Elements of Statistical Learning[M]. New York:Springer, 2009.

6. 文中的外国人名在第一次出现时,应于中文译名后加圆括号附注外文。

7. 文末请附作者简介、工作单位和电子邮箱,如有多位作者请标明通信作者。

8. 为适应我国信息化建设趋势,扩大本集刊及作者知识信息交流渠道,本集刊已被中国学术期刊网络出版总库及中国知网系列数据库收录,作者文章著作权使用费与本集刊稿酬一次性给付。免费提供作者文章引用统计分析资料。如作者不同意文章被收录,请在来稿时说明。

投稿邮箱:oecdsses@ecnu.edu.cn